Katzenleben

*Neueste Katzengeschichten
aus aller Welt*

Herausgegeben von
Julia Bachstein

Schöffling & Co.

Erste Auflage 2017
© Schöffling & Co. Verlagsbuchhandlung GmbH,
Frankfurt am Main 2017
Alle Rechte vorbehalten
Satz: Fotosatz Amann, Memmingen
Druck & Bindung: Pustet, Regensburg
ISBN 978-3-89561-946-5

www.schoeffling.de

Wirklich großartig ist,
dass es Katzen in allen Varianten gibt.
Man findet sie passend zu jeder Einrichtung,
jedem Einkommen,
jeder Art der Persönlichkeit
und der Laune.
Aber unter dem Pelz lebt unverändert
eine der freiesten Seelen der Welt.

Eric Gurney

Inhalt

John Steinbeck, *Zum liebenswürdigen Floh*
Seite 11

Karel Čapek, *Die Katze*
Seite 19

Elke Heidenreich, *Was hat er denn?*
Seite 23

Cíntia Moscovich, *Zulu*
Seite 28

Juan García Ponce, *Die Katze*
Seite 36

Dorthe Nors, *Potluck*
Seite 53

Julia Trompeter, *Die Schweigsamkeit der Katzen*
Seite 55

Françoise Sagan, *Kater und Casino*
Seite 74

Elke Heidenreich, *Nichtstun*
Seite 86

Karel Čapek, *Mutterschaft*
Seite 87

Carl MacDougall, *Mussolini*
Seite 90

Monica Cantieni, *Goliath und die Goliaths*
Seite 93

Willem Frederik Hermans,
Die Liebe zwischen Mensch und Katze
Seite 108

Jaroslav Hašek, *Erzählung von einer Katze*
Seite 121

Jana Scheerer, *Kater Zwei Null*
Seite 136

Rudy Kousbroek, *Der Vertrag*
Seite 147

Zhang Jie, *Die Katze, die keine Mäuse fängt*
Seite 152

Gertrude Jekyll, *Die Teegesellschaft der Katzen*
Seite 159

Karel Čapek, *Hund und Katze*
Seite 162

Thomas und Jane Carlyle, *Katzen und Hunde*
Seite 165

Willem Frederik Hermans, *Die Katze Kilo*
Seite 170

Margit Schreiner, *Die schottische Katze*
Seite 174

Jaroslav Hašek, *Vom eingebildeten Kater Bobeš*
Seite 191

Erling Jepsen, *Kratzspuren*
Seite 197

Mirko Bonné, *Ozelot*
Seite 211

Karel Čapek, *Die unsterbliche Katze*
Seite 212

Joanna Sterling, *Blau für Knaben, rosa für Mädchen*
Seite 218

William Y. Darling, *Des Buchhändlers Katze*
Seite 220

Ditte Birkemose, *Knud und der Kater*
Seite 225

Elke Heidenreich, *Vom Lesen*
Seite 233

Karel Čapek, *Ansichten einer Katze*
Seite 234

Karin Kiwus, *Erbe*
Seite 236

Cecília Giannetti, *Die grüne Katze*
Seite 238

Rudy Kousbroek, *Die selbstgebaute Katze*
Seite 247

Julia Schoch, *Herzlichen Dank*
Seite 256

Nachweise
Seite 257

John Steinbeck

Zum liebenswürdigen Floh

Manchmal wirft man mir vor, ich würde den grellen Misstönen unserer Zeit keine Beachtung schenken und meine Ohren vor den täglichen Trommelschlägen drohenden Ungemachs verschließen. Aber ich habe festgestellt, dass der Lärm des Augenblicks sehr bald zu einem Flüstern verhallt und die momentane Aufregung in Vergessenheit gerät, während die leisen Wahrheiten Jahr für Jahr Bestand haben. Um nur ein Beispiel zu nennen: Während ich das hier schreibe, fährt Mendès-France, das Schicksal der Welt in den Händen, nach Genf zurück. England und Amerika werden vom Sturm gebeutelt, und vielleicht wird sogar der Sowjet hinter seinem eisernen Vorhang von Albträumen geplagt. Angenommen, ich schriebe über diese bedeutsamen Ereignisse! Bevor mein Text gedruckt wäre, wäre alles vergangen und zum größten Teil vergessen und es gäbe neue Erschütterungen.

Als Gattung hatten wir Menschen mit Unannehmlichkeiten zu kämpfen, seit wir von den Bäumen stiegen und furchtsam in Höhlen Unterschlupf suchten, aber wir haben als Gattung überlebt. Und zwar nicht aufgrund großer Ereignisse, sondern vielmehr dank unbedeutender Dinge, wie der kleinen Geschichte, die mir zu Ohren kam – wahrscheinlich ist es eine sehr, sehr alte Geschichte. Aber so habe ich sie gehört.

Irgendwo in Paris – weder zu weit weg von der Place de la Concorde, noch zu nahe daran, gab es und gibt es vielleicht noch heute ein kleines Restaurant namens *Zum liebenswürdigen Floh*. Drei der Außentische wurden Tag für Tag geziert von einem Poeten, dessen Werk so grandios unergründlich war, dass nicht einmal er selbst es verstand; einem Architekten, dessen Ruhm auf seiner leidenschaftlichen Ablehnung des Strebebogens beruhte, und einem Maler, der mit unsichtbarer Tinte malte. Natürlich hatte jeder dieser drei seine Anhängerschaft, so dass der *Liebenswürdige Floh* mit der Zeit sogar von den Reiseleitern vorbeifahrender Touristenbusse erwähnt wurde.

Ungeachtet der wachsenden künstlerischen Bedeutung des *Liebenswürdigen Flohs*, zog auch die Küche durch ihre zunehmende Vortrefflichkeit immer mehr Gäste an. Madame leitete das Etablissement mit der Tüchtigkeit einer Tigerin. Madames Mutter verlieh dem Ganzen eine verblichene Eleganz, denn in der Provence war allgemein bekannt, dass sich ihre Tochter unter ihrem Stand verheiratet hatte. Drei heranwachsende Söhne widmeten sich vormittags in Les Halles der Auswahl des Geflügels und dem Erwerb der Mohrrüben und betätigten sich abends als Tellerwäscher, während die erwachsene Tochter, Angel genannt, bereits mit siebzehn in unsichtbarer Tinte gemalt, in einem Gedicht mit dem Titel »Traktor aus Butter« verewigt und von besagtem Architekten wegen ihrer Strebebögen verunglimpft worden war.

Doch nicht allein diese glücklichen Umstände begründeten das Geheimnis hinter der zunehmenden Bekanntheit des *Liebenswürdigen Flohs*. Diese beruhte vielmehr, so wie es sein soll, auf der Genialität des Besitzers und Küchenchefs, M. Amité, eines Mannes voller Leidenschaft und Empfindsamkeit, aber auch voller Ehrgeiz. Gewiss wäre ihm ein langes, zufriedenes Leben beschieden gewesen, hätte der Michelin ihn nicht mit einem Stern geehrt.

Dieser Stern veränderte alles. Der Ehrgeiz nährte sich an diesem Stern und wurde davon immer hungriger. M. Amité träumte, plante, lebte und litt in der Hoffnung auf einen zweiten Stern. Er fing an, sich geheimnistuerisch zu verhalten. Niemand durfte mehr in seine Nähe kommen, wenn er einem Soufflé seine Magie einflüsterte, das heißt, niemand mit Ausnahme eines großen und würdevollen Katers namens Apollo.

Wenn M. Amité seine Alchimie betrieb, flüsterte er Apollo, der sich gern auf einem hohen Hocker neben dem Hackbrett zusammenrollte, nicht nur seine Geheimnisse, sondern auch seine Bedenken und seine ehrgeizigen Ziele zu. Wollte der Meister eine Soße probieren, tunkte er Zeige- und Mittelfinger hinein, leckte den Zeigefinger ab und hielt Apollo den Mittelfinger hin, damit dieser kosten konnte. Auf diese Weise wusste er genau, was dem Geschmack des Katers entsprach, vor dessen Urteilsvermögen er den allergrößten Respekt hatte.

Viel Zeit war vergangen, seit der Michelin den ersten Stern vergeben hatte, eine lange und qualvolle Zeit. Daher machte sich, als ein Spion die Nachricht vom bevorstehenden Besuch des Michelin-Prüfers an einem Mittwoch überbrachte, im ganzen Restaurant allerhöchste Hochspannung breit. Erregung durchzitterte die Stammgäste. Spekulationen flogen hin und her. Madames Mutter holte den Spitzenkragen ihrer Großmutter aus dem schützenden Seidenpapier. Madame befehligte ein Reinigungskommando, das Ecken aufstörte, die seit der Weltausstellung von … nicht mehr behelligt worden waren. Angel verschob die Ankündigung ihrer dritten Verlobung.

M. Amité setzte Apollo in einen Korb und begab sich tief in den Wald von Vincennes, um nachzudenken. Und er ersann ein Gedicht, ein Gemälde, einen Triumph, dazu geeignet, Freudentränen in die Augen eines jeden Feinschmeckers zu treiben. Monsieur war zufrieden, seine Nerven waren ruhig.

Der Mittwoch aber war von Anbeginn an eine Katastrophe. Es regnete ununterbrochen, alles war ein einziges Grau in Grau. Die Mohrrüben in Les Halles waren schlaff, das Kalbfleisch zu alt oder zu frisch, die Seezungen – nun ja. Von den fünfhundert, die in die Hand genommen, beschnuppert und beäugt wurden, besaß nicht eine einzige die richtige Farbe, den richtigen Geruch, die richtige Konsistenz. Ein Komplott olympischen Ausmaßes war im Gange. Die Götter hatten sich gegen M. Amité verschworen.

Seine Ruhe war dahin. In seiner Nervosität beleidigte er Madames Mutter, zerstritt sich mit Madame, beschimpfte seine Tochter und verfluchte seine Söhne. Und als sei das alles noch nicht genug, trat er dem Kater auf den Schwanz, und als Apollo kreischte, versetzte M. Amité (wie soll ich es bloß ausdrücken?) versetzte M. Amité ihm einen Tritt, ja, richtig, einen Tritt.

Apollo schrie auf. Dann bedachte er seinen vormaligen Freund mit einem langen Blick, verzog das Gesicht zu einem Hohnlächeln und stolzierte aus der Küche, aus dem Restaurant, aus dem *Liebenswürdigen Floh*. Zuletzt erblickt wurde er auf dem Weg zu einer Gasse, in der er nicht nur Freunde, sondern auch Nachkommen sein eigen nannte.

Und da stand M. Amité nun am Morgen des Tages, der

sein Glückstag werden sollte. Er hatte sich sein eigenes Gethsemane geschaffen. Dass sein häusliches Leben in Trümmern lag, hätte er vielleicht noch verkraften können, nicht jedoch, dass sein Vertrauter nicht mehr da war. Die Küche füllte sich mit harschen Echos, Töpfe und Pfannen klapperten in metallischem Zorn. M. Amités Stimme fand auf dem hohen Hocker keinen pelzigen Zuhörer. Apollo war weg, M. Amité war ein Wrack. Seine sonst so ruhige Hand zitterte, seine majestätische Gelassenheit lag in Scherben, sein Gespür dafür, was, wann und in welchen Mengen vonnöten war, war erschüttert, seine Geschmacksknospen taub, auf seinen Geruchssinn war kein Verlass mehr. Den Tränen nahe bereitete er das Mahl zu, das er so sorgfältig geplant hatte.

Der Regen troff, Madames Mutter keifte, Madame schwieg wie ein mürrischer Kartoffelkloß, und durch die Wände drang Angels Schluchzen.

Der Michelin-Mann kostete und war viel zu höflich, um die Teller von sich zu schieben. Aber als M. Amité aus der Küche kam, gab es keine Umarmungen, keine leuchtenden Augen, keine der kleinen Gesten von Fingern in der Luft, mit denen wir Vorzüglichkeit ausdrücken, die über Worte hinausgeht. Stattdessen war der Blick des Feinschmeckers verhangen, seine Höflichkeit eisig. Er verneigte sich, hüllte sich in seinen Mantel und trat in den strömenden Regen hinaus, um einer weiteren Verpflichtung nachzukommen.

In seiner Küche legte M. Amité den Kopf aufs Hackbrett und weinte.

Allmählich trat Zorn an die Stelle des Kummers, Zorn auf sich selbst: »Nur ein Unmensch«, sagte er laut, »würde seinem Freund einen Tritt versetzen. Nicht eines der wilden

Tiere auf dem Felde würde sich ein solches Verbrechen zuschulden kommen lassen.«

Manchmal wirkt Verzweiflung wie Medizin. Nach einer Weile hob M. Amité den Kopf, sein Kinn zitterte nicht mehr. »Wahrscheinlich ist Apollo völlig durchnässt und todunglücklich«, dachte er. »Mag sein, dass es mir niemals gelingen wird, seine Freundschaft zurückzugewinnen, aber vielleicht kann er mir zumindest verzeihen.«

Und M. Amité machte sich daran, ein Gericht zuzubereiten, das eines Apollo würdig war.

Er rief sich in Erinnerung, welche Soßen an seinem Mittelfinger dem Kater besonders gemundet hatten. Seine Hand war wieder ruhig, seine Instinkte hellwach. Als er kostete, wusste er, dass seine Komposition ein Erfolg war und nur ein Kater auf dem besten Weg ins Irrenhaus diesem Gericht widerstehen konnte. Ganz zum Schluss fügte er noch eine weitere Zutat hinzu, fast einen Zauber, um seinen Freund zurückzugewinnen.

Das Gericht kam in den Herd und leicht gebräunt und duftend wie der Odem von Göttinnen wieder zum Vorschein. Mit großer Sorgfalt füllte M. Amité Apollos Napf und trat ohne Mantel in den Regen hinaus, um seinen Liebling zu suchen.

Der Olymp ist nicht gegen Mitleid gefeit. Die Musen können vergeben und vergessen. Waren sie boshaft und grausam, können sie gelegentlich auch Wiedergutmachung leisten. Falls Sie das nicht glauben, wie wollen Sie sich dann die folgenden Ereignisse erklären? Als der Michelin-Mann den *Liebenswürdigen Floh* verlassen hatte, bog er falsch ab, verirrte sich und verpasste seine nächste Verabredung. Wer stellte ihm ein Bein, so dass er in die Gosse fiel? Wer verwirrte und durchnässte ihn und ließ ihn vor Kälte zittern? Wer unterwarf ihn Unbequemlichkeiten, an die ein Gourmet nicht einmal denken mag, und als er völlig hilflos war, wer lenkte da seine erschöpften Schritte durch den strömenden Regen zurück zum abendlich beleuchteten *Liebenswürdigen Floh*, wo er auf einen schlichten Teller Suppe hoffte?

Niemand saß auf den Stühlen auf dem Bürgersteig, das Restaurant war leer. M. Michelin wankte in die Küche, und seine Augen gewahrten hinten auf dem Herd eine halb gefüllte Kasserole. Seine Nase bestätigte die Entdeckung.

Eine Stunde später saß M. Amité an einem seiner eigenen Tische, während Apollo auf seinem Schoß schnurrte. Ihm gegenüber vollführte der Michelin-Mann mit beiden Händen aufgeregte Gesten – ebenjene delikaten Gesten, als wolle man eine Maus melken, mit denen wir das Vortreffliche beschreiben.

»Ich schmecke den Ampfer heraus und ahne einen Hauch von Rosmarin«, sagte M. Michelin. »Ich gratuliere zu dem Spritzer bulgarisches Bitterbier, aber, mein Freund, das Ganze wird zu einer wahren Komposition gerundet durch ... was ist es bloß? ... da ist eine finale Größe, die ich einfach nicht platzieren kann.«

M. Amité lächelte zufrieden und streichelte die seidigen Ohren Apollos. Die Sterne in seinen Augen würden sich bald im Guide Michelin wiederfinden.

»Man hat eben so seine kleinen Geheimnisse«, sagte er. »Gerade Sie werden das doch verstehen.«

Heute sitzt jeden Tag ein Romanschriftsteller an einem der Tische des *Liebenswürdigen Flohs*, ein Romanschriftsteller, dessen Bücher so deprimierend sind, dass die ganze Welt zu ihm strömt. Touristenbusse halten an, um Pilger auszuspucken, und selbst zynische Pariser reiben sich die Hände und lecken sich die Lippen, wenn sie eintreten.

Und M. Amité ist heute der größte Einzelabnehmer von Katzenminze auf der ganzen Welt.

Aus dem amerikanischen Englisch von Brigitte Walitzek

Karel Čapek

Die Katze

Kann mir mal jemand erklären, warum sich eine Katze seltsam aufregt, wenn man ganz fein und hoch pfeift? Ich habe es schon an englischen, italienischen und deutschen Katzen getestet, doch es gibt keinen geographischen Unterschied: Wenn die Katze Ihr Pfeifen hört, fängt sie an, fasziniert um Sie herum zu streichen und sich zu reiben, sie springt auf Ihren Schoß, beschnuppert verwundert Ihre Lippen, und letztendlich beißt sie Sie in einer Art Liebeserregung mit einem leidenschaftlich verdorbenen Ausdruck in die Lippen oder in die Nase. Daraufhin hören Sie auf zu pfeifen, und sie schnurrt heiser und eifrig wie ein kleiner Motor. Ich habe häufig darüber nachgedacht und weiß bis heute nicht, welcher uralte Trieb dahintersteht, dass die Katzen das Pfeifen dermaßen lieben. Ich glaube nicht, dass es in der Urzeit Kater gegeben hat, die so dünn gepfiffen hätten, anstatt mit ihrem metallischen und rauen Alt zu rufen, so wie sie es jetzt gerade tun. Vielleicht lebten vor vielen, vielen Jahren und in wilden Zeiten Katzengötter, die zu ihren gläubigen Katzen mit magischem Pfeifen sprachen. Doch das ist nur eine Vermutung, und die besagte musikalische Bezauberung bleibt eins der Geheimnisse der Katzenseele.

Der Mensch denkt, er würde Katzen kennen, so wie er denkt, er kenne Menschen. Eine Katze ist etwas, das eingerollt auf dem Sessel schläft, manchmal durch die Gegend streunt und ihre Katzeninteressen verfolgt, manchmal einen Aschenbecher vom Tisch fegt und die meiste Zeit leidenschaftlich die Aufnahme der Wärme genießt. Doch das geheimnisvolle Wesen der Katze erkannte ich erst in Rom, und zwar nicht nur weil ich eine Katze beobachtete, sondern fünfzig Katzen, ein ganzes Rudel von Katzen, in den großen Katzenbecken rund um die Trajanssäule. Dort wurde das alte Forum wie ein Becken inmitten des Platzes freigelegt, und auf dem Boden dieses trockenen Beckens, zwischen den abgeschlagenen Säulen und den Skulpturen lebte ein unabhängiges Volk der Katzen. Sie ernährten sich von Fischköpfen, die von gutmütigen Italienern hinuntergeworfen wurden. Sie frönten einer Art Mondkult und machten anscheinend sonst nichts. Nun, dort hatte ich die Offenbarung, dass eine Katze nicht einfach eine Katze ist, sondern etwas Geheimnisvolles und Undurchdringbares, dass eine Katze ein wildes Tier ist. Wenn Sie zwei Dutzend Katzen laufen sehen, überrascht Sie die plötzliche Erkenntnis, dass Katzen nicht laufen, sondern schleichen. Eine Katze unter Menschen ist einfach nur eine Katze; eine Katze unter anderen Katzen ist ein schleichender Schatten im Dschungel. Eine Katze vertraut offensichtlich dem Menschen, einer anderen Katze keinesfalls, denn sie kennt diese besser als wir. Es heißt »wie Hund und Katze« als ein Symbol für gesellschaftliches Misstrauen; doch oft sah ich eine sehr enge Freundschaft zwischen einem Hund und einer Katze, dafür konnte ich nie eine enge Freundschaft von zwei Katzen beobachten, wenn man Katzenliebe außer Acht lässt. Die Katzen im Trajansforum ignorierten sich äußerst offensichtlich: Saßen sie auf einer Säule, so drehten sie sich den Rücken zu und wedelten nervös mit dem Schwanz, um zu zeigen, wie ungern sie die Anwesenheit des Flittchens da hinten ertrugen. Schauten sich Katzen an, so fauchten sie; liefen sie aneinander vorbei, würdigten sie sich nicht eines Blickes; sie verfolgten keine gemeinsamen Absichten; sie hatten sich nichts zu sagen. Bestenfalls ertrugen sie einander mit verächtlichem und abweisendem Schweigen.

Aber mit dir, Mensch, mit dir spricht die Katze; sie miaut dich an, sieht dir in die Augen und sagt: Mensch, mach mir die Tür auf; du Vielfraß, gib mir etwas davon ab, was du isst; streichle mich; erzähl mir was; mach Platz für mich auf meinem Sofa. Bei dir ist sie kein wilder, einsamer Schatten, für dich ist sie einfach eine Hauskatze, weil sie dir vertraut. Ein wildes Tier ist ein Tier, das kein Vertrauen hat. Die Domestizierung ist schlicht und einfach ein Zustand des Vertrauens.

Und mein lieber Mensch, auch wir sind ja nur dann nicht wild, solange wir einander vertrauen. Sollte ich – beispielsweise – aus dem Haus hinausgehen und dem ersten Mannsstück, dem ich begegne, misstrauen, würde ich mich ihm nähern und tief knurren, die Beine anspannen, um ihm beim ersten Blinzeln an die Gurgel zu springen. Wenn ich den Menschen, mit denen ich in der Straßenbahn fahre, nicht vertrauen würde, dann müsste ich den Rücken zur Wand drehen und fauchen, um sie einzuschüchtern. Doch stattdessen halte ich mich friedlich am Griff fest und lese Zeitung, zeige ihnen ungeschützt meinen Rücken. Laufe ich auf der Straße, denke ich an meine Arbeit oder an gar nichts, ich achte nicht darauf, was mir die Vorbeigehenden antun könnten; es wäre schlimm, wenn ich sie aus den Augenwinkeln beobachten müsste, ob sie nicht versuchen, mich aufzufressen. Der Zustand des Misstrauens ist der ursprüngliche Zustand des Wildseins, Misstrauen ist das Gesetz des Dschungels.

Politik, die sich aus Misstrauen nährt, ist eine Politik der Wildnis. Eine Katze, die dem Menschen nicht vertraut, sieht keinen Menschen in ihm, sondern ein wildes Tier. Ein Mensch, der dem anderen nicht vertraut, sieht in ihm ebenfalls ein wildes Tier. Das Bündnis des gegenseitigen Vertrauens ist älter als die menschliche Gesellschaft, und Menschheit bleibt Menschheit. Wenn man aber das Vertrauen abschaffen würde, dann wird die Welt der Menschen zur Welt der Raubtiere.

Ach, wissen Sie was, ich werde jetzt meine Katze streicheln; sie gibt mir viel Trost, denn sie vertraut mir, auch wenn es nur ein kleines graues Tier ist, das von was weiß ich woher zu mir kam, aus den unbekannten verwilderten Ecken der Prager Hinterhöfe. Sie schnurrt und schaut mich an. »Mensch«, sagt sie zu mir, »kraul mich doch mal zwischen den Ohren.«

Aus dem Tschechischen von Marcela Euler

Elke Heidenreich

Was hat er denn??

Es gibt nur ein einziges Wartezimmer, in dem die Zeit niemals lang wird. Es gibt nur ein Wartezimmer, in dem sich alle, die dort sitzen, sofort verbrüdern, denn sie müssen ja gleich nicht selbst unters Messer oder an die Spritze, der Liebling muss. Der Liebling liegt phlegmatisch unter dem Stuhl oder furchtsam maunzend im Körbchen, und die Frage, die in diesem Wartezimmer unverzüglich gestellt wird, wenn jemand Neues den Raum betritt, diese Frage lautet:

»Oh! Was hat er denn?«

Er, das ist wahlweise ein Dackel mit Triefaugen, ein Rottweiler mit Zahnschmerzen, ein zu kastrierender Kater, ein kotzendes Kätzchen, ein Papagei, dem die Krallen geschnitten werden müssen, ein schwermütiges Meerschweinchen, ein Hase, der nicht frisst, ein Mops, der gegen Tollwut geimpft werden muss. Wildfremde Menschen nehmen Anteil, und die Aufnahmeformel in den Club der Tierfreunde lautet, wie gesagt:

»Was hat er denn?«

Hier sitzen sie friedlich beieinander, der Mann mit dem besten Deckrüden von Südbaden und die Frau, die täglich böse Leserbriefe gegen Hundehaufen in der Innenstadt schreibt. Ihr Wellensittich lässt die Flügel hängen, die Hundehaufen sind vergessen, gemeinsames Leid von Sittich und Deckrüde webt ein starkes Band um diese Wartegemeinschaft. Es riecht trostlos nach Desinfektion, Pipi und nassem Fell, es riecht nach Angst und Hoffnungslosigkeit beim Tierarzt, immer. Die Sitze sind weiße Hartschalen, auf den Tischen liegen ausschließlich Hinweise auf Impfungen und Zettel, die zu sofortiger Barzahlung mahnen, und aus den Körbchen maunzt und faucht es. An den Wänden rahmenlos hinter Glas entweder Fotos aus Naturschutzparks, die der Tierarzt selbst im letzten Urlaub geschossen hat, oder geschenkte Bilder, Devotionalien von dankbaren Tierfreunden: Bello noch mit verbundenem Ohr im karierten Körbchen, Purzel strahlend auf Frauchens Schoß, Hase Hoppel glücklich im Käfig, Kater Fritz wieder gesund, mit Maus im Maul. Hier sind Lesezirkel überflüssig. Hier wird nicht gelesen, wie es den monegassischen Prinzessinnen oder der Ehe von Prominenten geht. Hier wird gestreichelt, getröstet, geflüstert, hier werden Pfoten gehalten, Hände verschwinden in Tragetaschen, aus denen es wimmert, und von Stuhl zu Stuhl wandert quer durch den Raum die Frage:

»Was hat er denn?«

»Entwurmen«, sagt der Herr im Jogginganzug und zeigt auf seinen Boxer. Die Dame mit Pelz versichert, dass ihr Yorkshire immer in ihrem Bett schläft. Wir glauben es. Zwei Kinder umklammern einen Schuhkarton mit Meerschweinchen.

WAS HAT ER DENN??

Was hat er denn? »Sie«, sagen die Kinder, sie heißt ja Carmen, und sie hat ein böses Ekzem. »Das hatte meiner auch mal«, sagt die vornehme Dame mit dem Siamkater, der schon alle Preise gewonnen hat. »Da hilft täglich ein Löffelchen Olivenöl.« Der beste Deckrüde knurrt böse, Herrchen reißt an der Leine. »Zerren Sie ihn doch nicht so«, sagt die alte Dame mit dem Triefaugen-Dackel, «das tut ihm doch weh.«

»Dem tut nie was weh«, brummt Herrchen, steht auf und zerrt seinen Deckrüden, der sich sträubt und spreizt und nicht ins Sprechzimmer will, ruppig hinter sich her. Für die nächste halbe Stunde ist er das Gesprächsthema Nummer eins.

»Was manche Menschen den Tieren antun«, sagt die Frau mit Preiskater und zupft ihren sicher auch nicht auf einem Baum gewachsenen Pelzkragen zurecht. Ein Labrador liegt unter einem Stuhl und hat aufgegeben, noch zu hoffen. Frauchen bückt sich: »Na?« fragt sie, »bist du auch brav?« Der Labrador klopft einen Rhythmus mit seinem kräftigen Schwanz: brav, brav, brav. Hier sind alle brav. Dies ist der bravste Ort der Welt, keine Widerworte, keine Renitenz, keine Kämpfe unter natürlichen Feinden, kein Aufbegehren gegen das Schicksal – ihr, die ihr eintretet, lasset alle Hoffnung fahren. Jedes Tier weiß das sofort, riecht es, kommt ja meist ohnehin schon in überempfindlichem, lädiertem Zustand nach unangenehmer Autofahrt hierher. Die Herrchen und Frauchen wachsen über sich selbst hinaus. Sie erzählen Geschichten, die bis weit zurück in die Kindheit reichen, wo man auch einmal einen Hasen, einen in Italien gefundenen Kater oder eine Schildkröte hatte. Jeder hat für jeden einen Ratschlag, das reicht vom schon erwähnten Löffelchen Olivenöl über die patente neue Zeckenzange bis zum täglichen

Apfel für den Labrador. »Apfel? Das würde Karlheinz niemals essen«, versichert die alte Dame und streichelt ihren Dackel. »Meiner frisst alles«, sagt Frau Labrador etwas düster und verweist auf den großen Leibesumfang ihres Hundes. »Der frisst sogar morgens die Post, wenn wir nicht aufpassen.«

Es gibt ein bisschen Gelächter, aber nur gedämpft. Hier ist alles gedämpft. Geht es uns selbst an den Kragen, schalten wir einfach einen Gang herunter, wir werden still, demütig, duldsam, schwören uns, ab morgen wirklich mehr Sport zu treiben und weniger zu saufen, wenn nur der Doktor nichts findet. Ist der Liebling hingegen krank, befällt uns eine leichte Hysterie, ein Beschützerinstinkt über jedes Maß hinaus, eine nervöse Anteilnahme am Schicksal des pelzigen oder gefiederten Freundes: Der Onkel Doktor tut dir schon nichts, ich bin ja bei dir, gleich sind wir wieder zu Hause.

Der Onkel Doktor tut dir schon nichts? Der Onkel Doktor ist eine Tante Doktor, erste Lüge, und die Tante Doktor kastriert und sterilisiert, schläfert ein und schneidet weg, spritzt und zapft Blut ab. Man muss fiepen, wimmern und kreischen. Herrchen bleibt standhaft, Frauchen weint mit, aber es wird gelogen, dass sich die Balken biegen: »Das tut doch gar nicht weh! Gleich ist es gut!«

Es tut weh, und nichts ist gut. Die Lügen hängen hier in der Luft wie dicke faulige Gerüche, und die Tiere riechen sie und ergeben sich, mehr oder weniger klaglos. Die Katzen klagen am meisten. Hunde lassen apathisch Schwanz und Ohren hängen, aber Katzen hören nicht auf, den Korb von innen zu malträtieren und Lieder in abscheulichen Tonarten und mit vielen Strophen zu singen. Refrain: »Solche Leute sollten keine Katze haben! Wann kann ich hier endlich raus?«

Wenn alles vorbei ist, treten wir auf die Straße. Ah, frische Luft! Es war doch sehr muffig da drin. Sehr muffig, und in der Regel sehr teuer, sofortige Barzahlung. Aber der kleine Liebling im Körbchen oder an der Leine ist versorgt, wird nach Hause getragen und hat es für diesmal überstanden. Wir sind erschöpft.

Wir erholen uns aber am nächsten Tag beim Zahnarzt. Da lesen wir in einer total zerfledderten Zeitung, dass Liz Taylor siebzig geworden ist und dass sie zwar viel krank war, oft operiert wurde, aber doch Zeit hatte, um achtmal zu heiraten. Richtig! Das hatten wir ja beinahe schon wieder vergessen. Liz Taylor lebt die denn noch? Nein, die ist doch gestorben? Von wann ist denn diese Zeitung, großer Gott im Himmel? Egal, wir lesen weiter, und unser eigenes Leben kommt uns daneben ereignisarm vor, wir träumen uns zum Fenster hinaus, irgendwohin, wo mehr los ist. Es ist wieder zu warm im Wartezimmer. Jemand hustet, es hustet immer jemand. Der Nächste bitte! Der Nächste sind wir. Und der Doktor fragt: »Na, wo fehlt's denn?«

Cíntia Moscovich

Zulu

Für Abner de Irrawady of Chatquirit

Dona Alcione, die Nachbarin aus dem Hochhaus nebenan, kam am späten Vormittag mit der Neuigkeit. Sie brachte sie mir mit dieser uralten Freude der Menschen, die für Dinge, die von anderen stammen, Liebe empfinden.

Als ich die Tür öffnete, sah ich den aufgeregten Ausdruck in ihrem runden und glänzenden Gesicht, die vor Hoffnung strahlenden Augen. Auf ihren weichen Armen trug sie etwas vor der Brust, das in ein Handtuch gehüllt war. Schau mal, was man bei mir zu Hause abgegeben hat, sagte sie, öffnete das kleine Bündel und schon war es zu sehen.

Ein Kätzchen.

Sein Gesicht schien fast nur aus riesigen gelben Augen zu bestehen, die sich vom schwarzen Fell abhoben, das kleine Maul kaum mehr als eine Ritze am dreieckigen Kopf. Es bewegte neugierig die Ohren.

Bedrängt von der Situation, wusste ich nicht recht, was zu tun: Ich suchte Schutz hinter der Tür, als hätte ich etwas sehr Bedrohliches vor mir. Mir fiel nichts Passendes ein, was ich hätte sagen können. Aus dem Wohnzimmer rief Anabel, der kleine Naseweis: Mama, was ist?

Da ich ihr nicht antwortete, schob sie sich an mir vorbei,

zog die Tür weiter auf, um besser sehen zu können, und schaute die Nachbarin an. Natürlich begriff sie sofort, dass Dona Alcione nicht alleine war, und fragte auf Zehenspitzen stehend, ob sie mal gucken dürfe. Dona Alcione, die zu verführen wusste, beugte sich leicht hinab. Die beiden kleinen Geschöpfe schauten einander an. Ich spürte, dass der Zauber des kleinen Kätzchens meine Tochter unvorhergesehen traf wie ein Blitz, und umgekehrt, bei Kindern und Tieren ist das so. Anabel streckte die Hand nach dem Kätzchen aus. Aber Dona Alcione, sehr bedacht auf ihre Rolle, merkte, dass es vielleicht besser sei, das kleine Geschöpf auf den Boden zu setzen. Sanftheit macht mich manchmal schnippisch und hart; manchmal, wie in diesem Augenblick, schüchtert es mich derart ein, dass ich unfreiwillig verstumme. Auch wenn ich es vielleicht gar nicht will und nicht verstehe, was mir da unterläuft, ist mein Schweigen doch eine Art Zustimmung. Das Kätzchen wurde auf den Teppich im Wohnzimmer gesetzt.

Es war ein wackliges Ding mit unsicheren und zögerlichen Schritten. Dona Alcione holte tief Luft und warf sich das Handtuch über die Schulter: »Armes Kerlchen. Ist sicher noch keine zwei Monate alt und schon Waise.«

Ihre Worte, die, auf diese Weise ausgesprochen, eine so große Dimension bekamen, brachten mich ins Wanken. Ich hatte meiner Tochter schon Fische, Schildkröten und sogar ein Kaninchen mit großen roten Augen und watteweißem Fell geschenkt. Aber umsorgt von Anabel war die Lebensdauer der Tiere nie sehr lang: der Fisch vertrug ein Seifenbad nicht, die Schildkröte überlebte einen Strandausflug nicht und das Kaninchen stürzte sich heldenhaft vom Fensterbrett unserer Wohnung im siebten Stock – worüber ich dermaßen erschrak, dass ich Schutzgitter anbrachte. Nie im Leben hätte ich an einen Hund oder eine Katze für sie gedacht, Geschöpfe, die dem Menschen nur allzu ähnlich sind.

Meine Tochter setzte sich auf die Fersen und strich dem Tier zaghaft übers Fell. Das Kätzchen erschauderte, streckte seine Pfoten und rieb den grauschwarz melierten Rücken an Anabels Beinen. Das war's, damit war die Katastrophe perfekt. Obwohl ich alle möglichen Vorsichtsmaßnahmen ergriffen hatte, war nun klar, dass sie nicht auf die Welt gekommen war, um Fische, Schildkröten oder Albino-Kaninchen zu versorgen: Sie war auf die Welt gekommen, um die Beschützerin dieser gefangenen Kreatur zu sein. Deshalb, und nur deshalb verstummte ich resigniert, als sie fragte, ob der Kleine bei uns bleiben dürfe. Als ich wieder zu Verstand kam, die Frage noch mal und noch mal hörte und Anabel schon am Saum meines Kleides zupfte – erlaubst du's, Mama? erlaubst du's? –, antwortete ich, gut, wir könnten es versuchen. Und bevor sie den Eindruck gewinnen konnte, ich würde leicht einknicken, fügte ich warnend hinzu, dass man mit einem solchen Versuch nicht immer Glück habe.

Dona Alcione fiel plötzlich ein, dass sie gehen, die noch übrigen Haushaltsaufgaben erledigen und auf dem Markt einkaufen müsse. Da es kein Zurück mehr gab und es mir mehr als ungerecht vorkam, diesen Freudenmoment meiner Tochter zu zerstören, öffnete ich der Nachbarin die Tür. Ich wusste nicht, ob ich ihr jetzt danken oder sie verfluchen sollte. Bevor sie in den Fahrstuhl stieg, rückte sie noch damit heraus, dass es wohl ein Kater sei. Sicher, wirklich sicher war sie nur damit:

Er ist voller Flöhe.

Flöhe. Von einem Moment auf den anderen saß da auf dem

Wohnzimmerteppich ein Tier mit lauter Parasiten. Erst jetzt, und damit längst zu spät, dachte ich daran, was mein Mann wohl sagen würde, wenn er zum Abendessen nach Hause kam und den neuen Mitbewohner sah. Aber die ganze Zeit hoffte ich, er würde verstehen, dass Anabel und der Kater zusammengehörten, eine nicht zu leugnende Verbindung hatten, bei der Vater und Mutter einfach nachgeben mussten. Ich schaute zu dem Tier, das unsicher über die Teppichblumen tapste. Anabel war gnadenlos: Mama, was machen wir jetzt? Aber woher sollte ich das wissen? Der Blick meiner Tochter wartete voller Hoffnung auf meine erste liebevolle Geste: Ich, die Mutter, war in ihren Augen verantwortlich für Liebe und Erziehung. Also näherte ich mich, wenn auch nicht frei von Bedenken. Der Kleine hob den Kopf.

Miaute.

Ah, der Schmerz, wenn ein Junges maunzt. Ich wusste sofort, dass ich es füttern musste, die Flöhe entfernen – nur wie? –, ihn impfen lassen und etwas besorgen musste, wo er Pipi und Kacka machen könne.

Ganz vorsichtig und äußerst behutsam tat ich, was meine Tochter von mir erwartete: Ich nahm den Kleinen auf den Arm. Ein kleines Etwas mit warmem Körper und stumpfem Fell, ein Fliegengewicht, viel leichter als man annahm, Zärtlichkeit in den sanften Augen, als könnten Augen vor Freude seufzen, als es sich bei mir bequem machte. Ich trug ihn in die Küche und setzte ihn auf die Fliesen. Auf dem kalten Boden konnte er nur mit Mühe das Gleichgewicht halten, aber als ich ihm eine Untertasse mit Milch vorsetzte, stürzte er fast vornehm darauf zu. Er schleckte die Milch so genüsslich auf, wie es ihm nur zustand: Schließlich hatte er quälend lange warten müssen. Wir beide sahen zu, wie er mit leidvollem Ausdruck schmauste. Die Milch war Liebe unter Fremden.

Kurz bevor wir uns zum Mittagessen an den Tisch setzten, fragte meine Tochter, ob sie das Tierchen Zulu nennen könne. Warum?, wollte ich wissen. Die Hände in die Hüften gestemmt, erklärte sie mir nahezu empört, dass ich das Offensichtliche wohl nicht bemerkt hätte:

Weil er ganz schwarz ist.

Ich stimmte ihr mit einen Ausruf zu, der meine große Dummheit zu erkennen gab.

Am Nachmittag dann alles auf einmal: ein Besuch beim Tierarzt um die Ecke, eine gründliche Untersuchung – ja, es war ein Kater –, ein Mittel gegen Flöhe, Würmer, Impfungen, Spezialnahrung. Die Rechnungssumme kam mir äußerst hoch vor für ein so kleines Tier mysteriöser Herkunft. Und zu allem anderen musste ich diese Ausgabe jetzt auch noch rechtfertigen.

Als mein Mann am Nachmittag nach Hause kam, wackelten in unserem Hochhaus die Wände: Wie um alles in der Welt hatte ich nur so unverantwortlich sein können? Und schon zählte er Seuchen, Krankheiten, Pilze, Viren, Bakterien, gefährliche Keime und Erreger auf. Anabel, die auf seinem Schoß saß, beschwichtigte ihn: Er müsse sich keine Sorgen machen, der Kater sei ganz sauber und geimpft, sie würde sich gut um ihn kümmern, er heiße Zulu, weil er schwarz sei. Da war nichts zu machen, das Schicksal der beiden war besiegelt. Es lag nicht allein an Anabels ehrlicher Begeisterung, dass er schon da seine Gefühle und sein Unwohlsein begrub. Er war geschlagen, als er Interesse für das Katerchen zeigte, schließlich weckten Lebewesen, die sich eigenständig fortbewegten, zärtliche Neugier in ihm.

Als ich mit dem Abendessen aus der Küche kam, bot sich mir folgendes Bild: auf dem Schoß meines Mannes saß Anababel, auf Anabels Schoß Zulu. Sie sahen glücklich aus.

Nachts sollte das Tierchen im Haushaltsraum schlafen, in einem Korb, der zuvor der Aufbewahrung von Obst gedient hatte. Ich machte das Licht aus, schloss die Tür, ging ins Zimmer meiner Tochter und gab ihr einen Gutenachtkuss. Anabel versuchte, mit mir zu verhandeln, wollte, dass das Kätzchen bei ihr schlief. Ich sagte, nein, daran solle sie gar nicht erst denken. Dennoch ging ich, Gott weiß warum, zurück zum Haushaltsraum und ließ die Tür einen Spalt geöffnet. Zulu erwachte zusammengerollt am Fußende meiner Kleinen.

Das Katerchen war unserer Zählung nach jetzt schon acht Monate alt. Es wuchs, wurde kräftig und muskulös, ein schnurrendes Wesen mit starker Persönlichkeit, das vor Stolz nur so strotzte. Er war ein glücklicher Kater, nicht nur, weil Anabel ihn liebte: Er war glücklich und zufrieden, ein Kater zu sein. Die Tage verbrachte er damit, ausgestreckt auf dem Sofa zu schlafen, sein Körper zuckend, als habe er einen wilden Traum. Seine Augen bekamen einen goldenen und durchscheinenden Glanz, und in seinem Blick lag die Gelassenheit von einem, der alle Geduld und Zeit der Welt hatte. Er fraß aus seiner Schüssel, die neben dem Herd stand, manchmal auch wählerisch stochernd. Lernte problemlos die Sandkiste zu benutzen, die ich in den Haushaltsraum gestellt hatte, und Anabel hatte größten Spaß daran, ihm zuzusehen, wie er Pipi machte. Es stimmte, selbst beim Verrichten grundlegender Bedürfnisse wirkte er piekfein.

Dann, an einem Samstagmorgen, kam Anabel atemlos in die Küche:

Mama, Zulu ist krank.

Ich hatte schon bemerkt, dass er häufiger miauend herumlief als sonst, hatte es aber nur für eins seiner Zipperlein gehalten. Also rannte ich ins Wohnzimmer, trocknete mir die Hände an der Schürze ab und sah, dass Zulu sich auf dem Boden wälzte und stark zusammenkrampfte. Ich wickelte ihn sofort in ein Handtuch und rannte mit ihm zur Tierärztin.

Die Ärztin musste ihn nicht lange untersuchen, um die Diagnose zu stellen. Bevor sie uns aufklärte, betonte sie aber, sie würde normalerweise fast ausnahmslos Hunde behandeln, selten käme jemand mit einer Katze in ihre Praxis, da könne sie sich schon einmal irren. Anabel war den Tränen nah und hörte sich alles an, ohne dass sie irgendetwas verstand. Mir ging es genauso. Ich bat die Ärztin, mir zu sagen, was Zulu habe. Die Tierärztin, knallrot im Gesicht, sagte, unser verwöhnter Liebling sei ganz sicher nicht krank. Was hat er dann?, fragte ich fast flehend. Sie senkte den Kopf und die Stimme und sagte:

»Zulu ist eine Katze.« Unverzüglich, noch röter als zuvor, was unmöglich schien, schossen dann die erlösenden Worte aus ihr heraus: »Und sie ist rollig.«

Aus Leben entsteht immer wieder neues Leben und damit auch neue Verbindungen, das wollten wir Anabel beibringen, als wir entschieden, was wir tun würden. Vorher sprachen wir natürlich mit der Tierärztin, die uns bei allem Notwendigen half.

Zilá geht es gut, sie ist eine außergewöhnliche und liebevolle Mutter, es ist wunderschön anzusehen, wie sie ihre Jungen säugt. Anabel verbringt Stunden damit, die sieben kleinen Katzenbabys zu beobachten, das Gesicht in die Hände gestützt, gerührt vom Anblick dieser kleinen Wesen, deren Geburt sie in ihrem eigenen Zimmer miterlebt hat. Auch meinen Mann habe ich schon erwischt, wie er auf dem Boden saß und den bezaubernden Anblick genoss, und ich vermute, dass er in solchen Momenten dann mit den Dränglern schimpft, die auf ihre Geschwister treten, um an die vollste Zitze zu kommen. Ich habe mir überlegt, dass ich zu Dona Alcione gehe, wenn die Kleinen zwei Monate alt sind, sie weiß immer, was man in solchen Fällen macht. Die gemeine Lösung habe ich verworfen: Jetzt bleibt die ganze Familie noch länger hier. Ich habe sehr viel von Anabel gelernt. Unter anderem den sanften und neuen Instinkt, für Dinge, die von anderen stammen, Liebe zu empfinden.

Aus dem Portugiesischen von Maria Hummitzsch

Juan García Ponce

Die Katze

Die Katze war eines Tages aufgetaucht, und seitdem war sie da. Sie schien zu niemand Bestimmten, zu keiner Wohnung zu gehören, sondern zum ganzen Haus. Ja ihr Verhalten macht fast den Eindruck, als hätte nicht sie das Haus gewählt und zu ihrem gemacht, sondern das Haus sie, so mühelos fügte sich ihre Gestalt in das Panorama der Gänge und Treppen. D sah sie immer nachmittags, wenn er seine Wohnung verließ, manchmal auch nachts, wenn er zurückkehrte, wie sie grau und klein auf der Fußmatte vor einer Wohnungstür im ersten Stock lag, die mittlere im Gang. Wenn D die erste Treppe hinter sich hatte und sich zum Gang umdrehte, drehte auch die Katze, grau und klein, ein Kätzchen noch, den Kopf zu ihm, damit sein Blick auf ihre seltsam gelben Augen traf, die inmitten des weichen grauen Fells glühten. Sie verengte sie kurz zu einer feinen Linie gelben Lichts und wandte den Kopf wieder nach vorn, ignorierte D's Blick, der sie weiterhin ansah, gerührt von ihrer verlorenen Zerbrechlichkeit, verstört von ihrer beunruhigenden Gegenwart. Manchmal sah D sie auch statt im Gang des ersten Stocks in der geräumigen Eingangshalle, zusammengerollt in einer Ecke oder an der Wand entlangschleichend, taub für warnende Schritte. Manchmal erschien sie auch auf der Treppe, wand sich um die Eisenstäbe des Geländers und ging dann vor D hinunter oder hinauf, setzte sich in Bewegung, ohne sich nach ihm umzublicken, und wich, wenn er sie fast erreicht hatte, seinem Fuß aus und wand sich wieder um das Geländer, scheu und erschrocken, obwohl D, sobald er an ihr vorbeigegangen war, den gelben Blick im Rücken spürte.

Das Haus, in dem D wohnte, war ein gepflegter Altbau in der wohldurchdachten Architektur von vor dreißig, vierzig Jahren, die den Details noch Raum und Bedeutung gegeben hatte, ein Stil, der eben darum aus der Zeit gefallen war, jedoch nichts von seiner nüchternen Schönheit verloren hatte. Eingangshalle, Treppenhaus und Gänge waren großzügig angelegt und bestimmten mit ihrer ernsten, altertümlichen Erscheinung das ganze Haus. Einige Tage oder vielleicht Wochen, bevor die Katze aufgetaucht war, hatten die Pförtner, die sich alt und unerschütterlich wie das Gebäude selbst samt Kindern und Kindeskindern in den Kammern des Erdgeschosses drängten und argwöhnisch die Schritte der Bewohner verfolgten, in ihrer unvorhersehbaren Willkür zwei abgeschabte, schwere Samtsofas und den kleinen, bulligen Schreibtisch aus der Eingangshalle entfernt, deren ehrwürdige Präsenz das eigentümlich Konservative, Zeitlose noch unterstrichen hatte, und D schien es, als hätte die Katze nun den Platz der Möbel eingenommen. Irgendwie passte ihre unerklärliche Gegenwart zum Charakter des Hauses, und D sah sie bezeichnenderweise nie zwischen den bauchigen, runden Tontöpfen mit den breitblättrigen Tropenpflanzen, mit denen das junge Paar in der Wohnung nebenan auf eigene Initiative die Treppenabsätze geschmückt hatte, um ihnen etwas Leben einzuhauchen. Die Katze schien nicht einverstanden mit dieser leisen Andeutung eines Gartens; ihr Terrain waren die nüchternen, nackten Details von Gängen und Treppen. Wie D also an die beiden Sofas und den Schreibtisch gewöhnt gewesen war, die den leeren Raum der Eingangshalle gefüllt hatten, und sie nun vermisste, gewöhnte er sich daran, unversehens auf die Katze zu stoßen, ihrem gleichgültigen Blick zu begegnen, sie vor sich die Treppe hinauf- oder hinabgehen zu sehen, ohne sich zu fragen, zu wem sie gehörte.

D lebte allein in seiner Wohnung und verbrachte darin den größten Teil der Zeit, die ihm seine bequeme Stelle ließ, ein paar Stunden methodischer Arbeit am Tag, die ihm sein Auskommen garantierten. Dennoch war die Einsamkeit nicht vollständig: Eine Freundin besuchte ihn fast täglich und blieb immer übers Wochenende. Die beiden verstanden sich gut, ja, sofern das von Bedeutung ist, könnte man sogar sagen, sie liebten sich, wenn auch auf einer Ebene, die vom Physischen bedingt und bestimmt wurde, beiden aber zu reichen schien. Für D war es immer wieder eine Lust, in den Mußestunden, die sich sonntagmorgens vor ihnen dehnten, von fast jedem Winkel der kleinen Wohnung aus die Haut seiner Freundin zu betrachten, die sich träge auf dem Bett ausstreckte, von einer attraktiven Stellung zur nächsten wechselte und dadurch ihre Nacktheit immer mehr, ja immer ungenierter betonte, da sie sich bewusst war, dass er sie bewunderte und die Zurschaustellung ihres Körpers genoss. Immer wenn D allein war und an seine Freundin dachte, stellte er sich vor, wie sie träge auf dem Bett ausgestreckt lag, selbst im Halbschlaf die Decken verschmähend, die sie hätten verhüllen können; wie sie mit restloser Hingabe ihren Körper der Betrachtung darbot, als wäre der einzige Grund seiner Existenz, dass D ihn bewunderte, als gehörte er nicht ihr, sondern ihm, vielleicht sogar den Möbeln in der Wohnung, den reglosen Ästen auf der Straße, die man durchs Fenster sah, der Sonne, die mit diffusen Strahlen hereinfiel. Manchmal lag ihr Gesicht im Kopfkissen verborgen, und ihr dunkelbraunes Haar, weder lang noch kurz, fast unpersönlich in seiner Losgelöstheit von den Gesichtszügen, schloss oben den verlängerten Schwung des Rückens ab, der nach unten hin schmaler wurde, bis er sich in der großzügigen Hüftkurve und den fest umrissenen Pobacken verlor. Daran schlossen sich die langen Beine an, in willkürlichem Winkel voneinander getrennt, jedoch eng miteinander verbunden. Für D bekam ihr Körper dann fast etwas Dingliches. Aber auch wenn er ihm zugewandt war und die kleinen Brüste mit den lebhaften Brustwarzen zeigte, die opulente, flache Ebene des Bauchs, in der sich der Nabel kaum andeutete, die dunkle Zone ihres Geschlechts zwischen den geöffneten Beinen, besaß der Körper etwas Fernes, Unpersönliches, wie er sich mit so ausgesuchter Leichtigkeit selbst vergaß und der Betrachtung hingab. Ja, D kannte und liebte diesen Körper, nahm unweigerlich seine Präsenz wahr, wenn er sich durch die Wohnung bewegte und den alltäglichen Kleinigkeiten nachging, deren Sinn in der mechanischen Ausführung versickert. Ebenso spürte er diese Präsenz, wenn sie sich vor ihm auszog oder, stets nackt, selbst in der Wohnung umherging, sich plötzlich zu D umwandte und eine banale Bemerkung machte. So wurde die Gegenwart seiner Freundin, ihre Einsamkeit zu zweit, die tiefe, ruhige Sinnlichkeit ihrer Beziehung, in der sie stets nackt, stets die seine war, zu einem Teil seiner Wohnung, wie sie Teil seines Lebens war, und wenn sie unter Leuten waren, überfiel das Bewusstsein ihrer Beziehung D auf einmal mit einer verstörenden Kraft, die ihn ihre Haut unter der Kleidung suchen ließ, ihn von allem entfernte und zugleich das unbezwingbare Gefühl hervorrief, dass dieses Bewusstsein sich auf die anderen übertrug, als müssten sie zwangsläufig an ihrer geheimen Anziehungskraft teilhaben. Dann war sie für ihn eine Brücke, die alle auf die gleiche Weise überqueren mussten, so wie sich das Licht, das ins Fenster fiel, wenn sie sich auf dem Bett ausstreckte, auf ihrem Körper niederließ und die Möbel in der Wohnung sie ebenso wie er zu betrachten schienen.

An einem dieser Sonntagmorgen, an dem sie auf dem Bett döste, hörte D durch die geschlossene Wohnungstür ein klägliches, beharrliches Miauen, das an- und abschwoll, ein einziger monotoner Laut. D stellte überrascht fest, dass sich die Katze zum ersten Mal auf diese Weise bemerkbar machte. Seine Wohnung befand sich genau über der, vor deren Tür die Katze gewöhnlich auf der Fußmatte lag, aber das Miauen schien von sehr viel näher zu kommen, als wäre die Katze in der Wohnung. D öffnete die Tür, und da war sie, klein und grau, fast vor seinen Füßen. Sie hatte sich anscheinend an die Tür geschmiegt und sie angejammert. Ohne ihr Miauen zu unterbrechen, hob sie den Kopf und sah D starr an, verengte dabei die Augen zu zwei engen gelben Schlitzen und öffnete sie gleich wieder. Unwillkürlich nahm D, der wie jeden Sonntag hatte ausgehen und Zeitungen besorgen wollen, sie mit beiden Händen hoch, trug sie in die Wohnung, setzte sie dort auf den Boden, ging hinaus und schloss die Tür hinter sich. Noch im Gang und im Treppenhaus war das beharrliche Miauen zu hören, das an- und abschwoll, als verlangte sie nach etwas und würde nicht ablassen, bis sie es bekommen hätte, und als er mit den Zeitungen unter dem Arm zurückkehrte, dauerte es noch immer an. D öffnete die Tür und trat in die Wohnung. Die Katze war nicht zu sehen, ihr Miauen schien von keinem bestimmten Ort zu kommen, sondern die ganze Wohnung einzunehmen. D durchquerte den Essbereich, auf den sich die Wohnungstür öffnete, und konnte durch die Schlafzimmertür gegenüber den Körper seiner Freundin in der gleichen Stellung sehen, in der er ihn verlassen hatte, dösend, das Gesicht im Kopfkissen verborgen. Die am Bettende gestrandeten Decken machten ihre Nacktheit noch vollkommener. D ging ins Schlafzimmer, um ihn herum der klägliche Klang des Miauens, und sah die kleine graue Katze, die starr den nackten Körper anblickte und auf ihren vier Beinen mitten in der anderen Schlafzimmertür stand, als wagte sie nicht, einzutreten. Die Wohnung war so aufgeteilt, dass man vom Eingang aus das Schlafzimmer durch beide Türen betreten konnte, indem man entweder geradeaus durchs Wohnzimmer ging oder einen Umweg über die Küche und die kleine Frühstücksecke machte, die Küche und Schlafzimmer verband. D fragte sich überrascht, ob die Katze diesen Umweg genommen hatte oder direkt ins Schlafzimmer gegangen war und jetzt nur so tat, als wagte sie sich nicht weiter vor. Währenddessen änderte die Freundin unter seinem Blick und dem der Katze im Bett ihre Stellung, indem sie eines ihrer langen Beine streckte und ans andere schmiegte und mit einem Arm das Kissen umschlang, ohne den Kopf zu heben oder zuzulassen, dass ihr braunes Haar zur Seite fiel und das Gesicht freigab. D ging zur miauenden Katze, hob sie hoch, brachte sie wieder in den Gang und schloss die Tür. Dann setzte er sich aufs Bett, streichelte ganz langsam den Rücken seiner Freundin, untersuchte mit dem Handteller ihre Haut, als könnte sie ihn auf den Grund des Körpers führen, der vor ihm ausgestreckt lag; er beugte sich hinab, um sie zu küssen. Sie drehte sich um, die Augen geschlossen, schlang die Arme um seinen Hals, richtete den Oberkörper auf, um ihn an D's zu pressen, flüsterte ihm ins Ohr, er solle sich ausziehen, und blieb an seinen Körper geschmiegt, während er gehorchte. Als sie nachher nebeneinander lagen, die Beine noch verflochten, eingehüllt von den Gerüchen beider Körper, fragte sie, als fiele ihr plötzlich etwas weit Zurückliegendes ein, ob er vorhin die Katze, die draußen miaut hatte, in die Wohnung gelassen habe.

»Ja. Als ich die Zeitungen holen gegangen bin«, entgegnete D, und ihm wurde bewusst, dass das Miauen aufgehört hatte.

»Und wo ist sie, was hast du mit ihr getan?«, fragte sie.

»Nichts. Ich habe sie wieder hinausgesetzt. Es gab keinen Grund mehr, sie hierzubehalten. Sie sollte dich überraschen, während ich weg bin«, sagte D und fügte hinzu: »Warum?«

»Ich weiß nicht«, erklärte sie. »Auf einmal hatte ich das Gefühl, dass sie drinnen war, und fand das zugleich befremdlich und schön, konnte mich aber nicht entschließen, aufzuwachen…«

Die Freundin blieb bis zum späten Vormittag im Bett, während D sich neben sie auf den Boden setzte und die Zeitungen las, die er beim Hereinkommen auf den Tisch gelegt hatte. Dann gingen sie zusammen essen. Die Katze hatte nicht mehr miaut, war weder im Gang noch im Treppenhaus oder in der Eingangshalle, und die beiden vergaßen den Vorfall.

Während der nächsten Woche hörte D die Katze zwar nicht mehr miauen, sah sie jedoch mehrmals grau und klein, wie sie ihn auf der Fußmatte vor der Wohnung unter ihm einen Moment lang unerschütterlich anblickte, wie sie sich um die Eisenstäbe auf der Treppe wand, wie sie vor ihm hinauf- oder hinabging, ohne sich nach ihm umzudrehen, als liefe sie vor ihm weg, oder wie sie die Wand der Eingangshalle entlangschlich, und wenn er die schwere Glastür zur Straße schloss und die Katze zurückließ, empfand er sie immer mehr als Herrin des Gebäudes, die ebenso wie die Pförtner argwöhnisch auf D's Rückkehr wartete, aber auf ihrer Matte oder bei den Eisenstäben Gleichgültigkeit vortäuschte mit ihrer zerbrechlichen, zarten Gestalt eines Kätzchens, das nicht erwachsen wird und dennoch niemanden braucht. Obwohl ihre stumme Gegenwart beunruhigend sein konnte, erweckte ihr Anblick Zärtlichkeit und Rührung, lud dazu ein, sie zu beschützen, und gab einem das Gefühl, dass ihre stolze Unabhängigkeit nicht ihre Schwäche verbarg. Einmal sah D sie, als er mit der Freundin zur Wohnung hinaufging, und auch sie bemerkte die kleine graue Gestalt und fragte, zu wem sie wohl gehörte, wunderte sich aber nicht, als D keine Antwort darauf wusste, sondern akzeptierte ohne Weiteres die Annahme, dass sie vielleicht zu niemandem gehörte, sondern eines Tages einfach ins Haus gekommen und geblieben war. An diesem Abend wurde es spät, und da es der Freundin, wie sie D immer sagte, lieber war, wenn er in der Wohnung blieb, nachdem er mit ihr geschlafen hatte, lehnte sie es wie so oft ab, dass er aufstand, um sie nach Hause zu begleiten. Als sie sich das nächste Mal sahen, erzählte sie ihm, dass sie beim Hinausgehen die Katze auf der Treppe getroffen habe, sie sei ihr bis in die Eingangshalle gefolgt und habe erst innegehalten, als sie hinausgetreten sei, als wollte sie mit ihr auf die Straße, fürchtete sich aber zugleich davor, weshalb sie die Tür mit größter Vorsicht habe schließen müssen.

»Gern hätte ich sie mitgenommen, aber mir fiel ein, dass

du gesagt hast, sie hat sich dieses Haus hier ausgesucht«, schloss die Freundin mit einem Lächeln.

D machte sich über ihre Tierliebe lustig und vergaß die kleine graue Gestalt wieder; aber als er am nächsten Sonntag vom Zeitungsholen kam, fand er die Katze, die er vorher nicht gesehen hatte, an den Treppenstäben. Beim Vorbeigehen rührte sie sich nicht, lief ihm nicht voraus wie sonst, und D drehte sich überrascht um, hob sie hoch und ging mit ihr in die Wohnung. Die Freundin erwartete ihn wie immer im Bett, und D, der sie wach zurückgelassen hatte, schloss die Tür so leise wie möglich, um sie zu überraschen. Er trug die Katze noch immer auf dem Arm, wo sie sich bequem eingerollt hatte, die Augen halb geschlossen. D fühlte den kleinen Körper warm und zerbrechlich nah an seinem pulsieren. Als er ins Schlafzimmer trat, sah er, dass die Freundin wieder eingeschlafen war, der Länge nach auf dem Bett ausgestreckt, die Beine eng beieinander, ein Arm über den Augen, um sich vor dem Licht zu schützen, das ungehindert durch die Fenster fiel. Ihr Körper verriet keinerlei Anzeichen des Wartens. Sie lag einfach da, auf dem Bett, schön und offen, eine schlanke, gleichgültige Gestalt, die keinerlei Geheimnis birgt und zugleich um das stumme Spiel ihrer Glieder und das Gewicht ihres Körpers weiß, die eine eigene Wirklichkeit bilden, und die Begehren erwecken kann, in den anderen und in sich selbst, eine Spiralbewegung, die keinen Ausgangspunkt kennt. Mit dem eingerollten Körper auf dem Arm, grau und regungslos, trat D zu ihr, und nachdem er sie einen Augenblick mit der gleichen seltsamen Erregung betrachtet hatte, mit der er sie manchmal bekleidet unter den Leuten ansah, setzte er die Katze ganz behutsam auf ihren Körper, direkt vor die Brüste, wo die kleine graue Gestalt wie ein kaum lebendiges Ding aussah, fragil und eingeschüchtert, unfähig, sich zu rühren. Als die Freundin das Gewicht des Tiers spürte, nahm sie den Arm vom Gesicht und schlug die Augen mit einem Blick des Erkennens auf, als hätte sie gedacht, dass D's Hand sie berührt hatte. Aber als sie ihn am Fußende des Betts sah, senkte sie den Blick und bemerkte die Katze. Die saß regungslos auf dem Körper, doch als die Freundin bei dem Anblick eine überraschte Bewegung machte, rutschte die kleine graue Gestalt hinunter auf das Bett, wo sie wieder ruhig liegen blieb, unfähig, sich zu bewegen. D lachte über ihre Überraschung, und die Freundin lachte mit ihm.

»Wo hast du sie gefunden?«, fragte sie, hob bloß den Kopf, nicht den restlichen Körper, und besah sich die kleine Katze, die noch immer regungslos neben ihr lag.

»Auf der Treppe«, sagte D.

»Die Arme!«, sagte sie.

Sie nahm die Katze und legte sie sich wieder vor die nackten Brüste, auf dieselbe Stelle, auf die D sie gelegt hatte. Er setzte sich auf das Bett, und beide betrachteten sie die Katze auf dem Körper. Nach einer Weile zog die schüchterne graue Gestalt die Pfoten unter sich hervor, streckte sie zunächst auf der nackten Haut aus und unternahm dann einen zaghaften Versuch, auf dem Körper weiterzugehen, erstarrte jedoch gleich wieder, als wollte sie nicht das Risiko eingehen, ihn verlassen zu müssen. Die gelben Augen wurden zu zwei engen Schlitzen und schlossen sich dann ganz, D und die Freundin lachten wieder, als wäre das Verhalten der Katze unerwartet und überraschend. Dann strich sie ihr mit sanften, regelmäßigen Bewegungen über den Rücken, nahm den kleinen grauen Körper schließlich mit beiden Händen hoch, hielt ihn sich vor das Gesicht, wiederholte immer wieder »du Arme, du Arme, du Arme« und schwenkte ihn dabei leicht hin und her. Die Katze öffnete kurz die Augen und schloss sie gleich wieder. Wie da jenseits der Hände, die sie um den Leib gefasst hielten, die Beine nach unten hingen, wirkte sie viel größer und hatte etwas von ihrer Zartheit verloren. Die Hinterbeine begannen sich zu strecken, als suchten sie den Körper von D's Freundin, und sie hörte auf, sie zu schwenken, senkte sie langsam nach unten und setzte sie vorsichtig auf den Brüsten ab, wo eines der gestreckten Beine auf einer Brustwarze zu liegen kam. D neben ihr sah, wie die Brustwarze hart wurde und hervortrat, als hätte er sie berührt, wenn sie sich liebten. Er streckte den Arm aus, um sie ebenfalls zu berühren, und stieß neben ihrer Brust auf den Körper der Katze. Die Freundin sah ihn kurz an, aber gleich wandten beide die Augen wieder ab. Sie setzte das Tier neben sich und verließ mit einem Satz das Bett.

Den restlichen Vormittag lasen sie Zeitung, hörten Musik und führten die üblichen Gespräche, aber ein verborgener Strom verband sie, der sich nur ab und an offenbarte und den sie, ohne sich abgesprochen zu haben, nicht erwähnten, der diesen Sonntag jedoch von den anderen unterschied. Das Kätzchen war im Bett geblieben, und als die Freundin sich wieder wie jeden Sonntag träge auf den Laken ausstreckte, ohne sich zuzudecken, damit die Sonne und die Luft durchs offene Fenster einfallen und ihren Körper berühren konnten, und D's Blick sich zu dem der Möbel zu gesellen schien, streichelte sie ab und an die kleine Gestalt oder legte sie auf sich und sah zu, wie die Katze, die sich nun endlich wieder eigenständig bewegte, über sie wanderte, indem sie ihre zarten Pfoten auf ihren Bauch oder ihre Brüste setzte oder über die langen, auf dem Bett ausgestreckten Beine von einer Seite auf die andere wechselte. Als D und seine Freundin ins Badezimmer gingen, blieb die Katze im Bett, schläfrig zwischen den zerwühlten Decken, die die Freundin mit dem Fuß zur Seite gestoßen hatte. Aber als sie aus dem Bad kamen, stand sie im Wohnzimmer, als hätte sie sie vermisst und gesucht. »Was machen wir mit ihr?«, fragte die Freundin, ins Handtuch gehüllt, strich sich das braune Haar aus dem Gesicht und sah die Katze mit einer Mischung aus Zärtlichkeit und Zweifel an, als fiele ihr erst jetzt auf, dass sie seit dem unschuldigen Scherz die ganze Zeit über bei ihnen gewesen war. »Nichts«, sagte D im selben beiläufigen Ton. »Wir setzen sie wieder in den Gang.«

Obwohl die Katze ihnen folgte, als sie wieder ins Schlafzimmer gingen, um sich anzuziehen, nahm D sie beim Verlassen der Wohnung auf den Arm und setzte sie achtlos im Treppenhaus ab, wo sie reglos, klein und grau sitzen blieb und ihnen auf dem Weg nach unten nachsah.

Wenn sie sie jedoch von da an im gelblichen Halbdunkel des Gangs zwischen den Schattenflecken, in der Eingangshalle oder auf der Treppe trafen, hob die Freundin sie hoch, und sie nahmen sie mit in die Wohnung. Sie setzte sie auf den Boden, und während sie sich auszog, blieb die Katze im Schlafzimmer oder streifte gleichgültig durchs Wohnzimmer, die Frühstücksecke oder die Küche, um dann aufs Bett zu springen und sich auf ihren Körper zu legen, als hätte sie sich seit dem ersten Mal an diesen Platz gewöhnt. D und seine Freundin sahen lachend zu und freuten sich, wie sie es sich auf dem Körper bequem machte. Ab und an streichelte sie die Katze, und diese senkte die Lider, bis die Augen eine feine gelbe Linie waren, doch die meiste Zeit ließ die Freundin sie einfach dort liegen, als wäre sie gar nicht vorhanden, das Köpfchen zwischen den Brüsten verborgen, die Beine langsam über dem Bauch ausstreckend, bis die Katze, wenn die Freundin sich umdrehte, um D zu umarmen, zwischen die beiden geriet und sie sie mit der Hand beiseiteschob, auf die andere Seite des Betts. Wenn D auf seine Freundin in der Wohnung wartete, kam sie immer mit der Katze auf dem Arm an, und als sie sie eines Abends nicht an den üblichen Orten gefunden hatte, erschien die kleine graue Gestalt plötzlich im Schlafzimmer, durch die Tür des Kleiderschranks. Eines Tages wollte sie die Katze füttern, aber sie weigerte sich, einen Bissen anzurühren, obwohl sie sie sogar auf den Arm nahm und den Teller vor die Nase hielt. D verspürte im Bett das dunkle Bedürfnis, sie zu berühren, wie sie da die langgezogene Gestalt der Katze gegen ihren Körper hielt, und er rief sie zu sich. Jetzt war die kleine graue Gestalt neben ihrem Körper an den Sonntagen unerlässlich geworden, und D's wachsamer Blick prüfte, an welchem Ort sich die Katze befand und wie die Freundin auf sie reagierte. Auch sie hatte die Katze als etwas akzeptiert, das beiden zu eigen war, ohne einem von ihnen zu gehören, und verglich die Reaktionen ihres Körpers auf sie mit denen auf D's Hände. Sie streichelte sie nicht mehr, sondern erwartete, von ihr gestreichelt zu werden, und wenn sie nackt eindöste, die Katze neben sich, spürte sie beim Aufschlagen der Augen etwas Körperliches, das sie ganz und gar zudeckte, den starren Blick der verengten gelben Augen, und dann überkam sie das Bedürfnis, D wieder neben sich zu spüren.

Kurz darauf musste D ein paar Tage im Bett bleiben, ein plötzliches Fieber hatte ihn niedergestreckt, und sie richtete es so ein, dass sie bei ihm in der Wohnung bleiben und ihn pflegen konnte. Benommen vom Fieber, in einem anhaltenden Dämmerschlaf, in dem das dunkle Bewusstsein seines schmerzenden Körpers beschwerlich und angenehm zugleich war, erahnte D fast instinktiv die Bewegungen seiner Freundin in der Wohnung. Er hörte ihre Schritte, wenn sie das Schlafzimmer betrat oder verließ, glaubte zu sehen, wie sie sich über ihn beugte, um festzustellen, ob er schlief, hörte sie irgendeine Tür öffnen und schließen, ohne zu erraten, wo sie sich befand, nahm das Plätschern in Küche oder Bad wahr, und all diese Geräusche verwoben sich zu einem dichten, nicht abreißenden Schleier, auf den Tag und Nacht projiziert wurden, ohne Anfang und Ende, als eine einzige Masse von Zeit, in der nur ihre Gegenwart wirklich war, nah und fern zugleich, und durch diesen Schleier schien er zu erkennen, wie sehr sie vereint und getrennt waren, als zeigte sie sich ihm durch jede ihrer Handlungen an einem Ort, fernab und geheim, an dem sie nichts von ihm wusste und eben darum umso mehr zu ihm gehörte, als bildete jede ihrer Handlungen das Ende eines gespannten, zitternden Seils, das er am anderen Ende festhielt und in dessen Mitte nur Leere war, die sich unmöglich füllen ließ. Aber wenn D schließlich zwischen zwei unmessbaren Schlafintervallen die Augen vollkommen öffnete, sah er auch die Katze, die seiner Freundin bei jeder ihrer Bewegungen folgte, ohne sich zu nähern, immer ein paar Schritte hinter ihr, als wollte sie nicht bemerkt werden, könnte jedoch zugleich nicht von ihr lassen. Und dann war es die Katze, die Gegenwart der Katze, die diese Leere füllte, die sich unweigerlich zwischen ihnen aufzutun schien. Gewissermaßen vereinte sie sie endgültig. D schlief dann wieder mit einem leisen, vagen Gefühl der Erwartung ein, das vielleicht nur Teil des Fiebers war, aber in dem ein ums andere Mal, manchmal fern und unerreichbar, manchmal unmittelbar und überdeutlich, Bilder vom Körper seiner Freundin auftauchten. Dann glitt ebendieser Körper tatsächlich und greifbar neben ihn ins Bett, und D empfing ihn, fühlte, wie er sich in ihm befand, in ihm verlor, jenseits des Fiebers, während ihm dieselben Empfindungen das Gefühl gaben, dass er ihm immer gegenüber blieb, selbst in nächster Nähe noch unerreichbar und deshalb umso begehrenswerter, während sie ebenso seinen Körper suchte, bis sie ihn wieder allein im Bett ließ und ihre schemenhaften Bewegungen durch die Wohnung aufnahm und so das Seil zwischen ihnen verlängerte, wie es das Fieber D in bruchstückhafter Wahrnehmung vorführte.

Während der langen Augenblicke tatsächlicher Annäherung verschwand die Katze aus D's Bewusstsein. Dennoch bemerkte er einmal, dass auch sie mit ihnen im Bett war. Seine Hände waren auf die kleine graue Gestalt gestoßen, als sie über den Körper seiner Freundin strichen, und sofort hatte sie eine Bewegung gemacht, damit ihre Vereinigung noch enger wurde, auch wenn es nicht ganz dazu kam und D vergaß, dass sich neben ihr eine seltsame Gegenwart befand. Es war nur ein kurzer Lichtblitz im dunklen Teich des Fiebers gewesen. Ein paar Tage später ließ es so plötzlich nach, wie es begonnen hatte. D ging wieder aus und war wieder mit seiner Freundin zusammen unter Leuten. Bei ihr schien sich nichts verändert zu haben. Ihr bekleideter Körper umschloss das gleiche Geheimnis, das D unwillkürlich vor den anderen zu enthüllen begehrte, aber als der Augenblick nahte, in die Wohnung zu gehen, zeigte sie eine anscheinend unbewusste, doch eindeutige Unruhe und versuchte, ihr Eintreffen hinauszuschieben, als erwartete sie in der Wohnung ein

Beweis, dem sie nicht ins Auge blicken wollte. Als sie nach einigen für D unerklärlichen Verzögerungen das Gebäude betraten, war die Katze nicht in der Eingangshalle, auch nicht im Gang oder im Treppenhaus, und auf dem Weg stellte D fest, dass seine Freundin ungeduldig nach ihr Ausschau hielt. In der Wohnung entdeckte D hinten auf ihrem Rücken einen langen rötlichen Kratzer. Sie lagen im Bett, und als D sie auf den Kratzer hinwies, war sie begierig, ihn zu sehen, reckte sich, als wollte sie ihn jenseits ihres Körpers spüren. Dann bat sie D ein ums andere Mal, mit den Fingerspitzen über den Kratzer zu fahren, während sie regungslos, angespannt liegen blieb, erwartungsvoll, bis etwas in ihrem Innern zu brechen schien und sie mit stockendem Atem von D verlangte, sie zu nehmen.

Die Katze tauchte auch an den nächsten Tagen nicht auf, und weder D noch seine Freundin sprachen mehr von ihr. Tatsächlich glaubten beide, sie vergessen zu haben. Wie vorher, als es die zerbrechliche, kleine graue Gestalt zwischen ihnen noch nicht gegeben hatte, reichte beiden ihre Beziehung vollkommen. Am Sonntagmorgen lag sie wie immer lange auf dem Bett ausgestreckt, offen und nackt, und stellte ihren trägen Körper zur Schau, während D den alltäglichen Kleinigkeiten nachging; aber dösen konnte sie nun nicht mehr. Hinter ihrer Trägheit verborgen, ganz unabhängig von ihrem Willen, zeigte sich immer stärker eine Erwartungshaltung, die sie zu ignorieren versuchte, die sie aber zwang, ein ums andere Mal die Stellung zu wechseln, ohne Ruhe zu finden. Als D schließlich mit den Zeitungen zurückkam, wartete sie angespannt, den Oberkörper angehoben, die Ellbogen aufs Bett gestützt. Ihr Blick wanderte geradewegs zu D's Händen, ohne auf die Zeitungen zu achten, und als er nicht die erhoffte graue Gestalt antraf, warf sie sich rücklings aufs Bett, ließ den Kopf fast über den Rand hängen und schloss die Augen. D trat zu ihr und begann, sie zu streicheln.

»Ich brauche sie. Wo ist sie? Wir müssen sie finden«, flüsterte sie, ohne die Augen zu öffnen, akzeptierte D's Liebkosungen und reagierte stärker denn je auf sie, als wären sie mit ihrem Bedürfnis verbunden und könnten die Katze erscheinen lassen.

Da hörten beide mit plötzlicher, stürmischer Seligkeit das lang gezogene klägliche Miauen vor der Tür.

»Wer weiß«, sagte D kaum hörbar, fast zu sich selbst, als wäre jedes Wort überflüssig, und stand auf, um zu öffnen, »vielleicht ist sie nur ein Teil von uns selbst.«

Aber sie hörte ihn nicht, ihr Körper wartete bloß auf die kleine graue Gegenwart, angespannt und offen.

Aus dem Spanischen von Susanne Lange

Dorthe Nors

Potluck

Es war in Dänemark. Ich verbrachte zwei Wochen in einem internationalen Refugium für Autoren, wo wir von einer sozialen, menschenfreundlichen, aber furchtbar ausgehungerten und ausgesetzten kleinen Katze bedrängt wurden. Die Menschen, die das Refugium leiteten, sagten uns, wir sollten die Katze ignorieren, aber wenn sie nicht hinsahen, fütterten Autoren aus vier Nationen heimlich das kleine Tier. Der amerikanische Schriftsteller spielte mit ihr und nahm sie auf seine Spaziergänge mit. Der slowenische Dichter schmuggelte für sie Käse aus der Küche des Refugiums. Der japanische Autor streichelte und kraulte der Katze ihren lausigen Pelz, und nach zwei Tagen kaufte ich einen Beutel Katzenfutter, rief meine Eltern an und fragte, ob sie sich vorstellen könnten, auf ein herrenloses Katzenjunges aufzupassen, bis ich das Refugium wieder verlassen konnte. Aber gern, sagten sie. Also adoptierte ich die Katze und gab sie bei meinen Eltern in Pflege. Nach drei Wochen hatte sie sich von einem ausgehungerten, hässlichen und mageren kleinen Ding (wir hatten überlegt, sie Karen Blixen zu nennen) in eine hübsche schwarze und geheimnisvolle Diva verwandelt.

Abgesehen davon, dass die Schriftsteller auf den Namen Blixen gekommen waren, hatten wir auch den fantasielosen Namen Kitty für die Katze erwogen. Aber bei einem Abendessen, zu dem jeder von uns etwas mitgebracht hatte, war die Katze besonders hungrig gewesen, und, um es gerade heraus zu sagen, hatte sie, als wir gerade mal nicht hinsahen, fast den ganzen Schokoladenkuchen aufgefressen.

Als ich sie von meinen Eltern abholte und zu mir fuhr, ging mir plötzlich durch den Kopf, dass Potluck der richtige Name für sie wäre. Potluck ist das amerikanische Wort für ein Abendessen, zu dem jeder etwas beiträgt.

Man sagt ja, dass man immer warten soll, einer Katze einen Namen zu geben, bis sie dich wissen lässt, wie sie gern genannt werden möchte. Und ich vermute, dass diese kleine Katze so dankbar für das Essen, die Liebe und die Geborgenheit war, die wir ihr gaben, dass sie sich für diesen Namen entschieden hatte: Potluck.

Aus dem Dänischen von Ulrich Sonnenberg

Julia Trompeter

Die Schweigsamkeit der Katzen
Wahrheiten einer Geretteten

für Gaby

Das Frühlingslicht zerreißt mir fast die Augen. Es ist so verdammt aggressiv. Der Lichtkegel der Sonne hetzt mich in den Schatten. Greller Schmerz infiziert nun auch mein Hirn, mein Denken. So also fühlt sich der Tod an! Das Ende ist da... Ich erwache mit einem Zucken, und schon weiß die geschätzte Leserschaft Bescheid. Schon diese paar kurzen Sätze, die man vor einigen Jahrhunderten noch als fragmentarisch bezeichnet hätte, lassen es Euch unweigerlich und augenblicklich klar werden: Dies hier ist eine zeitgenössische Prosa und ich bin ihre zeitgenössische Hauptfigur. Denn in der zeitgenössischen Prosa wird nicht geklotzt, schon gar nicht mit Worten! Sätze wie Tatsachen. Immer schön präzise am Gegenstand entlang, das ist die Devise. In diesem Fall also an der Katze entlang.

Ja, Ihr habt es recht vernommen, das denkende Subjekt der letzten Zeilen, das gerade aus seinem wohlverdienten Spätnachmittagsschlaf erwacht, ist eine Katze, genauer gesagt, eine fette alte Katze, noch genauer gesagt: ich. Dass Katzen denken können, will ich nicht erklären müssen. Weder mit dem gestiefelten Kater, noch mit Garfield will ich aufwarten müssen, denn ich mache Voraussetzungen. Auch wenn das, wie ich zugeben muss, für die zeitgenössische Prosa eher ungewöhnlich ist. Wer als Autorin zu viel Vorwissen einfordert, steht schnell im Verdacht, dekadent zu sein. Oder Bildungsbürger. Oder beides. Dabei geht es mir eigentlich mehr um eine gewisse Sensibilität für die Kreatur als um Kultur. Oder Bildung. Denn die eigentliche Frage ist doch: Warum sollten Katzen *nicht* denken können? Und vielleicht sollte mir jemand, bevor ich erkläre, dass, oder besser gleich *warum* Katzen denken können, zunächst erklären, dass und warum Menschen denken können. Oder denken können sollten. Denn dies scheint mir keineswegs selbstverständlich zu sein. Schon gar nicht dann, wenn ich an den Bauer Ehrlichmann denke, bei dem ich aufgewachsen bin, und dessen »Aufzucht« – (Aufzucht in Anführungsstrichen muss ich hinzufügen, denn wer weiß, vielleicht wird das laute Vorlesen eines Tages wieder in Mode kommen, und dann ist es besser, sicher gegangen zu sein, schließlich will ich verstanden werden) – dessen Aufzucht-in-Anführungsstrichen ich also nur durch pures Glück überlebte. Es wäre mir nämlich aus der Empirie heraus noch bis vor wenigen Tagen kein Argument eingefallen, das die Existenz eines menschlichen Denkapparats hätte belegen können. Nicht ein einziges. Und dass dies so war, bislang, das liegt natürlich oder besser gesagt *lag* an meiner ureigensten Erfahrungswelt. Ich bin nämlich in meinem Leben größtenteils wenn auch kein *armes Schwein* so immerhin doch eine *arme schwarze Katze* gewesen, um dieses Sprichwort heute ausnahmsweise einmal auf weibliche Artgenossinnen anzuwenden.

Welch' schriftstellerisches Nirvana könnte man meinen!

DIE SCHWEIGSAMKEIT DER KATZEN

Denn so wie *Hunger der beste Koch* ist, ist kulturelle und soziale Verelendung in der Buchwelt das beste Verkaufsargument. Die zeitgenössische Prosa wird gelobt, wann immer sie mit ihrem Stoff zu überzeugen vermag. Die Sprache, der Stil, das alles ist zweitrangig, unwichtig, dekadenter Schnickschnack, ist in etwa so hoch angesehen wie die liebevoll gestalteten Majuskeln zu Beginn mancher Märchen- oder Räubergeschichte in den alten Büchern, die ich oben auf dem Speicher meiner Retterin entdeckt habe. Der eigentliche Erfinder des Katzenromans *E. T. A Hoffmann* oder die *Grimmschen Brüder* lassen sich dort finden, und, Ihr mögt staunen, auch eine wunderbar gestaltete Bibel ist unter den antiken Schätzchen. All diese Bücher könnten heute in den Vitrinen irgendwelcher Museen ausgestellt werden, ehrfürchtig angestarrt von den paar wenigen verbliebenen bibliophilen Zeitgenossen, die es sich gar nicht vorstellen können, dass früher jedes Schulkind unbescholten mit seinen dreckigen Fingerchen diese wunderbaren Zeichnungen und herrlich aufwändig gedruckten Buchstaben nachzeichnen durfte! Doch meine Retterin weiß nicht, dass sie wahre Wunderdinge der Menschheitsgeschichte auf dem Speicher beherbergt – und ich werde *den Teufel tun* und sie darauf aufmerksam machen. Schließlich liebe ich es, auf dem Dachboden zu stöbern, wo ich immer neue Funde mache, alte Tagebücher, Zeitungen, Fotografien, für die sich die Menschen noch stundenlang frisieren und zurechtsetzen ließen, aber ich schweife ab ...

Jedenfalls interessiert sich in der Literatur heute kaum mehr jemand für die Form, so meine These, doch wenn die Geschichten hart und die Sprache einfach und ungeschliffen ist, *dem Volk aufs Maul geschaut*, wie die Menschen sagen, dann kann nicht mehr viel schiefgehen, damit die Feuilletonisten jubeln. Wer hingegen einer Katze aufs Maul schaut, wird darin im besten Falle einen heraushängenden Mäuseschwanz entdecken können, oder ein Maulwurfsohr, einen kleinen Vogel vielleicht. Nicht nur wegen unserer Fresslust sind wir Katzen schweigsame Wesen, auch sonst reden wir selten, und wenn, dann aus Hunger oder Liebe. Schon allein dadurch, dass Hunger oder Liebe die Hauptgründe sind, warum wir das tun, was der Mensch *miauen* nennt, sind wir dem Menschen entgegengesetzt. Denn der Mensch redet ja ununterbrochen! Außer wenn er Hunger hat, dann isst er, und auch nicht in der Liebe, dann leidet er still oder schreit wild herum. Ansonsten hält der Mensch die Stille nicht aus. Und wir? Dass Katzen leise Wesen sind, bedeutet keineswegs, dass es nicht in uns spräche. Die Schweigsamkeit der Katzen ist nämlich eine bloß äußerliche. Innerlich sind wir sehr beredte Wesen, wie Wasserfälle sprudeln die Einfälle nur so in uns, aus unterirdischen Quellen blubbert es ununterbrochen. Schätze finden sich hier, gut gehütete Geheimnisse. *So eine Katzenseele funktioniert wie Hand Ouvert beim Skat,* so die Worte des wichtigsten Psychologen der Katzengeschichte, Dr. Ziggy Malzahn. Hat ein beschauliches Leben gelebt, soviel wir wissen. Ein bisschen wie euer Seneca vielleicht, dessen größtes Problem die Badeanstalt gewesen sein soll, über der er wohnte. Doch zurück zum eigentlichen Sujet.

Wer also in der Prosa heute überhaupt noch irgendetwas reißen will, sollte mit dem Stoff nicht zimpern. Wie nun der Katzenteufel will (und da hat jede Katze wohl ihren eigenen Beelzebub, bloß gegen Hunde haben wir, einem gängigen Vorurteil zum Trotze, im Allgemeinen nichts), habe ich in meiner Lebensgeschichte mehr als genug miese Dinge zu verzeichnen. So mies sind die, das selbst *Schulmeisterlein Wutz* gegen mich wie ein alberner Glückspilz erscheinen mag. (Der Leser möge mir diesen schulmeisterlichen Einwurf verzeihen, der bitte als Allegorie verstanden werden sollte, nicht als bloßes intertextuelles, literarisches Ornament.) Kommen wir nun aber zu den lebensgeschichtlichen Hintergründen, den sogenannten *harten Fakten*. Wenn ich also vorstellen darf:

Ich heiße Mu. Wirklich und wahrhaftig. Einst weißes, heute gelbliches, an den Ohren bereits licht gewordenes Fell. *Fellt* aber nicht so sehr auf, denn eines der Ohren ist abgerissen, außerdem leide ich unter Bluthochdruck, bin dick, doch fast immer hungrig. Das kennen alle, die mal eine Zeitlang hungern musste: Hunger und Kälte graben sich ein in das Körpergedächtnis, der kleinste Anlass reicht aus, und sie überfallen den alarmierten Organismus erneut. Ähnliche Kategorie: Bin mehrfach vergewaltigt worden. Sieben tote Geschwister, dreizehn tote Kinder. Doch die machen mir weniger Ärger als die drei lebenden! Halbperser Muckel: ein Streuner und Prügelknabe, Siam-Dame-in-Anführungsstrichen Jessa: eine kleine Hure, und dann Herbert, mein Ältester... Nun, der hat letztens einen alten Mann mit Tollwut angesteckt. *Der Apfel fällt ja bekanntlich nicht weit vom Stamm*, wohin auch sonst, und so hatte auch der Vaterkater oder Katervater durch einen selbstverschuldeten Unfall mit einem Porsche nur noch einen halben Schwanz. Bis zu meinem Fortgang musste ich dem verantwortungslosen Kerl dreimal täglich das Essen vor die Nase legen, war ja völlig jagdunfähig der Alte. Doch woher sollte ich Essen nehmen an diesem Nicht-Ort, dieser zu Stein und Klinker gewordenen Dystopie, diesem *locus terroris,* wie Seneca wahrscheinlich nicht gesagt hätte, an dem ich aufgewachsen bin?

Falls diese Einführung in das harte Milieu meiner Jugend ausreicht, um die Neugier und das Vertrauen der Leserschaft in meine soziologischen und psychologischen Fähigkeiten zu ausgeprägter Mimesis unserer katastrophalen Wirklichkeit, die ich nach den ersten Seiten bereits verspielt zu haben glaubte, zu reanimieren, muss ich mir selbst mit dem Schwanz auf den Buckel klopfen. Gute Mu, verstehst dein Pfotenwerk wie heutzutage keine zweite. Drum weiter im Text:

Der Bauer, in dessen hochmodernem Betrieb ich *in die Welt geschleudert* wurde, (oh ja, *geschleudert!*), hatte mich wohl im Stroh, von dem es nur wenig gab, denn eigentlich war alles gekachelt, übersehen, als er meine Geschwister mit der einzigen Mistkabel erstach, die ihm sein eigener Erzeuger, der alte Ehrlichmann, der ein guter Mensch gewesen sein soll, zum vierzehnten Geburtstag geschenkt hatte. *Der Vater sorgt mit vieler Müh für seine Kinder spät und früh* war in den Stiel eingraviert gewesen. Ich sehe diese Mistgabel noch vor mir, als sei es gestern gewesen, ihre blitzenden Zinken, den dunkel glänzenden Stiel, nur an den Stellen, wo er zumeist gegriffen wird, da war das Holz sehr hell. Sehe die Zinken, wie sie sich, zuckenden Blitzen gleich, in die blinden quietschenden Fellknäuel bohren. Und Ehrlichmann, den wahnsinnigen Zeus ohne Bart, das unbescholtene Leben der neugeborenen Kreatur strafend, sehe ich auch, wie er ganz von sich überzeugt die Blitze zucken lässt. *Wie* ich das sehen kann, wenn ich doch, meinen Geschwistern gleich, so kurz nach der Geburt selbst auch noch blind gewesen sein muss? Nun, ich *sehe* den feigen Mord natürlich mit meinem literarischen Auge vor mir, welches gleich unterm Herzen sitzt: Ein von den Biologen bislang unerforschtes Organ unvergleichlicher Zartheit und, äh, nahezu hellseherischer Inspiration.

Schreib dir alles von der Seele, hatte Gaby, meine Retterin, von der ich später noch mehr erzählen werde, mir geraten, *und nimm kein Blatt vor den Mund, denn crime verkauft sich fast so gut wie sex!* Und abgesehen vom Aspekt der künstlerischen Freiheit: Dass das Auge der Literatur ebenso wie das der Erinnerung sowieso zugleich viel mehr und viel weniger zu sehen vermag, als das, was wirklich da gewesen ist, das weiß nun heute wirklich jedes Kind. Dabei ist das traumatische Erlebnis nun schon ganze acht Monate her, also zwölf Menschenjahre. Ihr wisst ja: Das erste Katzenjahr entspricht fünfzehn Menschenjahren, das zweite und dritte sechs und jedes weitere jeweils vier. (*Kater Carlo frisst in sechs Menschenjahren täglich vier Otschermäuse. Wie viel kg wiegt Kater Carlo nach einem Jahr?* fragte mein Mathelehrer gerne. Und mit solch realitätsfernem Gedankengemüse im Gepäck steuern wir dann über Jahre Richtung Miausoleum, unserem Abitur. Aber ich schweife schon wieder ab.)

Bei Bauer Ehrlichmann auf dem Klinkerhof gab es jedenfalls nichts zu fressen, noch nicht mal simple Haus- oder Feldmäuse, und erst recht keine fetten Otschermäuse, denn Ehrlichmann versprühte und verteilte sein Gift, wo er nur konnte. Ob in Ködern, Spritzmitteln oder den Tierkadavern der schon Verreckten: Das Jagen und beinahe auch das Fressen hat er uns in den letzten Jahren ausgetrieben. Zuletzt wog *Eure Mu* (man identifiziere sich bitte genau *jetzt!*) unter zwei Kilogramm; Beine wie ein Rehpinscher hatte ich, und alle Rippen standen hervor. Nach einem Stück Landschaft sah ich aus, dem zum Ende des Winters hin die Schneedecke wegtaut. Und so wäre ich sicher irgendwann an einem vergifteten Köder gestorben oder einfach verhungert; Ja, es ließen sich noch viele weitere pechschwarze Seiten mit den Steinen dieser Unglückskette füllen, denn so derbe und noch viel derber war damals mein Leben. Doch weil die Gedanken daran allzu finster sind, kann ich mich nicht dazu überwinden, ihnen noch weiter nachzugehen, weigere ich mich, dieses Manuskript mit allzu viel Schrecken zu belasten, bis es so schwer sein wird, dass der Leser einst seine Mühe haben wird, das Buch aus dem Regal zu nehmen, ohne dass es ihm zu Boden krachen und gar ein Loch in den Dielenboden der kleinen Buchhandlung reißen wird, in welcher er es durch glücklichen Zufall zwischen all den Krimis entdecke ... Und so lege ich lieber den Gedankenstift für ein Weilchen zur Seite und schaue der Sonne zu, wie sie dort drüben blutrot hinter dem Hühnerstall versinkt, und bedenke die schönen Dinge im Leben. Zum Beispiel wie es dazu gekommen ist, dass ich hier liegen kann, friedlich ausgestreckt, den Bauch angenehm gefüllt mit den Resten der sauren Nierchen meines neuen Frauchens (also natürlich nicht *ihren*), um den Vögeln beim Abendkonzert zu lauschen, ohne sie als Nachtisch betrachten zu müssen. Ja, das möchte ich, *sex and crime* hin oder her, im Folgenden erzählen.

Und da kommt auch schon Gaby, zartfüßig und glanzhaarig, um die Ecke spaziert, schön und im wahrsten Sinne des Wortes *selbstvergessen*, die grüne Plastikgießkanne in der Hand, um die Rosen zu wässern, jetzt, da die Sonne langsam verlischt. Die Rosen leuchten so rot im Abendlicht und duften so schwer, dass ich ganz benommen werde davon. Immer wieder fallen mir die Augendeckel hinab, und doch warte ich darauf, dass Gaby mich sehen, dass sie mir mit ihrer teuren weißen Hand über das Fell streicheln wird, ohne jeglichen Ekel vor jenen Stellen meines Katzenkörpers, an denen das Fell licht ist, und die Haut rosa hindurch schimmert. Doch zuerst sind die Blumen dran, denn auch diesen Geschöpfen ist sie zugewandt, vor allem zu sommerlicher Jahreszeit, da sie ungeschützt in der Hitze des Tages von der Sonne unbarmherzig beschienen werden, und keine Beine haben, um davonzulaufen. Ach ja, die armen Blümchen. *Nun*, würde ich ihr am liebsten sagen, wenn ich denn ihre Sprache sprechen würde, *ich hatte Beine, aber weglaufen konnte ich dennoch nicht. Ich hatte schließlich einen kranken Mann und einen Haufen unnützer Kinder zu versorgen! Außerdem bot uns der Stall bei Bauer Ehrlichmann trotz aller Strapazen, denen wir ausgesetzt waren, im Winter Obhut und Schutz vor dem Erfrieren.* Doch Gaby kennt ja die grausamen Zustände des Hofes. Früher nämlich kam sie einmal die Woche zum Stall und brachte uns Futter, Reste ihres eigenen Essens, aber auch große weiße Pappschachteln, gut erkennbar an einem debil grinsenden, schlecht gezeichneten, schwarz-weißen Kater mit Menschenaugen namens *Moritz* darauf, hatte sie im Gepäck. Der Glückliche, ist heute sicher reich, da ihn das Privatfernsehen zur besten Sendezeit über den Äther schickt. In den Schachteln befand sich, nüchtern betrachtet, nichts als zu kleinen, trockenen, rotbraunen Klumpen zusammengepresstes Futter-in-Anführungsstrichen von der Konsistenz sehr alter Kekse, undefinierbar im Geschmack und wahrscheinlich nur bedingt auf natürliche Ursprünge rückführbar. Heute, da ich lesen und schreiben gelernt habe, würde ich die Schachteln gerne noch einmal begutachten, um zu sehen, was mir damals das Leben gerettet hat. Gemahlene Hühnerknochen mit Leim und Bullenhoden an Esspapier zum Beispiel, aber wer weiß, ob auf den Schachteln überhaupt drauf stand, was drinnen war. Der hungernden Katze war der Inhalt jedenfalls ein Fest.

Schon bei Gabys ersten Besuchen hatte ich das Gefühl, dass sie mich, das einzige überlebende Kätzchen des Frühjahrswurfes, ein bisschen ausgiebiger begutachtete als die anderen aus der Clique. Ich war auch die Einzige, der sie hin und wieder über den Kopf streichelte, obwohl auf diesem die Flöhe genauso ihr Unheil trieben, wie auf den 32 anderen Köpfen. Natürlich war ich damals noch jung, die jüngste und kleinste von allen, was vielleicht den Ausschlag für ihre besondere Zuwendung gegeben haben könnte. Bis heute kann ich nur mutmaßen, was sie regelmäßig zu uns auf den Hof getrieben hat, doch ich denke, dass es, außer vielleicht beim ersten Mal, wo es Zufall gewesen sein mag, ihr Mitgefühl mit der verlotterten, abgemagerten Katzenhorde gewesen ist. Mitgefühl mit all den Krüppeln und Alten, den triefenden Augen, Hinkebeinen und hervorstehenden Rippen, kurzum Mitgefühl mit uns, die wir vom Bauer nicht erwünscht waren, und wenn überhaupt nur als Jäger der Ratten im Stall geduldet wurden. Wenn Gaby sich auf ihrem quietschenden Fahrrad, dessen Korb bis zum Rand mit Nahrung gefüllt war, dem Hof näherte, wurde sie meist schon von weitem von Albert erspäht, der seinen Stammplatz oben auf dem Quittenbaum hatte, und dann trotz seines biblischen Alters juvenil von der Astgabel zu Boden hüpfte. Ganz so, als erwarte er eine Liebhaberin. Alle gemeinsam rannten wir ihr daraufhin entgegen, die wilde 33, und schreiend vor Freude, Speichelfäden hinter uns her ziehend, begleiteten wir unsere Gönnerin auf den Hof.

DIE SCHWEIGSAMKEIT DER KATZEN

Meist kam sie am frühen Abend, wenn der Bauer noch auf dem Felde war, da er ihr, als er sie einmal bei der Fütterung erwischte, mit der Polizei gedroht hatte, wenn sie weiterhin der Katzenplage Vorschub leisten würde. Ich paraphrasiere hier sehr frei, denn der Bauer hatte nur wenig Worte in seinem Vokabular, und *Vorschub leisten* war mit Sicherheit nicht darunter. Was dann geschah, ähnelt vielleicht diesem typischen Menschen-Märchen, *Tischlein deck' dich*, und wir, die wir von Bauers wegen an *Knüppel aus dem Sack* gewohnt waren, erfreuten uns umso mehr an dem Spektakel. Zuerst nämlich servierte Gaby uns die *feinen* Dinge. Das waren die Reste ihres Mittagstischs der letzten Woche, feinste Fleischsorten, Gemüse und Fisch, zarte Kartoffelecken oder Wurstkanten, knackig und, obwohl ein paar Tage alt, immer noch genießbar. Dieser Anfang war stets ein großer Schmaus, und es flog dabei des Öfteren die ein oder andere Tatze durch die Luft. Manchmal verschwand auch ein besonders saftiges Rippchen, schneller als das Auge sehen konnte, hinter einer der Mülltonnen, blitzschnell in Sicherheit gebracht durch einen unehrenhaften Zeitgenossen, der nicht teilen wollte. Wenn wir anderen das merkten, war kurz die Hölle los, alle stürzten wir uns dann wie auf ein unhörbares Kommando auf den feigen Dieb, der sich augenblicklich aus dem Staub machte, mal mit vollen Backen kauend, mal mit knurrendem Magen, untröstlich über sein eigenes Ungeschick. Nach den Spezialitäten folgte der Inhalt der *Moritz*-Packungen, die wir mit gespielter Herablassung, aber dennoch bis zum letzten Krümel verspeisten. Wir wussten schließlich nie, wann wir das nächste Mal etwas Ordentliches zu essen bekommen würden. Im schlimmsten Falle würden wir uns bis zu Gabys nächstem Besuch mit Maiskolben, Fröschen oder den Resten des Schweinefutters begnügen müssen. Vögel gab es in der Gegend, dank uns, schon kaum mehr welche, und Mäuse und Ratten waren *am Hofe,* wie wir scherzten, schneller weg als ein Einzelhändler *ausverkauft* sagen kann.

Gaby war also, um zu ausschweifenden Schilderungen dieser geheimen Abendmahle vorzubeugen, unsere Mutter Theresa, eine Sankt Martina, die statt auf einem Pferd auf einem Drahtesel geritten kam, um ihr karges Auskommen mit uns zu teilen. Obwohl, na ja, wirklich *arm* war sie nicht, dafür aber voll des Mitgefühls, wie schon gesagt, und ich wiederhole das hier nur deshalb, weil mir scheint, dass das Mitgefühl unter den Menschen gänzlich aus der Mode gekommen ist. Gaby war da anders, und eben weil sie anders war, liebten wir sie natürlicher- und erklärlicherweise sehr.

Gerade jetzt liebe ich sie, wenn ich ihre schönen hellen Beine beobachte, die vor den Blumenbeten auf ab gehen, über denen sie es regnen lässt, während ich, die ich hier hingestreckt liege, zwischendurch der abendlichen Faulheit ein Schnippchen schlage, und mir ein dicke, vom Tageswerk träge gewordene Wespe fange. Dazu verhalte ich mich ganz still, gleich einem Krokodil, das wie ein Stein im Wasser liegt, und warte bis die Wespe herangedöst kommt. Ihr abendliches Summen klingt schwer und müde, nicht so aufgeregt mopedartig wie am Tage, sondern mehr wie das einer Harley. Sie ist sattgefressen vom Fallobst, hat zwischendurch die Kinder des Nachbarn beim Eisessen geärgert, wäre dabei einmal fast im Gartenteich ertrunken, und flaniert nun noch ein wenig durch die bodennahen Lüfte, wofür es leider kein Verb gibt, man müsste glatt eines erdenken. Sie hatte also einen durch und durch normalen, beinahe idealen Wespentag, der nun, kurz bevor sie nach Hause kommt, wo immer das sein mag, sein natürliches Ende an meinem linken *Caninus* finden wird. So heißt mein Schneidezahn. Da staunt Ihr, was? Ach nein, gute Recherche in Flora und Fauna seid Ihr ja gewöhnt, die ist heute in der Prosa unerlässlich, man denke nur an Hettches detailreiche Garten- und Landschaftsbetrachtungen der historischen *Pfaueninsel* oder Beyers komischen Ornithologen in *Kaltenburg*. Nun, wie Ihr seht, kenne ich mich da in der literarischen Landschaft ganz gut aus und stehe den humanoiden Kollegen in nichts nach. Der Leser soll schließlich nicht enttäuscht werden. Deswegen auch schnell noch ein schicker Neologismus, ganz exklusiv für Euch: Die Wespe *trurrt* also nichtsahnend heran, und mit einem einzigen Schnappen habe ich sie elegant ihres irdischen Daseins enthoben. *Mörder! Halunke!,* mögen manche von Euch nun ausrufen und entrüstet über so viel willkürliche Gewalt das Papier zur Seite legen…, aber das ist ein völlig falscher Ansatz. Nur natürlich erscheint uns Katzen dieser abendliche Raubzug zu sein, ein Spiel und zugleich ein Mechanismus, ein Reflex, gegen den anzukämpfen keine Katze jemals in Erwägung ziehen würde. Warum sollten wir auch? Nichts ist schonender, schneller und dem ökologischen Gleichgewicht zuträglicher als ein kurzer und schmerzloser Insektentod. *Das ist nicht wahr!,* wendet ihr ein, *gerade ihr Katzen liebt es doch, mit eurer Beute zu spielen, die lieben Mäuschen oder hübschen Vögel in kleine Stücke zu zerlegen und dabei immer wieder laufen zu lassen, um ihnen letztlich doch den Garaus zu machen. Erst kürzlich hat uns Muschi (oder Mausi oder Molly) wieder eine Mäusegalle vor die Tür gelegt! Und zugleich…* so mögt Ihr hinzufügen, falls Ihr der Geschichte bis hierher aufmerksam gefolgt seid, *zugleich mokiert sich hier eine Katze über die ungerechte Behandlung durch einen Bauernlümmel! Dessen Tötungsakt ist doch, so könnte man meinen, auch nichts anderes als ein Beitrag zu dem, was diese Mu da so unerschrocken als »Herstellung des ökologischen Gleichgewichts« (letztere vier Worte in Anführungszeichen, die Verf.) bezeichnet. Oder wo ist da, bitteschön, der Unterschied?*

Nun, dass ich darauf hier *stante pede* unglaublich spitzfindig zu antworten weiß, liegt natürlich daran, dass die Schreibzeit und die Nachdenkzeit in der Literatur nicht immer in eines fallen müssen: Soll heißen, dass es möglich ist, augenblicklich sehr ausgiebig über einen besonders komplizierten Sachverhalt (und einen solchen haben wir hier ganz zweifelsohne vor uns) zu fachsimpeln, wenn man sich vorher, vom Leser unbemerkt, eine Weile lang so seine Gedanken gemacht hat. Gerade in heiklen Fragen wie jenen der Ethik empfiehlt sich diese Technik außerordentlich.

Lasst mich also zunächst einmal rhetorisch ein wenig ausholen: Welcher Mensch, so frage ich, und wenn nicht mehr als Erwachsener, so doch gewiss noch als Kind, hat nicht gerne ein leckeres Honigbrot auf dem Teller? Fast jeder. Leider jedoch ist die gewöhnliche Honigbiene, *apis mellifera*, nicht ohne Grund vom Aussterben bedroht. Und nun will ich Euch schildern, wie die Wespe der Biene zu Leibe rückt: Zunächst dringt der aggressive Killer in das Bienenvolk ein, wahlweise, um sich selbst an deren Honig gütlich zu tun oder um an fleischiges Futter für die lieben kleinen Wespenjungen zu gelangen. Da Bienenvölker wie alle Massen besonders wehrhaft sind, jagen Wespen aber noch lieber einzelnen Bienen nach und töten sie *ohne mit den Flügeln zu zucken*, nur um einen winzigen Tropfen Nektar aus ihnen herauszupressen. Dazu ergreifen sie das samtige Tierchen und schneiden ihm alle Gliedmaßen einzeln ab. Die Beinchen, die Flügelchen, das Köpfchen. Manchmal trennen sie es auch einfach in der Mitte durch. Oh, wundersame Didaktik der Tierwelt, die uns hier von den verschiedenen Motiven der Wespe in Kenntnis setzt! Denn Mundraub, Diebstahl, räuberische Erpressung, Totschlag und Mord gehen hier unversehens ineinander über, dient der Wespe die Tötung der Biene ja sowohl zum Überleben der Jungen und der eigenen Ernährung also auch zum zweckfreien Genuss von Speisen. Ist nun das eine Motiv besser als das andere? Wollen wir der Wespe ihr brutales Verhalten dann gestatten, wenn es dem Erhalt ihrer Art dient, jedoch verbieten, wenn sie, die doch eine Allesfresserin ist, aus reiner Willkür den Bienen ihr Tagewerk abjagt? Na, dann macht diesen Unterschied mal der Wespe klar!

Euch, lieber LeserInnenschaft, die Ihr ja als Menschen solche Fälle differenzieren könnt, wird der Punkt deutlich geworden sein. Doch finster ist die Tierwelt, und da ich ein Tier bin, bin auch ich finster, selbst wenn in mein Herz durch romantische Umstände, die nur das Schriftstellerherz kennt, ein *Lichtstrahl der Aufklärung* gedrungen ist... Ja, denkt bloß, solch *alterthümlichen Koncepten* hängt Eure Mu an! Und das in einer zeitgenössischen Prosa. Man könnte meinen, sie solle sich was schämen! Wenn ich also Wespen töte, an einem warmen Sommerabend, so könnt Ihr das meinetwegen gern als *Dialektik der Aufklärung* bezeichnen, ich jedenfalls überlasse freiwillig der Natur in mir hin und wieder die Führung, auch wenn ich es, das gebe ich zu, seit Gaby mich bei sich aufgenommen, mich entflöht, geimpft, gefüttert und meine Zecken am Kopf herausgezogen hat (im Übrigen auch dies ein Tötungsdelikt!), nicht mehr nötig hätte. Denn mir geht es schließlich gut.

Aber wie verhält es sich mit dem Morden des von Euch so euphemistisch als *Bauernlümmel* bezeichneten Bauer Ehrlichmann? Der war nun sicherlich kein sehr gescheiter Kopf. Nach der Volksschule nahm sein Vater ihn *am Hofe* in die Lehre. Somit hat er in den letzten 50 Jahren seines Lebens nichts anderes getan als in etwa diese Dinge: Mit dem ersten Hahnenschrei erwachen, 200 Kühe melken, mähen, Heu einholen, Katzen verdreschen, Bohnensuppe essen, schlafen. Und dies auch am Samstag. Und ferner natürlich Sonntags, vor und nach der Messe. Der alte Albert erzählt gern, wie er sich einmal in des Bauern Stube geschlichen hat, weil er hoffte, dort etwas Essbares zu finden. Die Stube muss fürchterlich hässlich gewesen sein, Gelsenkirchener Barock, Riesenglotze, Ledergarnituren. Außerdem gab es dort, so Albert, nur ein einziges Buch im Regal. Der Rest war voll mit Pokalen und Siegerabzeichen, fürs Rudern, für den Krieg, fürs Bullenzüchten und so weiter. Und das Buch, so Albert weiter, das Buch sei von einem Herrn namens *Heinz Günther Konsalik* gewesen, den Albert natürlich nicht gelesen hatte. Aber er meinte, das Cover des Buches habe nicht sehr gescheit ausgesehen, denn es sei so ein großer Frauenkopf mit einer Frisur aus den siebziger Jahren drauf gewesen, und darunter habe irgendetwas gestanden von *Liebe* und *Schuld* und *Tod*. Und nun komme ich zu meiner These. Die Leser werden somit dazu angehalten, sich noch einmal zu konzentrieren:

Ich denke nämlich, dass der Bauer Ehrlichmann, trotz seines geringen Bildungsniveaus und seines harten täglichen Lebenswerks, intellektuell gesehen durchaus in der Lage gewesen wäre, uns Katzen ein angenehmeres Leben zu schaffen. Jawohl, das denke ich. Und ich denke auch nicht, dass

Mitgefühl etwas mit Bildung zu hat, nein, das denke ich auch nicht. Und wer Katzenkinder mit der Mistgabel erstischt, und dabei ganz bei Sinnen ist, der verdient vielleicht genau das gleiche Schicksal, könnte man meinen. Also von jemand anderem, der ganz bei Sinnen ist, mit der Mistgabel erstochen zu werden. Aber warum darf nun, Spaß und Freude als Motiv einmal eingeschlossen, die Katze die Wespe verspeisen und die Wespe die Biene? Weil, so mein Argument, die Kreatur mit dem Töten nichts anderes bezweckt als das Aufrechterhalten des eigenen Lebendigen. Und ein bisschen Spiel und Spaß ist Teil dieses Lebendigen und somit auch Teil des Tötens. Erstochene Kätzchen aber haben nichts mit dem Erhalt des Lebendigen im Bauern Ehrlichmann zu tun, so könnte man meinen, sondern eher mit dessen Vernichtung. Im Grunde also tötet der Bauer Ehrlichmann sich beim Katzenmord selbst, indem er das Menschliche in sich tötet. Ach, ich höre Euch seufzen und nachdenklich am Kopfe kratzen, höre, wie Ihr Gegenargumente zu organisieren versucht, aber ich, meine Lieben, rate Euch davon ab. Denn Argumente gegen die Notwendigkeit von Menschlichkeit zu entwickeln ist beinahe ebenso schlecht, wie Katzenkinder zu erstechen.

Doch nicht alle Menschen auf dieser Welt sind Ehrlichmanns, und wie glücklich kann ich mich also schätzen, dass Gaby mich aus dem Moloch des Hofes befreit hat. Nie werde ich den Tag vergessen, an dem sie mir, nachdem sie uns Katzen satt gemacht hatte, mit einem Nicken, einem Klopfen ihrer zarten Hand, einen Platz in ihrem Fahrradkorb angeboten hat. Damals war Gaby schon viele Katzenjahre lang zu uns an den Hof gekommen, hatte mich aufwachsen, werfen, fluchen und abmagern gesehen, hatte bemerkt, dass ich, weil ich meinen Mann versorgte, noch dünner wurde als alle anderen. Und dann, an einem Herbsttag, dessen Nacht kalt zu werden versprach, hatte sie mich lange angesehen. Manchmal denke ich, sie fürchtete, ich könne diesen Winter nicht überleben. Dann hatte sie mit ihrer weichen Hand zweimal ganz zart auf mich und hernach auf den Fahrradkorb gedeutet. Eine Geste war das, fast wie bei Michelangelos *Die Erschaffung Adams*, wobei ich in meinem Fall natürlich auf den Titel *Die Erschaffung Evas* bestehen würde.

Alle Katzen hatten mich noch einmal umringt, bevor ich hineinsprang. Bis heute fühle ich manchmal noch ihre Körper, die sie, temporär untröstlich, an dem meinen rieben. Sehe ihre verklebten Augen, in denen kurz, sehr kurz, Traurigkeit aufblitzte, freilich nur so lange, bis sie begriffen, dass es von nun an einen gierigen Esser weniger geben werde, mit dem sie zu konkurrieren hatten, zumal Gaby ihnen versicherte, nächste Woche *gewiss, ganz gewiss,* wiederzukommen. Dann sagte ich meinem lieben Mann *adieu*. Ich fand, 25 Katzenjahre waren eine hinreichend lange Zeit für eine Ehe, und er verstand das. Sollten nun die Kinder für ihn sorgen, ich hatte meine Pflicht getan. Zuletzt sprang ich, geschmeidig wie eine junge Mieze, in den Korb und ließ mich von Gaby vom Hof chauffieren. Die Katzen folgten uns bis zum Bach, nicht weiter, denn dort begann das Gebiet der Katzenhorde vom Bauer Möller. Manche blieben gleich unten am Wasserlauf, um sich ein Fischlein zum Nachtisch zu fangen, was aufwändig und darum nur mit vollem Magen zu bewerkstelligen war. Als wir um die Ecke bogen, sah ich nicht mehr zurück.

Tja, und *der Rest ist Geschichte,* hätte ich fast geschrieben, oder besser gesagt, *habe* ich geschrieben, ohne mir freilich sicher zu sein, was dieser Satz bedeutet, noch woher er stammt. Vielleicht haben ihn schon die Seefahrer in der Antike benutzt, wenn sie ihren Kindern überall auf der Welt erzählt haben, wie sie einem besonders schweren Sturm entkommen sind. Vielleicht wollten sie ihr eigenes Leben mit diesem Satz in die Notwendigkeiten und Arbitraritäten des Weltgeschehens einbetten, vielleicht aber benutzten sie ihn auch so, wie ich ihn verstehen möchte: Was bis hierher dargelegt wurde, ist nämlich die Wahrheit und nichts als die Wahrheit, und alles was danach kommt, darf frei erfunden werden. Bitte sehr, fangt einfach an!

Françoise Sagan

Kater und Casino

Für meinen Freund
Jean-Jacques Pauvert

Vergeblich mühte sich Angela di Stefano, ihren Kater, den schönen Filou, zu locken, der seit dem Vormittag in den Gassen von Nizzas Altstadt verschwunden war. Mittlerweile war es drei Uhr nachmittags und immer noch abscheulich heiß, und das im September! Trotz aller von den Kätzinnen in der Nachbarschaft ausgehenden Verlockungen sah es Filou ganz und gar nicht ähnlich, sein Schläfchen und seine Mahlzeit ausfallen zu lassen, und so machte sich Angela, die sehr an ihm hing, immer größere Sorgen. Wie jeden Samstagnachmittag war ihr Mann Giuseppe zum Boulespielen gegangen, und die Nachbarinnen hielten hinter den Hemden und Socken, die wie bunte Banner zum Trocknen vor den Fenstern hingen, auf ihren Messingbetten Siesta. Um deren Ruhe nicht zu stören, wagte Angela nicht allzu laut zu rufen, und so flüsterte sie vor jedem Hauseingang »Filou, Filou«. Um sich vor der brennenden Sonne zu schützen, hatte sie ein Tuch um den Kopf gebunden.

Mit ihren zweiunddreißig Jahren war Angela di Stefano eine bildschöne Frau, sehr südländisch und von sinnlicher Üppigkeit, allerdings mit ernsten und bisweilen harten Gesichtszügen, ein Erbe ihrer korsischen Vorfahren. Giuseppe, dem bewusst war, dass das mögliche Nebenbuhler hätte abschrecken können, äußerte sich mitunter in einer Weise neckend über die Tugend seiner Frau, die Angela nicht zum Lachen fand.

Filou hin oder her, auf jeden Fall musste sie vor vier Uhr auf der Bank sein, um dort die fünfhundert Francs einzuzahlen, die allmonatlich als Rate für die Abzahlung ihres Hauses fällig waren. Als ordentlicher Ehemann hatte Giuseppe ihr am Vortag seinen Wochenlohn ausgehändigt, und sie wollte den mit so viel Mühe erworbenen großen Geldschein unbedingt so rasch wie möglich loswerden. Als sie mit einem Mal einen grauen Schatten hinter einer Mauer zu sehen glaubte, stieß sie mit dem Ruf »Filou!« das Tor zu dem kleinen Garten vor dem Haus der schönen Helena auf, die vor zehn Jahren zusammen mit ihrem Mann dort eingezogen war. Seit dessen Tod wurde in der Nachbarschaft viel gemunkelt, doch gab es keinerlei Beweise. Nach drei vorsichtigen Schritten auf Zehenspitzen erblickte Angela ihren Kater, der hochmütig auf dem Fensterbrett saß. Leise lockte sie ihn ein, zwei Mal, und da er sich nicht rührte, entschloss sie sich, zu ihm zu gehen. Er warf ihr aus grünen Augen einen Seitenblick zu und sprang ins Zimmer. Als Angela unwillkürlich einen Fensterflügel aufstieß, um nach ihm zu greifen, sah sie ihren stattlichen Giuseppe, der in Helenas Armen ruhte. Klopfenden Herzens zog sie sich lautlos zurück, voller Furcht, er könne sie gesehen haben.

Erst als sie den Vorgarten verlassen hatte und auf der Straße stürmisch ausschritt, verwandelten sich ihre Überraschung und Erschütterung in blanke Wut. Sie hätte es wissen müssen. Sicher wusste es die ganze Nachbarschaft, sogar Filou wusste es ja … Diese Frau also suchte Giuseppe an manchen Samstagen zum ›Boulespielen‹ auf. Wie lange das wohl schon so gehen mochte? Sie beschloss, zu ihrer Mutter heimzufahren, zurück auf die Insel, wo sie wieder unter ehrlichen Menschen sein würde. Untreue war nichts für Frauen wie sie. Seit zehn Jahren kümmerte sie sich jetzt um Giuseppe di Stefano, um sein Haus, seine Mahlzeiten, hielt seine Kleidung in Ordnung und teilte das Bett mit ihm. Volle zehn Jahre hindurch hatte sie nichts getan, als ihm zu gehorchen, und sich bemüht, ihm zu gefallen. Und was war das Ergebnis? Er hinterging sie bei Tag und bei Nacht, indem er an eine andere dachte!

Unter diesen Gedanken fand sie sich unversehens auf der *Promenade des Anglais* wieder, wohin sie sonst nie ging. Sie merkte, dass sie nach wie vor mit großen Schritten dahineilte, als könnte sie immer so weitergehen und trockenen Fußes das Meer überqueren, bis hin zu ihrem Elternhaus. Ein schriller Pfiff bewahrte sie davor, überfahren zu werden, und als sie sich erschreckt umwandte, sah sie, dass sie vor dem großen weißen Bau des Casinos stand, wo Ausländer, wie es hieß, ihr Vermögen verspielten. Dorthin wagten sich selbst die Männer aus ihrem Stadtviertel nur zögernd. Sie sah, wie eine Blondine, deutlich älter als sie, die eine Leinenhose trug, dem Eingang entgegenstrebte, einige Scherzworte mit dem Portier wechselte und im Halbdunkel verschwand. So verlockend wirkte dies Halbdunkel, das mit seinen Grau- und Beigetönen einen Kontrast zum im grellen Sonnenlicht daliegenden Bürgersteig bildete, dass auch Angela, ohne nachzudenken, die Stufen zum Eingang emporstieg.

Sie trug nur ein schlichtes Kleid, aber unter dem Eindruck ihrer achtunggebietenden Haltung wies ihr der Portier den

Weg zum Spielsaal, als verstehe sich das ganz von selbst. Dort fragte ein vollständig in Schwarz gekleideter Mann sie ebenso selbstverständlich nach ihrem Ausweis und erkundigte sich dann, wie viele Jetons sie wünsche.

Angela handelte wie eine Schlafwandlerin. Auch wenn sie ihr ganzes Leben hindurch nie auch nur einen einzigen Franc im Glücksspiel eingesetzt oder bei etwas anderem als einer Partie ›Zank-Patience‹ mitgemacht hatte, wusste sie doch aus Fernsehfilmen, wie man sich in einer Spielbank zu verhalten hatte.

Mit gelassen klingender Stimme verlangte sie Spielmarken für fünfhundert Francs und bekam im Tausch für Giuseppes schönen Geldschein fünf lächerlich kleine runde Dinger. Wie es aussah, ging es darum, diese Jetons auf den grünen Filz des Tisches ein Stück weiter zu legen, um den herum bereits mehrere geistesabwesend wirkende und vielleicht durch die Hitze erschöpfte Spieler saßen. Angela hatte Gelegenheit, ihnen unbeachtet gute zehn Minuten lang aufmerksam zuzusehen und abzuschauen, worauf es am Roulettetisch ankam. So fest umklammerte sie ihre Spielmarken, dass sie die Nässe ihrer Handfläche spürte. Da ihr das unangenehm war, nahm sie sie in die linke Hand, um sich die rechte abwischen zu können. Nachdem die wild rollende kleine Kugel im Kessel zum Stillstand gekommen war, setzte Angela eins der glänzenden Dinger inmitten der völligen Stille entschlossen auf die Acht. Sie hatte an einem 8. August in Nizza geheiratet und wohnte im Haus Nummer 8 in der *Rue des Petites-Écuries*.

»*Rien ne va plus*«, sagte der Mann im Abendanzug träge und warf die Kugel wieder in den Kessel, wo sie sogleich in heftige Bewegung geriet und nach einer Weile elegant in eine dunkle Vertiefung glitt. Angela stand zu weit entfernt und konnte die Zahl nicht erkennen.

»Die Acht!«, verkündete der Mann mit gelangweilter Stimme. »Die Acht! *en plein*«, fügte er nach einem raschen Blick auf den Roulettetisch hinzu.

Er reihte zehn Spielmarken vor sich auf und schob sie nach einem Blick in die Runde zu Angela hinüber. Dazu nannte er ihr eine Zahl (die ihr astronomisch hoch vorkam) und warf ihr einen fragenden Blick zu.

»Die Acht«, sagte sie wieder mit fester Stimme. Sie fühlte sich wohl, im Banne einer fremden Macht, geleitet von einem unbekannten Schatten. Das Einzige, worüber sie sich wunderte, war, dass sie nicht mehr das Bild des an Helenas Busen ruhenden Giuseppe vor sich sah, nur noch die kleine Kugel, nichts als sie.

»Der höchste Einsatz auf eine einzelne Zahl beträgt zweitausend Francs«, sagte der unübersehbar erstaunte Croupier. Während sie stumm und verständnislos nickte, häufte er einen Teil ihrer Spielmarken auf die Acht und schob die anderen zu ihr zurück. Sie nahm sie mechanisch entgegen.

Inzwischen waren Leute näher getreten und musterten sie mit kaum verhohlener Neugier. Weder ihrem Gesicht, ihrem Ausdruck oder ihrer Haltung nach hätte man Angela für eine Verrückte halten können, die mir nichts, dir nichts zweitausend Francs auf eine x-beliebige Zahl setzte – im Sommercasino von Nizza, im September. Nach kurzem Zögern sagte der Croupier erneut: »*Faites vos jeux.*« Die Dame in der Leinenhose setzte eine Spielmarke im Wert von zehn Francs neben Angelas funkelnden Stapel, und wieder setzte sich die Kugel in Bewegung. Nach mehreren klirrenden Geräuschen kam sie zum Stillstand. Erst das allgemeine Schweigen, dem eine Art überraschtes Gemurmel folgte, holte Angela in die Wirklichkeit zurück: sie hatte (mehr aus Müdigkeit, so schienen ihre gesenkten Lider anzudeuten, als vor Verblüffung) die Augen geschlossen.

»Die Acht«, sagte der Croupier, diesmal mit einem mürrischen Unterton, wie ihr schien… »Meinen Glückwunsch, Madame. Wir schulden Ihnen sechsundsechzigtausend Francs. Würden Sie mir bitte folgen?« Mit einem Mal sah sie sich von – teils dienststeifrig, teils unmutig wirkenden – Männern in Schwarz umringt, die sie zu einem anderen Schalter geleiteten. Dort zählte ihr ein Angestellter mit wässrigen Augen deutlich größere Jetons vor. Diesmal waren es eckige. Angela sagte nichts. Ihr Kopf dröhnte, sie konnte sich kaum auf den Beinen halten.

»Wie viel macht das?«, fragte sie schließlich und wies auf die ihr unbekannten Spielmarken.

Als ihr der Mann mitteilte: »Sechsundsechzigtausend Francs, Madame, also sechs Millionen sechshunderttausend alte Francs«, musste sie die Hand ausstrecken, um sich auf seinen Arm zu stützen. Er forderte sie höflich zum Sitzen auf, bestellte einen Cognac für sie und bot ihn ihr mit leicht unterkühlter Höflichkeit an.

»Kann ich das auch in Scheinen haben?«, erkundigte sich Angela, nachdem ihr die vom Alkohol ausgehende Wärme zu einem gewissen Überblick verholfen hatte.

»Selbstverständlich«, sagte er. Dann wühlte er in seinen Schubladen und holte einen Berg von Banknoten hervor: lauter gelbe, genau wie die, die Giuseppe ihr am Vortag anvertraut hatte. Der Mann half Angela sogar dabei, das Geld in ihrer Handtasche unterzubringen.

»Wollen Sie nicht weiterspielen, Madame?«, fragte er, aber

in seiner Stimme lag keine Hoffnung, denn er hatte (Kenner, der er war) erkannt, dass Angela di Stefano zum ersten und letzten Mal ihren Fuß zum Glücksspiel in ein Casino gesetzt hatte. Sie schüttelte ablehnend den Kopf, sagte »vielen Dank« und ging mit dem gleichen raschen und sicheren Schritt davon, mit dem sie gekommen war.

Im Sonnenlicht kam sie wieder zu sich, kaum dass sie draußen war. Das Meer, die *Promenade des Anglais*, die Autos, die alten Palmen kehrten in ihr Bewusstsein zurück, und ihr fiel wieder ein, dass sie eine betrogene Ehefrau war. Sie setzte sich auf die Terrasse des nächsten Cafés (es war übrigens auch das erste Mal, dass Angela di Stefano allein ein Café aufsuchte), klemmte die Handtasche fest zwischen ihre Füße und bestellte mit tonloser Stimme ein Himbeereis. Dann begann sie nachzudenken.

Ein ganz in Beige gekleideter junger Mann, der ihr von der Spielbank aus gefolgt war, versuchte sie anzusprechen und bot ihr eine Zigarette an, doch sie wimmelte ihn wortlos mit einer eindeutigen Handbewegung ab. Der Schmarotzer, der sich mit Spielbanken und einsamen Damen auskannte, musste die schmähliche Abfuhr hinnehmen: Hier war nichts zu holen. Nachdem er verschwunden war, konnte Angela endlich in Ruhe überlegen und die drei oder vier Möglichkeiten durchgehen, die ihr einleuchtend erschienen.

Als erste Lösung fiel ihr ein, die gelben Scheine so rasch wie möglich auf die Bank zu bringen. Doch das war die Bank, bei der Giuseppe sein Konto hatte, und weil er sie betrogen hatte, musste sie ihn verlassen. Dann erwog sie, im Hafen ein Schiff oder Boot zu mieten und auf dem schnellsten Weg zu ihren Eltern zu fahren. Drittens konnte sie (wie in einem Roman) ein Taxi nehmen, daheim ihren Koffer packen, Giuseppe zusammen mit einem herzzerreißenden Abschiedsbrief fünfhundert Francs hinterlassen, anschließend mit Filou zum Hafen fahren und so weiter ...

Die vierte Lösung war noch romanhafter: sie würde ein Luxusgeschäft aufsuchen, Unmengen hauchzarter Kleider aus roter Seide und herrliche Juwelen kaufen, eine Kutsche mieten, unter den Augen der verblüfften Nachbarinnen im Galopp vorfahren und unterwegs den Kindern Bonbons zuwerfen. Oder sie würde sich zwei finstere Gestalten suchen – so etwas dürfte es hier ja wohl geben – und ihnen auftragen, die schöne Helena nach Strich und Faden durchzuprügeln. Oder sie würde einen Wagen mit einem in Grau gekleideten hünenhaften Chauffeur mieten, ihn ihre Sachen aus dem Haus in der *Rue des Petites-Écuries* abholen lassen und ihm ein Briefchen an die Nachbarin mitgeben, damit diese ihm Filou zusammen mit ihrer Habe aushändigte.

Von all diesen Überlegungen schwirrte ihr der Kopf, überdies vertrug sich der Cognac schlecht mit dem Himbeereis. Ihr war übel. Da ihr das Leben so gut wie nie eine Wahl gelassen hatte, wusste sie genau, was sie in der nächsten halben Stunde erwartete – wie auch in der nächsten Woche und im nächsten Jahr. Es war so lange her, dass sie je selbst eine Entscheidung hatte treffen dürfen – da war die unangenehme Überraschung, Giuseppe in Helenas Armen zu sehen, bei Licht besehen beinahe beruhigend, denn es war etwas Wirkliches, etwas, das stattgefunden hatte und woran sie nichts ändern konnte. Die einzigen wirklichen Möglichkeiten, die in der Handtasche steckten, da unten, zwischen ihren Füßen, waren Irrtum und Erschrecken.

Ohne die vielen gelben Geldscheine, die darin steckten,

das war ihr klar, wäre sie nach Hause gegangen, hätte Giuseppe angeschrien, ihn wüst beschimpft, gedroht, ihn zu verlassen, es vielleicht sogar eine Zeitlang getan, bis er ganz zerknirscht angekommen wäre, um sie von ihrer Insel zurückzuholen. Ohne diesen Berg von Geldscheinen wäre das Leben einfach und ereignislos geblieben, letzten Endes sogar äußerst angenehm, denn sie liebte Giuseppe. Zwar war er, das war ihr durchaus klar, schon immer ein Schürzenjäger gewesen, aber sie wusste auch, dass er sie, Angela, liebte und dass am Samstag davor der Sohn der alten Nachbarin den Nachmittag bei Helena zugebracht hatte. Andererseits war es ihr jetzt möglich, etwas anderes zu sein als eine betrogene Ehefrau. Sie hatte es nicht mehr nötig, sich mit einem reumütigen Ehemann als Gegenüber abzufinden: das Leben bot ihr die Aussicht, als freie und wohlhabende Frau einen völlig gebrochenen Mann zu verlassen … Zwar sah Giuseppe gut aus, war aber auch keine zwanzig mehr, und als Maurer verdiente er nicht viel. Wenn sie ihn verließe, würden ihm nicht alle Frauen nachlaufen. Vor allem aber würde er, wenn er zufällig einige Francs Vorschuss bekäme, ihr, Angela, das Geld geben, denn schließlich hatte sie darauf bestanden, dass er sich auf Ratenzahlungen für ihr altes Haus in der *Rue des Petites-Écuries* einließ: das rote Seidenkleid hatte er ihr immer versprochen, aber sie selbst hatte eigentlich nie von so etwas geträumt.

Während sich die Dämmerung langsam auf das grau-goldene Meer senkte, das im Abendlicht seidig leuchtete, bekam Angela allmählich Angst, Giuseppe könne sich Sorgen machen. Womöglich fürchtete er, jemand habe sie überfallen und ihr den schönen gelben Geldschein abgenommen, den sie zur Bank bringen sollte. Sicherlich konnte er sich nicht vorstellen, dass sie hier vor dem schönen Café an einer Prunkstraße saß, mit Millionen zu ihren Füßen, die es ihr ermöglichten, auf Nimmerwiedersehen zu verschwinden. Was würden er und Filou gegen acht Uhr machen, wenn sie nicht heimkehrte? Die beiden Taugenichtse würden hilflos vor der Tür auf sie warten, wussten sie doch nicht einmal, wo sie Öl und Mehl, Wurst und Wein finden konnten. Nein, das ging auf keinen Fall! Sie könnte sich unmöglich zur selben Zeit an Langusten, Champagner und Gebäck gütlich tun, die man ihr in einem Luxushotel servieren würde, wenn sie tatsächlich verschwand. Vor Niedergeschlagenheit würde sie mit all dem Geld nichts anfangen können. Sie war nicht für solche Möglichkeiten geschaffen, hatte nicht genug Filme im Fernsehen angeschaut, nicht genug Bücher gelesen. Vielleicht aber auch hatte sie einfach nicht genug von anderen Männern als Giuseppe geträumt ...

Sie stand auf, kehrte zur Spielbank zurück und stieß zum Glück auf den Mann von vorhin, den mit den hellen Augen, der ihr den Cognac bestellt hatte. Er erkannte sie sofort wieder. Sie zog ihn in eine dunkle Ecke und flüsterte ihm kaum hörbar ihr Anliegen zu.

»Wie bitte?«, sagte er mit erhobener Stimme. Sein Gesicht war gerötet, und alle sahen sich nach ihnen um. Sie zog ihn etwas näher zu sich heran, flüsterte wieder, und plötzlich schien er zu begreifen. »Ich soll es zurücknehmen?«, fragte er. »Ist das Ihr Ernst? Das darf ich nicht, Madame.« Er rief einen weiteren schwarz gekleideten Mann herbei, und nun flüsterten sie zu dritt.

Die beiden Männer schienen seltsam verwandelt, sie sahen mit einem Mal jünger und beinahe kindlich aus. Wenn jemand zufällig Zeuge dieser Unterhaltung geworden wäre, hätte ihn wohl zutiefst erstaunt, dass sich zwei Croupiers und die schöne junge Frau über die dienenden Schwestern vom Bon Secours oder die Verdienste des Armenpriesters Abbé Pierre unterhielten. Schließlich wechselten sie ins Büro, Angela legte ihr Geld auf den Tisch, man reichte ihr einen Scheck, den sie entgegennahm und für die guten Werke des Ordens der Barmherzigen Schwestern des heiligen Vinzenz von Paul bestimmte. Sie unterschrieb ihn: »Angela di Stefano«, es war unübersehbar, dass sie ihren Namen zum ersten Mal unter einen Scheck setzte, und es war auch das letzte Mal. Als sie in würdiger Haltung dem Ausgang entgegenstrebte, kamen ihr elegant gekleidete Damen und nervöse Herren entgegen, denn um diese Stunde begann die eigentliche Zeit des Spielens. Die beiden Croupiers geleiteten sie unter tiefen Verbeugungen mit so überschwänglicher Ehrerbietung hinaus, dass sich all die vornehmen Damen verwundert nach ihr umsahen.

Sie eilte nach Hause, so rasch sie konnte. Dort sah sie, dass Filou und Giuseppe vor dem Fernseher saßen, der eine auf den Knien des anderen.

»Du bist ziemlich spät dran«, knurrte Giuseppe. Sie murmelte: »Ach, weißt du: erst hat es auf der Bank ewig gedauert, und dann hab ich auf der Straße eine Cousine aus Bastia getroffen...« Damit wandte sie sich dem Herd zu. Giuseppe, dem es nur unter großer Mühe gelungen war, den durchdringenden Geruch von Helenas widerlichem Eau de Cologne loszuwerden, streckte, als Angela an seinem Sessel vorüberging, ein wenig beschämt eine Hand nach hinten aus und legte sie ihr leicht um die Taille. Er war schläfrig. Draußen sang eine Nachbarin ziemlich misstönend, und der Kater schnurrte aus Vorfreude auf das, was Angela in der

Pfanne briet. »Das war ein recht angenehmer Samstag«, dachte Giuseppe. «Jeder Mann hat ab und zu das Recht auf ein kleines Abenteuer im Leben: das ist den Frauen nur nicht klar ...«

Aus dem Französischen von Erika und Karl A. Klewer

Elke Heidenreich

Nichtstun

Man könnte ja mal etwas tun.   Doch schöner ist es, auszuruhn.

Man kann sich ja mal bißchen recken …   Man kann auch mal die Pfote lecken …

Doch besser ist es, nichts zu tun
Und sich vom Nichtstun auszuruhn.

Elke Heidenreich

Karel Čapek

Mutterschaft

Sie schleppt sich durch die Wohnung mit ihrem schweren Bauch und einer hervortretenden Wirbelsäule, die an eine Ziege erinnert, und sie sucht, ununterbrochen; keine Ecke ist ihr verborgen und weich gepolstert genug, um dort ihre fünf blinden und fiependen Kätzchen auf die Welt zu bringen. Sie versucht, mit ihrer Pfote den Wäscheschrank zu öffnen, mein lieber Mann, oh, ja, ganz sicher, dort, auf dem Haufen schneeweißer Wäsche, da könnte man wunderbar die Jungen gebären! Sie schaut mich mit ihren goldenen Augen an: »Mensch, mach das Ding auf, ja?« Das geht nicht, meine liebe Katze; schau mal, hier habe ich dir einen ausgepolsterten Korb vorbereitet, was könntest du dir Besseres wünschen? – Ach ja, ganz sicher möchtest du etwas Besseres. Jetzt versucht sie mit ihrer Pfote den Bücherschrank zu öffnen – womöglich möchte sie sich ein Plätzchen auf den Heften des Magazins *Gegenwart* einrichten oder in der Abteilung der Dichter niederkommen. Und gleich sucht sie weiter, getrieben von mütterlicher Unruhe.

Das ist keine große Sache, sie kennt sich damit schon aus; mit der Regelmäßigkeit eines Naturkalenders beschenkt sie mich mindestens zweimal im Jahr mit vier oder fünf meist getigerten Katzenbabys, und überlässt es mir, mich um deren anständiges Katzendasein zu kümmern, so dass meine

Freunde und Bekannte nach und nach die Folgen dieser wilden Fruchtbarkeit mitnehmen. Sie kennt sich also nach so häufiger Erfahrung gut aus, aber als sich zum ersten Mal ihr Stündchen näherte – damals war sie noch ein verwundertes, halb erwachsenes Katzenteenie –, hatte sie genauso versiert und wählerisch nach einem Eckchen gesucht, als hätte sie genauestens gewusst, was sie erwartete. Ihr Tun wäre sehr nachvollziehbar gewesen, wenn sie das wirklich gewusst hätte, wenn sie sich auf Kätzisch gesagt hätte: »Ich habe das Gefühl, dass ich Kinder bekomme! Ich muss mir ein verstecktes Plätzchen suchen, wo meine Babys in Sicherheit sind!« Doch so etwas weiß die Katze nicht. Wenn sie sprechen könnte, würde sie sagen: »Das ist komisch, etwas in mir sagt: Such, such! Finde einen besonderen Platz – nein, dieses Sofa ist es nicht; nein, dieses Kissen, auf dem ich normalerweise schlafe, ist es auch nicht; was soll ich denn eigentlich suchen, und warum? Etwas sagt mir, ich müsse irgendwie in diesen Wäscheschrank reinkommen oder mich im Bett verkriechen und mich unter der Bettdecke verstecken, – oh, mein Gott, was für eine Unruhe! Was ist denn nur los mit mir?« – Und in der Tat, sie schaut manchmal so ernst und konzentriert, als würde sie angestrengt hineinhorchen, was ihr dieses fordernde Etwas sagen möchte. Dann macht sie das mit einer großen Sicherheit, und wir Menschen nennen es Instinkt, damit dieses Etwas einen Namen habe.

Nun gut: Eines Morgens – denn diese Bescherung kommt meistens nachts – wird in irgendeiner Ecke ein halbes Dutzend Katzenbabys fiepen. Die Katze wird ihnen mit süßem Gurren antworten, dessen Stimmregister sie nur für diese Gelegenheit aufbewahrt. Es ist keine Stimme, sondern ein ganzer Akkord in einer harmonischen Tertia und Quinta, ähnlich dem Akkord einer Mundharmonika. Sie wird ihre Mutterschaft wohlig zur Schau stellen, jede ihrer Bewegungen wird unendlich beschützend und weich sein, ihr zerzauster Bauch, der Geduld ausstrahlende, nach außen gewölbte Rücken und die aufmerksamen Pfoten werden die wuselnden Kätzchen zu einem einzigen mütterlichen Päckchen umschließen: Sieh, wir sind noch eins. Nur auf einen Sprung verlässt sie ihr Nest, um gleich wieder eilig zurückzukommen, schon von weitem rufend und gurrend. Es wird ein vollkommener Fanatismus der Mutterschaft sein.

Doch nach etwa sechs Wochen schwingt sie sich mit einem leisen Sprung aus dem Katzennest und entschwindet in die Frühlingsnacht, während in der Ferne der raue Alt eines Katers ertönen wird. Erst am Morgen wird sie mit großen grünen Augen wieder zurückkommen und ihr strubbeliges Fell glatt lecken. Kommt ein Kätzchen zu ihr angerannt, um bei ihr zu trinken oder mit ihrem nervös wedelnden Schwanz zu spielen, verpasst sie ihm eine Ohrfeige, bis das Kleine verwundert umfällt, und sie wird entrüstet davonstolzieren. Komm mal her, Kleines, siehst du, so läuft es im Leben – es ist höchste Zeit, um dir einen eigenen Platz zu suchen.

Mit dem Rücken ihren Kätzchen zugewandt, mit glatt gelecktem Fell, schaut die Katze aus dem Fenster. Sie horcht wahrscheinlich in sich hinein, wie das Etwas ihr zuflüstert: »Du musst raus, du musst in dieser Nacht raus, er kommt bestimmt.«

Wenn ich ihr zwei Wochen später ihr eigenes Katzenbaby zeigen würde, so würde sie es feindlich anfauchen.

Aus dem Tschechischen von Marcela Euler

Carl MacDougall

Mussolini

Mussolini war ein prächtiger Kater, den ich in einem Schaufenster entdeckte. Auf einem Schild stand: *Kätzchen kostenlos für gutes Zuhause*. Ich hatte kein gutes Zuhause, eigentlich kaum eines, aber ich nahm ihn mit, weil ich dachte, er werde ein schlechtes Zuhause oder wenigstens meine Umgebung verbessern.

Er kuschelte sich in meine Jacke, um sich vor dem Wind zu schützen. Der Verkehrslärm ließ ihn quietschen, doch wir kehrten sicher heim. Er trank eine Untertasse voll Milch, musterte die Fußbodenleisten, fand das wärmste Plätzchen, schlief ein und wuchs zu einem prächtigen Kater heran.

Am ersten Morgen, dem ersten von vielen, kochte ich Tee und toastete Brot, während sie die Zeitung las. Sie lag träge und so schön da, dass es mir den Atem verschlug, ihn mir raubte. Der Kater kam ins Zimmer und legte sich zwischen uns. Die Zeitung war langweilig, sie aufregend, deshalb schmiegte ich mich in den warmen Tunnel und kitzelte ihren Bauch.

»Lass das«, sagte sie, aber ich wusste, dass sie es nicht ernst meinte. »Hör auf. Ich lese doch.«

Und Mussolini lag zwischen uns; er betrachtete mich mit glasigen und flehenden runden Augen: Wer ist das? Was ist los? Was habe ich angestellt? Ich konnte weder sie kitzeln noch ihn hinauswerfen. Ich wusste, dass er zurückkehren würde.

Ich erinnerte mich, wie ich mich oftmals der leeren und kalten Wohnung näherte und wie er, Mussolini, auf der Fensterbank saß und nach mir Ausschau hielt. Wenn ich die Tür öffnete, rieb er das Gesicht an meinen Füßen, so dass ich fast über ihn stolperte. Mussolini schnurrte und wölbte den Rücken und ließ mich wissen, dass es schön sei, mich zu Hause zu haben. Hallo, sagte er. Dann setzte er sich auf den Tisch, nachdem ich ihn gefüttert hatte und während ich selbst aß. Er schaute mich nur an und sagte: Hallo. Und wenn ich mich ans Feuer setzte, um zu lesen, tauchte er aus dem Nichts auf, um sich zwischen mir und dem Buch niederzulassen. Er rieb sich am Rand des Buches, bis ich aufhörte zu lesen und ihn streichelte, was ich ewig hätte fortsetzen können, denn er bekam nie genug davon. Aber er wusste, wann ich genug hatte, denn er machte es sich bequem, bequem auf meinem Schoß, um mich lesen zu lassen, obwohl ich das Buch ungelenk halten musste, während er schnurrte und ich las. Manchmal döste ich ein, bevor das Feuer ausging, mit ihm auf dem Schoß, Mussolini.

Aber nun lag er auf dem Bett und fragte sich, warum. Und während ich dahintrieb und kurz davor war einzuschlummern, rutschte sie im Bett herunter, glitt neben mich und sagte: »Verdammte Katze.« Dann schob sie ihn beiseite und beugte sich vor, um mich zu küssen. Doch er kam zurück, wie ich gewusst hatte, und schob sein Gesicht schnurrend zwischen unsere Gesichter und unsere Nasen. Sie zog die Zunge aus meinem Mund und sagte: »Um Himmels willen«, als er in den Zwischenraum sprang, dort liegen blieb und mich ansah: Mussolini versuchte, mir etwas mitzuteilen, mich zu fragen: Und was ist mit mir? Nicht. Bitte. Nicht. Aber sie stand nackt auf, hob ihn am Nackenfell hoch, hinunter vom Bett, obwohl er die Krallen in der Decke verhakte, und warf ihn aus dem Zimmer in die Diele. Dann knallte sie die Tür zu, und er kratzte weinend an der Farbe, Mussolini.

Als ich aufwachte, streifte sie sich ihren Slip von Marks & Spencer über, und er war in der Diele. Er folgte mir durch die Wohnung, doch ich war nun nicht mehr zu retten, unwiderruflich verloren. Ich wollte nicht, dass er mir zwischen die Füße lief oder meine Lektüre unterbrach. Drei Tage später machte er sich davon. Ich suchte nach ihm, aber nach fünf Abenden regnete es und ich gab die Fahndung auf.

Siebzehn Tage und achtzehn Nächte später war er wieder an der Tür. Er lief ein paar Schritte, wälzte sich auf dem Teppich und sagte: Hallo, ich bin zurück, Mussolini.

Ich schlug ihr vor, ihn zu füttern. »Warum?«, fragte sie. Aber sie stellte den Teller auf den Boden, er fraß das Essen und bat zum ersten Mal in seinem Leben um mehr.

Oh, wir haben uns beruhigt, doch die Dinge sind nicht mehr wie früher. Mussolini und ich halten uns in derselben Wohnung auf, und das ist alles. Manchmal, wenn ich ein Zimmer betrete und frage: »Wie steht's, Musso?«, schaut er auf, lässt seinen Blick jedoch nie auf mir ruhen; er schaut auf, wendet sich ab, schließt die Augen oder starrt die Wand an.

Mussolini starrt die Wand an.

Aus dem Englischen von Bernd Rullkötter

Monica Cantieni

Goliath und die Goliaths

Ich schlief in unzähligen Betten: in meinem, in das sich auch Holly gerne legte, in Hollys, in dem ich lieber schlief als in meinem, das Bett der Kinder, das Bett ihrer Mutter, das Sofa, die Büchergestelle, die Stühle, die Tische, wenn keiner da war, die Liegestühle im Garten, die Decke im Gartenhäuschen, der Rasen, die Steinplatten und jeder Schoß, der zu Gast war im Haus. Ich hatte viele Dächer über dem Kopf; die der ganzen Straße, wenn ich wollte.

Ich hatte Familie, Nachbarn, einen Garten. Ich hatte unseren Garten und deren Garten und die Gärten der anderen. In den Gärten Bäume, Rosenbüsche, ihre Beete, Torf. Es geht nichts über den frischen, lockeren Torf unter den Rosenbüschen im Nachbarsgarten.

Sie riefen mich *Leche*, Milch; auch wenn das nicht passte. Alle außer der Torfnachbarin riefen mich so. Sie hatte mich *Clarence* getauft. Schon am ersten Tag. Ich erinnerte sie an einen Löwen aus einer Fernsehserie, die in Afrika spielte. Der Löwe schielte wie ich und sorgte mit den Doppelbildern seiner Perspektive für billige Lacher, wenn die Handlung nicht weiterkam. Dieser Onkel Tom des Tierreichs ließ das während mehrerer Staffeln mit sich machen. Das dämliche Vieh konnte noch nicht einmal anständig brüllen, es musste dafür gedoubelt werden. Ich sehe nicht doppelt, auch wenn ich schiele, und ich hasste es, wenn die Torfnachbarin nach mir rief.

– Clarence. – Cla-rence!

Es bedeutete selten etwas Gutes. Meist, dass sie meine Hinterlassenschaft im Torf gefunden hat.

Es gab nicht viele Hunde im Quartier. Holly? – War eigentlich kein Hund. Er konnte sogar schnurren; jedenfalls behaupteten sie das, wenn sie Holly Besuchern vorstellten. Er war einer dieser wasserstoffblonden Langhaarigen, die schwanzwedelnd neben den Kinderwagen hergehen oder in Vorgärten roten Bällen hinterherjagen. Die Kinder mochten Holly, und wenn ich ehrlich bin: ich auch. Besonders an verregneten Tagen, wenn wir Stunden gemeinsam vor dem Fernseher vertrödelten. Breitbild, 35 Millimeter, Ultra Panavision 70, Super-35, Techniscope und Cinerama; er auf dem Rücken und ich auf seinem Bauch, während die Lefzen seines Mauls schlaff wurden und seine imposanten Zähne freilegten. Hollys Pfoten zuckten im Schlaf. Er schnarchte. Er rannte in seinen Träumen kilometerweit. Manchmal wachte er erschöpfter auf, als er eingeschlafen war.

Die anderen Hunde der Straße waren angeleint oder fett oder beides. Und wenn einer ausriss und sich in den Garten traute, nahm Holly ihn sich vor.

Unter der Woche hatten wir das Haus ganz allein für uns. Tagsüber zumindest. Holly versuchte, möglichst lange zu schlafen. Wenn er gekränkt war, zerkaute er nach dem Aufwachen Schuhe. Ihre Reste verteilte er in allen Zimmern. Irgendwann füllte sich das Haus wieder mit ihren Stimmen. Es begann, nach Essen zu riechen, nach meinem Essen; nach Eisen und nach Blut, das zur Ruhe gekommen war.

Ich mochte ihre Stimme.
– Leche?
Ich mochte sie sehr.
Leche, wir wissen, wo du steckst. Marcus, hol Leche vom Schrank herunter.
Der Kleine tappte durch den Flur. Der Kleine mitsamt seinen Gespenstern, die in seinem Haar nisteten und nur darauf warteten, ihm in der Dunkelheit in den Kopf zu steigen, um dort für ein Kino zu sorgen, bei dem er sich zu Tode fürchtete. Er schaute sich heimlich Filme an, die nicht für ihn gedacht waren, und danach grabschte er mit seinen klebrigen Händen nach mir, zerrte mich am Schwanz in sein Bett; dieser Kleine, der schlafwarm nach Milch roch, nach Karamell, nach Moos und Kaugummi, der mich gern in den Teich schubste, einfach so.
Er stellte sich vor den Schrank.
Komm schon, Leche! Fressen!
Und dann zeigte sie sich in der Tür.
– Leche, beweg dich.
Sie, die Holly mit einem einzigen Blick zum Schweigen brachte. Sie, die in zu großen Socken durch die Wohnung schlurfte, schwarzen Socken. Sie, die ausschließlich Schwarz trug, die lieber auch eine schwarze Katze gehabt hätte und sagte:
– Der hier? Rot? Nur über meine Leiche!
Sie, die den Kindern nichts abschlagen konnte.
– Echt jetzt? Rot?
Sie, die uns erzählte, wie es ihr ging, sie, die sich erzählend verlor auch in beruflichen Details, die mit den Filmen zu tun hatten, mit denen wir einschliefen. Wir, die wir lernten; ich, Holly und die Fische. Weil sie mit den Kindern nicht reden

konnte, jedenfalls nicht darüber. Sie, die mit jemandem reden musste und der Ansicht war, dass Fell und Schuppen besser schützen vor Herzschmerz als Haut. Sie, die hier das Sagen hatte und das Geld verdiente, im Gegensatz zu ihm, der fort war. Sie, die ihn entweder ins Pfefferland geschickt oder auf den Mond geschossen hatte. Ob nach hier oder nach da: So genau wusste sie das nicht mehr.

Sie, die zuvor lange in einer Wüste versucht hatte, einen Garten anzulegen, die sich dann darauf verlegt hatte, Oasen zu suchen, die es erwiesenermaßen in jeder Wüste gibt, nur in jener nicht. Sie, die sich nach Wasser gesehnt hatte, nach Grün, und als ihr dann die Vorstellung von Grün verloren zu gehen drohte, sie sich abwandte und tatsächlich ging. Weg. Weit weg und von da direkt in den Garten dieses Hauses, wo sie einen Teich anlegte – etwas fürs Auge und darin etwas fürs Herz: die Fische, die geduldig wie Papier und dem Versprechen puren Goldes auf der schuppigen Haut wie längst versunkene Schätze langsam aus dem moorigen Untergrund auftauchen konnten oder unter den tellergroßen Blättern hervorsegelten und ihren Rücken sonnen würden, so schwärmte sie. Stundenlang konnte sie bei ihnen sitzen; sie, die Nachbarn und Freunde hinter vorgehaltener Hand *Die Königskobra* nannten.

Die Königskobra, die die Fische Besuchern vorstellte wie den etwas schrulligen Teil der Familie.

– Goliath und die Goliaths!

Die Königskobra, die jetzt sagt: Leche, ich verfüttere die Leber gleich an Holly. Die Königskobra, die das tatsächlich auch getan hätte.

Es gab Tage im Sommer, an denen Hektik ausbrach. Sie faltete Kleider, die in Koffern und Taschen verschwanden und mit denen sie dann den Kombi ausstopfte. Holly brachten sie weg. Ich habe nie herausfinden können wohin. Holly roch unerträglich, wenn er zurückkam, er brachte miserable Manieren zurück und manchmal sogar Flöhe.

An den Tagen, an denen Hektik ausbrach, stapelte sie Dosenfutter auf dem Küchentisch, sie stellte eine große Tasse, gefüllt mit Wasser, vor die Tür und ließ einen Zettel für die Torfnachbarin da. Sie streute Futter in den Teich, scheuchte die Kinder in den Wagen, und wenig später löste sich das Röcheln seines Auspuffs am Ende der Straße im diffusen Rauschen des Verkehrs auf.

Das Haus streckte sich unter diesem Himmel, der blauer und blauer wurde. Die Fenster- und Türangeln quietschten, die Wände knisterten, seine Balken und Böden knackten und tickten. Wie ein Kahn, der nach einer Fahrt auf See in den Hafen einläuft, an die Pier schrammt, kam es lärmend zur Ruhe, eine Anzahl immer gleicher Tage vor sich, an denen das Licht in hellen Schwaden von morgens bis abends durch seinen Bauch treiben würde.

Beim Hereinbrechen der Nacht kündigte sich die Torfnachbarin an; etwas unsicher auf den Beinen und fröhlich wie auf Kreuzfahrt, das Glas in der Hand, in dem die Eiswürfel klingelten.

Clarence. – Cla-rence!

Ich legte mich gern aufs Fensterbrett im ersten Stock. Seit einem Telefonanruf schaukelte es auf zwei ungleich eingeschlagenen Nägeln.

Sie war dabei gewesen, das Fensterbrett festzumachen, und war nicht zurückgekommen, um die Arbeit zu beenden. Fast bewegungslos hatte sie beim Telefon gestanden, wie immer, wenn sie mit ihrem Anwalt redete. Legte sie auf, hatte sie für gewöhnlich alles vergessen, was vor dem Anruf gewesen war. Vorhaben hatten sich in Luft aufgelöst, und dann verschwanden Dinge, die mit ihnen zusammenhingen, gingen für unbestimmte Zeit verloren, und manche tauchten unvermutet anderswo wieder auf, wenn sie keiner mehr suchte. Den Hammer auf dem Fensterbrett beispielsweise katapultierte ich unabsichtlich in den Garten, als ich aufs Fensterbrett sprang, um von dort hinauszusehen, während sie noch am Telefon hing.

Der Blick von dort ist frei auf das schiefe Gartenhaus, das an seiner Westseite durch einen Pfahl gestützt wird wie sein Nachbar, der Kirschbaum. Die beiden neigen sich einander zu, als hätten sie sich viel zu erzählen. Warm und hell, schattig und kühl stehen sie nebeneinander; die Vögel mögen das.

Dort stand er eines Nachmittags. Eine Brise erfasste die Kirsche, sein Fell glänzte in der Sonne. Er war größer als Holly, um einiges größer.

Vom Garten der Torfnachbarin klang Lachen herüber, etwas fiel ins Wasser. Gekreische.

Zögernd beschnupperte er das Spielzeug, das auf dem Rasen verteilt lag. Er roch Holly und die Kinder. Vom Geruch des Wassers ließ er sich zum Teich ziehen und soff. Goliath und die Goliaths huschten unter die tellergroßen Blätter.

An der Tür klingelte es, Kinder kicherten, während er an die Kirsche pinkelte. Holly würde toben.

Die Kinder drückten sich wohl wieder hinter der Hausecke zusammen, und weil keiner öffnete, zerstreuten sie sich lachend und warfen ihre wassergefüllten Luftballons auf die Steinplatten, wo sie platzten.

Danach war er verschwunden. Ein Streuner vielleicht? Es roch streng. Wo war er eigentlich hereingekommen? Er musste sich an der Stelle durch die Hecke gezwängt haben, wo die Rolle mit Maschendraht stand, die dort hingestellt worden war, um das Loch im Zaun zu flicken; vor Jahren schon. Im Sommer rankten sich Wicken daran hoch, im Herbst der Kürbis.

Als die Torfnachbarin das Gartentor öffnete, war es bereits nach Mitternacht.

– Cla-rence! Clarence?

Etwas wacklig auf den Beinen fummelte sie eine Ewigkeit an der Dose herum, bis sie es schaffte, sie zu öffnen. Sie klatschte mein Essen auf einen Teller, goss in aller Eile ein paar Topfpflanzen und sammelte deren Blätter ein, die ein Windstoß über den Steinboden trieb. Vor dem Verlassen des Grundstücks machte sie die Runde um den Teich. Ich begleitete sie. Sie zählte die Goliaths:

Ich hab ein Auge auf dich, Clarence. Die Königskobra hat gesagt, ich soll ein Auge auf dich haben, was das angeht. Schließlich, hat die Königskobra gesagt, bist du ja auch nur ein Mensch, was das angeht.

Der Strahl der Taschenlampe zeigte auf die Fische, die reglos im Wasser standen.

Mein leichter Schlaf: Er muss von den Vögeln kommen, die ich jage. Ihre schmalen, festen Körper, die aus den Büschen spritzen. Sie sind unvorsichtig, wenn sie streiten. Nachts besuchen sie mich in den Träumen, die Toten und die Lebenden. Es sind die Toten, die reden. Es ist ihr gutes Recht. Sie sind ganz aufgeregt und laut; jeder will den andern übertönen. Ich kann nicht verstehen, was sie sagen.

Die Hitze legte das Quartier vollkommen lahm. Schon vor dem Mittag lösten sich die Häuser von den Rasenflächen und schwebten über der zitternden Luft. Ich lag herum und wartete darauf, dass es kühler werden würde. Im Nachbargarten war es ruhig bis auf das gleichmäßige Quietschen der Hängematten, das nur unterbrochen wurde von ihren Seufzern und dem Schmatzen des Filters, wenn sie sich in den Pool gleiten ließen. Es roch nach Sonnenöl, Chlor und den nassen Steinplatten. Langsam, nur ganz langsam wuchsen im Garten die ersten Schatten.

Sein Geruch weckte mich.

Er sah sich um. Gründlich. Die Nase auf den Boden geheftet, lief er im Zickzackkurs durch den Garten, als ginge er seiner Arbeit nach. Wie der Gärtner, der zweimal im Jahr mit Scheren und Zangen im Gürtel durch den Garten ging, um die Büsche und Bäume zu stutzen.

Vor der Kirsche blieb er stehen und sah hinauf. Ziemlich weit oben gibt es eine Wulst, mit der der Baum die Narbe eines Blitzeinschlages umschließt; einer meiner Lieblingsplätze. Er setzte sich hin und wartete. Ich duckte mich, das Fensterbrett schaukelte unter meinem Gewicht. Als die Fliegen begannen, ihn zu belagern, schlackerte er mit den Ohren, sein massiger Körper zuckte dort, wo sie saßen. Nachdem er sich vergewissert hatte, dass das, was er roch, nicht mehr in der Astgabel saß, schnappte er sich einen Ball und schüttelte ihn, bis ihm alle Luft entwichen war. Dann liess er ihn fallen und trottete zum Zaun.

In der Küche prüfte ich den Dosenvorrat und verkroch mich auf den Schrank, bis die Torfnachbarin kam.

Clarence. Cla-rence! – Wo steckst du denn?

In meinen Träumen war das Wasser ruhig. Einige Fische schwebten über den Grund und stießen schlafend aneinander, trieben auseinander und stießen anderswo wieder zusammen. Im Wasser gelten andere Gesetze.

Ganz unvermittelt konnte er im Garten stehen. Er ließ

nicht locker. Wenn er erschien, lag in seinen Bewegungen die Arroganz derer, die Räume betreten, als würden sie ihnen gehören, als bräuchten sie nie zu fragen, um nichts zu bitten. Als würde für sie nicht gelten, dass die Dinge ihre Ordnung haben: meins und deins. Ich und andere. Wir. Wir, die zusammenspielen, nicht anders als das Gemüse im Garten mit Licht und Schatten, wie alles, das wächst und stirbt.

Als würden für solche wie ihn selbst diese Gesetze nicht gelten. *Joker* nannte die Königskobra welche wie ihn. Ob Mensch oder Tier, das macht keinen Unterschied, sagte sie. Vor allem, weil der Unterschied nicht immer so leicht festzustellen ist.

Sie kamen zu zweit: Herr und Hund. Der eine sass im Wohnzimmer und redete ohne Unterlass und vor allem allein. Der andere war in die Küche getrabt, schlang die Cracker aus den Töpfen, ob die von Holly oder meine, er schlabberte die Milchschale leer und versaute den Boden, ohne hinzusehen. Er trug Hollys Knochen weg. Ich sass den ganzen Abend über irgendwo fest, von wo ich nicht wegkam wegen des Gastes, und Holly bellte. Sie war draußen an der Kirsche festgebunden. Wegen der Gäste.

Um Mitternacht war die Königskobra klüger.

Was für ein Reinfall. Das kann man vorher nicht wissen. Holly schaute mich bloß an. Er war der Meinung, dass man das sehr wohl kann, aber dafür haben Zweibeiner kein Auge, auch die Königskobra nicht. Holly war nachtragend; er schäumte, wenn er draußen bleiben musste. Wehe, sie vergassen nach so einem Abend, anderntags ihre Schuhe wegzuräumen, bevor sie aus dem Haus gingen.

Die Torfnachbarin zählte die Fische. Ich strich ihr dabei um die Beine.

Was ist denn mit dir los, Clarence?

Sie konnte ihn nicht riechen.

Was hast du jetzt wieder angestellt? Sag es lieber gleich. Warst du wieder in meinen Rosenbeeten? Sie versuchte, mich im Genick zu packen.

Wenn du reden könntest, du Schlitzohr – Wer weiß, was du dann alles gestehen müsstest.

Sie konnte ihn nicht riechen, den Streuner.

Joker kam und ging, wie er wollte, und nie wusste ich, wann er kommen würde. Ich wünschte mir die Kinder zurück, die mit ihren wassergefüllten Ballons im Garten herumlungerten, um dort auf mich zu warten. Ich wünschte mir einen Zweibeiner, den die Königskobra hatte kennenlernen wollen, der dann im Wohnzimmer sass und um Mitternacht wieder gehen würde, mit einem Pfiff sein Abbild zu sich rief und aus dem Haus ging, um nie mehr wiederzukommen. Am allermeisten jedoch wünschte ich mir Holly zurück. Holly würde sich mit ihm anlegen, und dann würde die Königskobra auftauchen und dem Ganzen ein Ende bereiten. Er hatte sogar versucht, die Treppe hochzuklettern, gab aber nach zwei Versuchen auf; sie war viel zu steil für ihn, zu eng. Stattdessen schob er seine nasse Schnauze durch die Klappe meiner Tür und leckte ihren Rahmen ab, um ihn dann noch intensiver zu beschnüffeln. Er hatte es auf mich abgesehen.

Ich mied den Garten. Der Rasen schien seinen Geruch aufgesaugt zu haben. Er verwahrte ihn nachts in seinen Wurzeln und verströmte ihn tagsüber wie ein penetrantes Parfüm. In der Hitze verband er sich zu einem unerträglichen Gemisch, das über Gras und den Büschen hing wie eine Glasglocke. Er zog durch die gekippten Fenster in die Zimmer wie die Bitterkeit kalten Rauchs, die nicht mehr aus einem Haus zu bekommen ist, wenn es einmal gebrannt hat.

Clarence, hast du denn gar keinen Hunger heute? Nun friss doch etwas. Sie kommen ja bald wieder. Ein bisschen musst du aber schon noch Geduld haben. Sie wandte sich zum Gehen.

Teichkontrolle. Kommst du nicht mit? Du wirst mir jetzt nicht krank, ja?

Ich blieb im Haus. Der Strahl der Taschenlampe fingerte im Teich herum und tastete die Steinplatten und Büsche ab. Sie wandte sich zum Fenster im ersten Stock.

Bis morgen, Clarence.

Auch als sie längst nicht mehr zu sehen war, schaute ich auf den Fleck Dunkelheit, der sie verschluckt hatte, als sie die Taschenlampe ausgeknipst hatte.

Mein leichter Schlaf – es ist die Stille, die mich weckt, die Stille im Traum. Was bleibt, ist die Erinnerung ans Schweigen der Vögel. Nichts weiter.

Plötzlich war sein Geruch da, dicht, beinahe fest bohrte er sich in meine Nase. Er stand unter dem Fenster und starrte hinauf.

Joker hatte sich diesen Platz genommen, er war jetzt seiner. Ich störte ihn. Die Tasse, in welche die Torfnachbarin jeden Tag etwas Wasser kippte, störte ihn; meine Haare, die in den Zweigen der Büsche hingen oder auf den alten Decken auf dem Holzstoß beim Gartenhaus lagen wie der Abdruck meines Körpers darin, sie störten ihn, ebenso die Knöchelchen eines Vogels, den ich gejagt hatte, und die Feder, die sich von einem seiner Flügel gelöst hatte und deren Kiel ihn geweckt haben musste, weil sie seine Nase streifte, während er schlief, die Füße traumlos ruhig.

Dass ich oben auf dem wackligen Fensterbrett im Fenster des ersten Stockes sass, reizte ihn; ein unverdientes Glück für einen, der nicht fliegen kann. Auch dass er mich nicht sehen konnte, ließ ihn unruhig vor dem Fenster auf- und abgehen. Denn er konnte mich riechen. Meine bloße Existenz konnte er riechen, empfindlich, wie er war, und das reichte aus, um ihn nervös zu machen. Und wütend.

Die Vögel saßen im Schatten der Kirsche mit gespreizten Flügeln und offenen Schnäbeln im Gras und rührten sich auch nicht von der Stelle, als er zum Teich ging. Er stieg hinein und kühlte sich ab. Die großen Blätter schaukelten, sie balancierten murmelgroße Wassertropfen, die Schilfhalme scheuerten aneinander. Goliath und die Goliaths waren verschwunden. Sie drängten sich im Schatten der Pflanzen zusammen. Ihm war das nicht entgangen. Er beschnupperte das Wasser und stieß mit dem Kopf hinein. Japsend und niesend begann er nach den Goliaths zu schnappen. Sie entwischten. Nach mehreren Versuchen änderte er die Taktik. Den riesigen Schädel schiefgelegt, verharrte er einen Moment mit dem Maul wenig über der Wasseroberfläche, tauchte unter und kam mit einem der Goliaths zwischen den Zähnen wieder heraus. Er warf ihn an Land, wo er sich krümmte und über den Rasen zur Kirsche zappelte. Der Fisch jagte den Vögeln einen gehörigen Schrecken ein, sie stoben davon, während er im Schatten der Kirsche zuckte und zuckte und zuckte. Bis ihm der Atem ausging.

Joker hatte sich bereits den anderen Fischen zugewandt, er pflügte den Teich mit seinem ganzen Kopf. Das Wasser kochte. Die Fische versuchten, in der kaffeebraunen Brühe zu entkommen, sie flitzten zwischen seinen Beinen hindurch, bohrten sich im flachen Wasser in den Moder alten Laubes, flüchten sich unter Steine und retteten sich zwischen die störrischen Zweige des Schilfes, wo sie sich verkeilten. Einen nach dem andern zog er aus dem Wasser und schleuderte sie auf den Rasen und die Steinplatten, wo sie mit den Flossen um sich schlugen, die Mäuler weit aufgerissen.

Erst als sich nichts mehr rührte, ließ er davon ab und stierte in die Büsche. Es schien ihn erschöpft zu haben.

Vor ihm lag Goliath und platschte mit den Flossen auf die Steinplatte. Joker beachtete ihn nicht. Triefend kletterte er aus dem Teich und schüttelte sich kräftig aus. Er sah zu mir hinauf, einen Moment lang nur, und trottete schwankend zum Zaun.

Ich weiß nicht, wie lange ich bewegungslos an meinem Platz gesessen hatte. Ich kann mich auch nicht erinnern, wann ich den Garten ging. Die nassen Flecken auf den Steinplatten waren längst trocken. Es roch nach lodernder Hitze, Algen, nach ihm und nach den Fischen. Sie leuchteten in der untergehenden Sonne; eine hingeworfene Lichterkette in Gelb und Orange, die nach einem Fest im Gras vergessen worden war. Ich blieb bei ihnen, bis die Torfnachbarin kam. Sie stieß einen Schrei aus und nestelte an einer Plastiktüte, die sie mitgebracht hatte.

Wo ist nur das verflixte Telefon? Clarence, du Mistvieh, du unbeschreibliches Mistvieh!

Dann ging sie weg, um zu telefonieren. Ich konnte mir denken, wen sie anrief. Ich hörte nicht, was sie sagte. Ich konnte sie vor dem Haus auf- und abgehen sehen, ihr Arm zeigte auf die verstreuten Fische, er zeigte auf mich, er machte eine weit ausholende Geste. Danach baumelte er kraftlos an ihrer Seite, während sie sprach. Sie würdigte mich keines Blickes. Auch nicht, nachdem sie aufgelegt hatte.

Nicht einmal, nachdem sie im Haus verschwunden war und mit einer Mülltüte zurückkam und die Fische einen nach dem anderen hineingleiten ließ. Ich versuchte, ihr um die Beine zu streichen.

Lass das. Verschwinde. Die Königskobra ist am Telefon in Tränen ausgebrochen. Sogar Leber habe ich dir heute mitgebracht. Sie deutete auf die Tüte, in der sie nach dem Telefon gewühlt hatte.

Was ist bloß in dich gefahren, Clarence?

Ich bin bei den Fischen geblieben, weil sie es verdient haben. Wie die Vögel, die ich jage. Niemand hat es verdient, im Tod allein gelassen zu werden. Im Leben ist es anders.

Sie werden dich weggeben, Clarence. Sie schmeißen dich raus.

Auf Zweibeiner ist kein Verlass. Auch auf die Königskobra nicht. Sie haben ihre Sinne nicht beisammen. Holly würde wenige Sekunden brauchen, um zu kapieren, was hier los war. Er könnte lesen, was auf den Steinplatten stand, ins Gras geschrieben war, an die Kirsche gepinselt, ans Spielzeug der Kinder geschmiert, was sich über Tage und Wochen eingebrannt hatte in Plastik, Stoff, Holz und Laub; was Steine und Erde eingesogen hatten und ausdünsteten, all das würde Holly mit der Nase begreifen. In weniger als einer Minute. Holly würde all das sehen, was ich gesehen hatte, und Holly würde handeln.

Ich soll dich einsperren, damit du nicht noch mehr Unheil anrichten kannst. Komm her, sei ein braver Junge.

Holly hätte längst gehandelt.

Als sie nach meinem Nacken griff und mich hochheben wollte, biss und kratzte ich, bis sie mich fallen ließ. Ich rannte, so schnell ich konnte.

Ich muss nun Katze sein. Nichts weiter. Nur muss ich Katze sein unter Hunden. Das ist nicht dasselbe. Ich bin eine von vielen. Ich verbringe die Nächte auf Bäumen. Über mir der Himmel, den ich auch nachts mag; voller Mückenschwärme, die Dunkelheit fest wie Stoff. Wenn der Wind geht, wiegen die Bäume mich in den Schlaf. Ihre Äste kratzen nachts Träume vom Himmel und verteilen sie großzügig an uns. Zum Trost. Sie wollen uns nicht sagen, dass wir sonst nichts haben. Später kehren sie das Licht der Sterne zusammen und häufeln es am Horizont. Die Zweibeiner nennen es Morgengrauen.

Ich warte auf Joker.

Es ist nicht er, der kommt; es kommt ein anderer. Ich bleibe, ich laufe nicht weg.

Nehme ich hier ein Ende? Ich weiß es nicht mit Bestimmtheit. Ich schaue in den Himmel – ein sagenhaftes Blau voller Mauersegler, die in alle Richtungen zerstieben. Und diese eine Wolke. Sie bewegt sich nicht. Noch nicht mal an ihren Rändern franst Dunst aus; sie scheint einfach stillzustehen wie in einem Film, der nur noch dieses eine Bild produziert; 24 Bilder die Sekunde in Panavision Super 70. Es ist diese Breite, die einen ahnen lässt, dass gleich etwas passieren wird.

Willem Frederik Hermans

Die Liebe zwischen Mensch und Katze

Die Liebe zwischen Mensch und Katze ist die rätselhafteste Art der Liebe, die mir jemals begegnet ist.

Nun ist es ratsam, insbesondere im fortgeschrittenen Alter, nicht alles Mögliche als rätselhaft zu bezeichnen. Wer wüsste inzwischen nicht, dass wir dieses Leben ohnehin genauso unwissend verlassen, wie wir es einst betreten haben? Außerdem – wenn alles so mysteriös ist, warum hältst du dann nicht den Mund, bis du meinst, die Lösung zu kennen, Rätselfreund?

Aus einem einfachen Grund, erwidert er. Ich müsste dann zu immer mehr Themen schweigen, und auf diese Weise kann ein Schriftsteller seiner desperaten Berufung nicht folgen, die nicht aus Schweigen besteht.

Seit der Erfindung der Phänomenologie wurde zudem das Lösen von Rätseln, die unlösbar und damit vielleicht gar keine echten Rätsel sind, ersetzt durch eine mittels allmählichem Einkreisen vollzogene Annäherung an das angebliche Rätsel oder jedenfalls durch die Beschreibung diverser Gefühle, die den Denker beschleichen, sobald er verlautbart hat, wie rätselhaft das eine oder andere doch sei.

Die Liebe zwischen Mensch und Katze lässt sich nicht oder kaum durch die Behauptung erklären, eine Katze sei nützlich und wir würden sie deshalb lieben.

DIE LIEBE ZWISCHEN MENSCH UND KATZE

Im Grunde sind die meisten Katzen überhaupt nicht nützlich, da sie nie eine Maus oder Ratte zu fangen brauchen. Und falls sie zu diesem Zweck in Dienst genommen wurden, sehen wir uns alsbald veranlasst, Buffon[1] zuzustimmen, der gesagt hat: »Die Katze ist ein ungetreues Tier, das man nur der Notwendigkeit halber duldet, sich noch unerfreulicherer Hausgenossen, die man selbst nicht jagen kann, zu entledigen.«

Wenn es darum geht, Ratten und Mäuse zu bekämpfen, gibt es seit Jahrhunderten Mittel, die wirkungsvoller sind als jede Katze.

Katzen bewohnen im Übrigen zunehmend Räume, in denen sich nie Ratten oder Mäuse blicken lassen. Um den Hunger unserer Katzen zu stillen, wird nicht die Maus, sondern der Walfisch ausgerottet (auch Hunde beteiligen sich am Schmaus).

Lässt sich über die Gefühlswelt der Katze etwas Stichhaltiges sagen?

Vielleicht, doch wir sollten uns stets vergegenwärtigen, dass wir uns dem Innenleben einer Katze nur durch sorgfältige Beobachtung ihres Verhaltens und ihres Äußeren nähern können. Ihre Sprache reicht nicht aus und ist, von rolligem Gemaunze einmal abgesehen, für menschliche Ohren in vielerlei Richtungen interpretierbar.

So lässt sich das Schnurren einer Katze oftmals unmöglich als Äußerung von Wohlbehagen deuten.

Allerdings ist die Katze imstande, uns zu bezaubern. Sie weckt, gerade indem sie den Menschen mit einer gewissen Gleichgültigkeit behandelt, unser besorgtes Interesse.

---

[1] Georges-Louis Leclerc Comte de Buffon (1707–1788), ein bekennender Katzenhasser.

Viele andere Tiere verhalten sich uns gegenüber nicht weniger gleichgültig, vermögen damit freilich nur den Eindruck zu erwecken, dass sie nun mal dumme Viecher sind. Diesen Eindruck erweckt eine Katze nie.

Die Katze bewegt sich durch die Wohnung, als würde sie dort hingehören, sogar dann, wenn sie kaum Notiz von den Besitzern nimmt. Eine Katze verhält sich unbegreiflich, wirkt jedoch so, als begreife sie selbst jederzeit ganz genau, was sie will.

Hier versagt jede Erklärung.

So glauben Menschen manchmal, dass eine Katze Wert darauf legt, auf einem hübschen, weichen Kissen zu schlafen. Selbstverständlich an einem warmen Plätzchen ohne Zugluft. Zu unserer Verblüffung müssen wir einräumen, dass Minette, der ein solches Polster zur Verfügung gestellt wurde, sich auf dem harten Parkettboden an der Haustür zur Ruhe bettet, und nachdem sie das, sagen wir eine Woche lang, ständig gemacht hat, sich – auch wieder für begrenzte Zeit – für einen Schlafplatz auf dem Tisch voller harter Bücherstapel entscheidet.

Ist diese Katze vielleicht nicht ganz richtig im Kopf?

Was das Loswerden von Abfallprodukten und das Fressen und Trinken aus eigenen Schüsselchen betrifft, haben Katzen mit guten Manieren jedoch keine Marotten. Dennoch darf man nicht vergessen, dass manche Katze nie ihre Versuche einstellt, Futter im gefliesten Küchenfußboden zu verbuddeln. Erfahrung sagt ihr wenig oder wird praktisch sofort wieder vergessen.

Der Fressnapf ist der einzige Gegenstand, über den die Katze gezielt das Wort an uns richtet, wenn er leer ist. Sehr viele Katzen sprechen daneben noch über andere Dinge, aber was sie uns mitteilen wollen, ist ungewiss und unsere Deutung oftmals falsch.

Katze miaut vor geschlossener Tür. Möchtest du raus, Miez? Wir öffnen die Tür und stellen fest: Miez denkt gar nicht daran, nach draußen zu gehen.

Miez kommt ins Zimmer und erzählt etwas. Was ist los, Schätzchen? Wassernapf leer? Trockenfutter alle? Sie begeben sich zum Katzeneckchen in der Küche. Die Näpfe sind gefüllt und es gibt keinerlei Anhaltspunkt, was Miez nun eigentlich sagen wollte. Sie gehen wieder ins Wohnzimmer. Dort sehen Sie, dass sich das Kuscheltier es inzwischen auf dem von ihrem Allerwertesten erwärmten Sessel gemütlich gemacht hat. Hat das Katzenvieh Sie vielleicht absichtlich in die Irre geführt, um Sie dazu zu bringen, den Platz zu räumen? So klein und trotzdem so gewitzt, ist das nicht allerliebst.

Sie prägen sich den Vorfall ein, Sie wollen es genau wissen.

Es dauert Wochen, bis es wieder einmal passiert. Um das Tier herauszufordern, stellen Sie Versuche an. Sie stehen, auch ohne darum gebeten worden zu sein (beim letzten Mal war es doch so?), von dem Sessel auf, auf dem Sie eine Stunde lang gelesen haben und der somit gut temperiert ist. – Die Katze nimmt davon keine Notiz.

Aber dann kommt Miez wieder einmal ins Zimmer mit der offenkundigen Absicht, sich einen behaglichen Ruheplatz zu suchen, jedenfalls meinen Sie das, und Sie räumen den Sessel. Doch Sie kennen die Katze nicht. Sie verschmäht die warme Sitzfläche und springt auf die kühle Fensterbank. Schaut nach draußen, wo sich auf dem verlassenen Innenhof nicht mal eine Taube regt.

Warum bist du bei mir, Rätsel? Warum liebe ich dich? Warum will ich dich auf den Arm nehmen wie ein Neugeborenes – doch dieses Neugeborene bleibt nicht lange so dumm, wie du dein Leben lang bleiben wirst ...

Denn Katzen sind – es muss nun mal gesagt werden – wahrscheinlich strohdumm, was unsere Liebe nicht erklären kann. Auch wer sich mit dem Gedanken tröstet, dass Katzen strohdumm sind, muss sich eingestehen, dass sein Verhalten gegenüber der Katze dem widerspricht, was er über sie denkt. Wir können nicht damit aufhören, zu versuchen, mit ihr Gedanken auszutauschen und zu hoffen, dass sie sich einfach nur dumm stellt.

Wenn Katzen wirklich dumm wären, dann würde es ihnen doch nicht gelingen, lebenslang die Illusion zu erwecken, dass sie bei uns eine geheime, aber genau umrissene Mission zu erfüllen haben? Es kann doch nicht völlig sinnlos sein, dass eine Katze hin und wieder auf einen ziemlich hohen Schrank springt und von dort aus eine lebensgefährliche, aber vollendet ausgeführte Luftreise zur schmalen Oberkante der zweieinhalb Meter hohen, halb offen stehenden Zimmertür unternimmt und, dort angekommen, Schwanz und vier Pfoten behutsam auf dieser knapp bemessenen Liegefläche arrangiert – um dann im Liegen aufmerksam in die Ferne zu spähen?

An einen Geheimauftrag könnte auch der folgende historische Vorfall denken lassen.

Eines Abends, wir saßen am Esstisch, damals wohnten wir auf dem Land und parterre, klingelte es an der Haustür. Ein kleines Mädchen, das sich auf Zehenspitzen stellen musste, um an die Klingel zu gelangen, fragte:

- Gehört Ihnen vielleicht diese Katze?

Diese Katze gehörte mir ganz und gar nicht. Ich hatte das Tier, eine grün und schwarz gestreifte Zyperkatze mit weißem

Brustfleck und weißen Socken, bis dahin noch nie gesehen; dennoch marschierte sie schnurstracks und etwas hastig wie jemand, der leicht verstimmt ist, weil er unnötigerweise aufgehalten wurde und weiß, dass er sich ein bisschen verspätet hat, in die Wohnung und kuschelte sich in einen Sessel, als hätte sie das schon hundertmal gemacht. Und verließ uns nicht mehr. Regelmäßig lief sie in den Garten, kam aber immer wieder zurück. Nachdem sie ein halbes Jahr bei uns gelebt hatte, warf sie drei Junge, die sie ausgesprochen streng erzog. Probleme mit der Stubenreinheit gab es bei ihnen nicht, was zeigte, dass ihre Mutter keineswegs aus der Gosse kam.

Warum war sie mit so großer Selbstverständlichkeit bei uns eingezogen, dass man fast zu der Überzeugung gelangen musste, sie sei von höherer Stelle dazu ermächtigt worden?

2

Obgleich das bis auf die Nasenspitze gänzlich mit Katzenfell bewachsene Gesicht der Katze keine differenzierte Mimik erwarten lässt, darin vergleichbar mit den gefiederten Gesichtszügen einer Eule, kann eine Katze zum Ausdruck bringen, ob sie gefesselt ist von etwas, was sie sieht oder sehen möchte. Junge Katzen blicken aufmerksamer, empfänglicher als ältere, ihr Gesichtsausdruck zeugt von fortwährender Verwunderung. Wenn eine erwachsene Katze mit den Gedanken bei ihrer Tätigkeit ist, bekommt sie etwas von diesem jugendlichen Gesichtsausdruck zurück. Der Mensch deutet das nicht selten als »Unerschrockenheit«. Und Unerschrockenheit ist natürlich das richtige Wort, wenn eine Katze eine Fliege oder einen Vogel belauert. Aber manchmal schauen Katzen auch dann so drein, wenn sich unmöglich sagen lässt, was sie nun eigentlich sehen. In einem gelehrten Katzenbuch habe ich einmal gelesen, Katzen seien schizophren und würden sich von Zeit zu Zeit in Halluzinationen verlieren. Gewissheit werden wir nie erlangen. Niemand wird beweisen können, dass die Katze nicht doch etwas wahrnimmt, das tatsächlich existiert und uns verborgen bleibt.

Während ich dies schreibe, nachdem ich kurz aufgestanden bin, um die Höhe der Tür genau nachzumessen, ist eine Katze auf meinen überfüllten Schreibtisch geklettert und hat sich direkt vor die Schreibmaschine gesetzt. Das macht sie sonst nie. Was für eine plausiblere Erklärung ließe sich finden, als dass sie weiß, was ich schreibe und sich von dem Thema, das ich behandle, angesprochen fühlt? Sie sieht mich ernst an und rümpft leicht die Nase. Als könnte sie riechen, worum es in meinen Betrachtungen geht!

Natürlich kann das auch ein Zufall sein. Wenn mir ein Biologe sagen würde, dass das Verhalten meiner Katze nicht im Geringsten von dem beeinflusst wird, was ich mache, da nicht einmal ein Mensch, der mir beim Schreiben zusah, hätte erraten können, dass ich etwas über Katzen schreibe – also wieso dann eine Katze? –, ich würde ihm nicht widersprechen.

Dennoch tut der Zufall für Katzen Dinge, die er für andere Tiere nicht bewirkt. Zufall ist es, wenn Sie beim Roulette hundert Gulden auf die 0 gesetzt haben und die Kugel auf 0 fällt. Auch wenn das dreimal hintereinander passiert, ist es Zufall.

Aber was für eine Veränderung verursacht so ein Zufall im Denken des Spielers! Und wie hoch wird die Wahrscheinlichkeit sein, dass er künftig nicht mehr an die Alleinherrschaft des Zufalls glauben kann?

Die Katze hat sich unterdessen einen neuen Platz gesucht und sich auf einen ebenso vollen Tisch neben meinem Schreibtisch gesetzt, mit dem Rücken zu mir. Sie blickt auf den Spalt zwischen Tür und Türrahmen, durch den sie hereingekommen ist. Dort ist absolut nichts zu sehen. Doch ohne sich ansonsten zu bewegen, dreht sie plötzlich den Kopf zu mir. Ich sage ein paar Worte zu ihr. Sie haben keine Wirkung, hinterlassen keinen sichtbaren Eindruck. Inzwischen habe ich mir überlegt, was ich als Nächstes schreibe, und als die Maschine schon wieder mehrere Minuten ihre Buchstaben aufs Papier hämmert, springt die Katze grußlos vom Tisch und verlässt das Zimmer.

3

Die Liebe zu Katzen ist so schön, weil sie eigentlich eine unglückliche Liebe ist. Wer wagt, aus tiefster Überzeugung zu erklären, dass seine Katze ihn liebt? Ich glaube, dass Katzen vor allem von Menschen zum Liebesobjekt auserwählt werden, die eine Aversion gegen Jedermannsfreundinnen haben. Wer eine Katze liebt, fühlt sich in den Momenten, in denen ihm seine Liebe intensiv bewusst ist, »traurig und gut«, wie eine Dichterin[2] einmal in anderem Zusammenhang sang. Er muss sich dann freilich sehr gut einreden können, dass eine Katze *keine* Jedermannsfreundin ist – denn niemandes Freundin ist leider meist zutreffender.

---

2 Maria Vasalis, *Tijd (Zeit)*, A. d. Ü.

Hunde sind ständig darauf bedacht, sich die ihnen erwiesene Zuneigung wirklich zu verdienen, Katzen eigentlich nie.

Der Hund kommt, wenn man nach ihm pfeift, hält das Maul, wenn man »kusch!« sagt, legt sich auf Befehl hin, schläft immer im eigenen Korb, bittet freundlich, wenn er ein Leckerli möchte, ist traurig, wenn man ihn verlässt, wartet zur Not tagelang auf seinen Gönner, ist närrisch vor Freude, wenn er zurückkommt, stirbt vor Kummer, wenn das Herrchen stirbt. So viel Liebe hat ein Hund zu geben, dass mancher Hund ein Jedermannsfreund ist.

Katzen hingegen verteilen ihre Anschmiegsamkeit und Gleichgültigkeit spontan ohne Ansehen der Person. Wie viele Besucher des Katzenbesitzers glauben, den Ehrenpreis der Liebe errungen zu haben, wenn die Katze auf ihrem Schoß Platz nimmt – um wenige Minuten später erleben zu müssen, dass Romanigrobis (so heißt der französische Katzenprinz) genug hat und ohne Abschieds- oder Dankeswort zu Boden springt. Nicht einmal die schmeichelndsten Lockworte können ihn zur Rückkehr bewegen.

Sie sei ein »Raubtier, das sich als Haustier stellt«, sagt Nietzsche von der Katze.

4

Im Niederländischen, wie im Deutschen heißt es: Schlafende Hunde soll man nicht wecken.

Dagegen warnen die Franzosen ebenso sprichwörtlich davor, *Katzen* zu wecken. Ich verstehe nicht so ganz, warum. Eine Katze, die man geweckt hat, schläft sofort wieder ein, wenn sie noch müde ist.

Starke symbolische Ausdruckskraft besitzt eine schlafende Katze, die durch eine unerklärliche Ursache plötzlich aufsteht, einen Buckel macht, um sich zu strecken, sich dreimal herumdreht in der warmen Mulde, in der sie gelegen hat, gähnt, sich genau so hinlegt, wie sie vorher lag, seufzt und die Augen wieder schließt.

Anschaulicher lässt sich die Vergeblichkeit jedweder Bemühung, sein Schicksal zu ändern, wohl kaum ausdrücken.

...

6

Wir hatten einen Kater, der die Nacht in unserem Bett verbrachte und morgens, wenn wir noch nicht aufgestanden waren, um ihn in den Garten zu lassen, ins Badezimmer lief, wo er über dem Duschabfluss pinkelte, ohne dass wir ihm das beigebracht hatten.

Katzen können nicht viel lernen. Es ist so gut wie unmöglich, Katzen abzurichten und Kunststücke vorführen zu lassen wie Zirkuslöwen und Zirkustiger.

Ich habe einmal eine Geschichte über einen englischen Exzentriker gelesen, der seiner Katze angeblich beigebracht hatte, auf seinem Schreibtisch zu sitzen und eine brennende Kerze zu halten. Ich möchte mir die grausamen Foltern, denen der Mann das bedauernswerte Tier unterzogen haben muss, um es so weit zu bekommen, nicht näher ausmalen, und ich hoffe inständig, dass es nur eine Katze aus Keramik war.

Einmal habe ich eine dressierte Katze gesehen, auf dem

Basler Marktplatz. Die konnte auf dem Rücken eines Hundes reiten. Ich bin schnell weitergegangen.

Die intelligenteste Katze, an deren Besitz ich mich jemals erfreuen durfte, machte spontan Folgendes. Der Kater setzte sich vor die Schreibmaschine und legte eine Pfote auf eine Taste. Dadurch hob sich ein Hämmerchen, was ihm gefiel. Dann versuchte er, das Hämmerchen zu packen, und ließ zu diesem Zweck die Taste los. Pech. Das Hämmerchen senkte sich natürlich gleich wieder herab. Nach langem Starren und vielleicht tiefem Nachdenken versuchte er es erneut. Wieder vergeblich. Der Kater konnte sich von Zeit zu Zeit mindestens eine halbe Stunde lang auf diese Weise beschäftigen. Wie konzentriert er auch nachdachte, den Zusammenhang zwischen dem Loslassen der Taste und dem Verschwinden des Hämmerchens vermochte er nie zu ergründen. Ich war ganz vernarrt in das Tier und empfand tiefes Mitgefühl. Dass sich das Hämmerchen zeigte, wenn er auf die Taste drückte, wusste der Kater. Dass das Hämmerchen verschwand, wenn er die Taste losließ, ging über seinen Verstand.

Wir besaßen eine große Wanduhr mit einer langen Kette, einem Kupfergewicht und einem ein Meter langen Pendel. Mit einem Sprung hängte sich unser Kater manchmal an die Kette und brachte, sich mit drei Pfoten festklammernd, das Pendel mit der vierten Pfote zum Stillstand. So wie manch ein Literaturkritiker hängte er sich selber an die große Glocke, aber ein Pendel wieder in Schwung bringen konnte er nicht.

Derselbe hier beschriebene Forscher verwendete auch viel Denkarbeit auf die Personenwaage im Badezimmer.

Wenn er sich daraufsetzte, schlug der Zeiger (es war ein altmodisches Gerät) von 0 auf 5 Kilo aus, sein Körpergewicht natürlich. Doch das interessierte ihn nicht. Ihm ging es um den Zeiger, den er sich schnappen wollte. Der Zeiger war durch Glas geschützt. Frustriert setzte er sich neben die Waage und sah, wie der Zeiger von 5 auf 0 zurückging. Dasselbe Problem: Wie konnte er den Zeiger in seine Gewalt bekommen?

Er hatte dieses Problem noch nicht gelöst, als er vor Altersschwäche starb und ich ihn im eiszeitlichen Sand der Provinz Drenthe begrub.

Es gibt Katzen, die von ihrem Spiegelbild gefesselt sind. Sie meinen, so heißt es, im Spiegel eine andere Katze zu erblicken. Wenn sie einen grimmigen Buckel vor dem vermeintlichen Widersacher machen, handelt das Spiegelbild selbstverständlich ebenso und sie geraten augenblicklich in einen Teufelskreis von automatisch aufeinanderfolgenden, wechselseitigen Drohgebärden.

Andere wiederum versuchen, etwas gelassener, an der Rückseite des Spiegels weitere Informationen zu gewinnen, entweder, indem sie mit der Pfote um den Spiegel herum langen oder, indem sie hinter den Spiegel schauen.

Sehr viele Katzen reagieren überhaupt nicht auf ihr Spiegelbild und die Rätsel, die es aufgibt. Sie halten ihr Spiegelbild nicht einmal für eine andere Katze. Es lässt sie gleichgültig, so wie eine beträchtliche Anzahl von Menschen sich nicht um ihr Spiegelbild scheren. Aber eine Katze, die sich doch in ihr Spiegelbild vertieft, gibt dann lieber jemand anders als sich selbst die Schuld an allem.

Ich habe einen Perserkater besessen, der sehr fasziniert war, wenn im Fernsehen ein Fußballspiel lief. Nur für ihn ließ ich die Flimmerkiste Fußball zum Besten geben, denn mich interessiert dieser Sport nicht die Bohne. Der Kater versuchte, zuerst vor und dann auf dem Apparat sitzend, mit begehrlicher Pfote das weiß und schwarz gefleckte lederne Monster von der Mattscheibe zu fangen wie einen Goldfisch aus einem Aquarium.

Trotz gewissenhafter und beharrlicher Versuche gelang es ihm letztlich nicht, sich des Balls zu bemächtigen. Allerdings konnte ich einmal beobachten, wie er auf diese Weise telekinetisch ein Tor zuwege brachte. Er verpasste dem Fernsehbild des Balls einen hilfreichen Schubs. Die dummen Jungs auf dem Rasen in zweihundert Kilometern Entfernung wussten nicht, wie ihnen geschah, und brachen in Jubel aus. Der Kater war enttäuscht, denn der Ball blieb ihm vorenthalten, und sprang deshalb nach einer Weile auf den Boden, um zu überprüfen, ob die Rückseite des Apparats eine bessere Erfolgschance versprach. Vergebens.

Ich besitze jetzt eine Katze, die ein Papierbällchen wie ein Hund apportieren kann, mit dem Zweck, glauben wir, dass das Bällchen erneut geworfen wird. Diese Cooky genannte perlgraue Pariserin (die sich auch auf Niederländisch als Koekje ansprechen lässt, was nicht unbedingt heißt, dass sie darauf reagiert) bringt das Bällchen nämlich nicht nah genug zu uns zurück, sondern fast immer so, dass der bereitwillige Werfer es nicht aufheben kann, ohne vom Stuhl aufzustehen. Sie zur Einsicht zu bringen, ist unmöglich.

Aus dem Niederländischen von Waltraud Hüsmert

Jaroslav Hašek

Erzählung von einer Katze

In seinem hervorragenden Buch »Leben zweier Katzen« schrieb Pierre Loti von einer Katze, die zuerst hässlich erschien und dann hübsch und zart wurde. Ich schreibe von einer Katze, die zuerst schön, später aber hässlich war.

I

Eines Tages im Frühling schaute ich mit meiner Slávka aus dem Küchenfenster in den Garten hinaus, wo die Birnbäume blühten, das Gras grün wurde und der Flieder duftete, als wir mit einem Mal beim Betrachten dieses hübschen Gartens durch ein zartes Miauen abgelenkt wurden. Im Gebüsch an der Gartenmauer raschelte es, und auf der Mauer erschien ein kleines Kätzchen, das uns mit glänzenden Augen ansah und nochmals miaute.

»Was für ein niedliches Kätzchen!«, sagte Slávka begeistert. »Es hat sich bestimmt verlaufen und hat jetzt Hunger.«

Sie sagte es so traurig, dass ich entgegnete: »Vielleicht sollten wir ihm etwas Milch geben.« Slávka, immer bereit, Gutes zu tun, goss ein bisschen Milch in ein Schälchen, und wir trugen es zur Mauer. Wir beide riefen liebevoll »Miez, Miez!«, da wir das kleine Tierchen nicht verscheuchen wollten.

Das Kätzchen blieb auf der Mauer sitzen und hörte unserem sanften »Miez« zu, und als wir näher kamen, streckte es sich schnurrend und fing an, das Köpfchen an der Mauer zu reiben.

Wir streichelten es abwechselnd, wobei das Kätzchen zuerst leise, dann nach einer Weile immer lauter schnurrte und uns dabei mit einem ergebenen Blick betrachtete.

Wir stellten das Schälchen mit der Milch vor der jungen Katze ab, und sie beugte ihren Kopf darüber. Sie senkte ihre rosa Zunge und ihr rosa Näschen bis zur Milch und begann, artig zu trinken.

»Trink nur, Kätzchen, trink«, ermutigten wir sie und streichelten ihr feines Fell.

Nachdem sie die Milch ausgetrunken hatte, fing sie an, ihr Fell zu putzen, dabei schnurrte sie wieder zufrieden und richtete sich auf, um sich an unseren Händen zu reiben. Wir spürten den warmen kleinen Körper und waren begeistert von dem Zutrauen der Kleinen, der Arglist offenbar fremd war. Ihre Dankbarkeit rief in uns Behagen und freundschaftliches Gefühl hervor.

Doch dann raschelte es erneut im Gebüsch, ein Spatz setzte sich auf den dünnen Zweig des Flieders und ordnete seine Federn. Das Kätzchen drehte sich um, klapperte mit den Zähnen, sprang tapsig und unbeholfen von der Mauer in das Gebüsch und versuchte, auf den Fliederstrauch zu kommen. Die feinen Zweige gaben nach, und der Spatz blickte weise nach unten. Als er das Kätzchen sah, zupfte er seelenruhig weiter an seinen Federn und beobachtete aus den Augenwinkeln die erfolglosen Versuche der kleinen jungen Katze, die immer wieder ins Gras fiel, sich überschlug und sich wütend in die Hinterbeine biss.

Der Spatz lachte anscheinend, denn er sang: »Tschimm, tschimm.« Auch wir lachten über das Kätzchen, das ausgestreckt im Glas lag und mit den Hinterpfoten gegen einen Fliederzweig trat, den es zwischen den scharfen weißen Zähnen hielt.

Plötzlich flog ein Weißling vorbei, flatterte ziemlich tief über dem Boden, und fast wäre er dem Kätzchen gegen den Kopf geflogen. Dieses drehte sich verwundert um und sprang hoch, um den Schmetterling zu fangen, der über die Wiese flog, immer weiter und weiter. Das Kätzchen jagte hinter ihm her. Der Weißling erreichte den Nachbargarten, das Kätzchen sprang über die Mauer, wobei es einige Male hinunterpurzelte, und hüpfte in den anderen Garten.

Vergeblich riefen wir »Miez, Miez«. Das Kätzchen war weg.

Wir kehrten nach Hause zurück und sprachen nur von diesem Kätzchen, das wir zum Inbegriff der Schönheit und Anmut erklärten.

»Was für Augen es hat!«, schwärmte Slavka. »Und das feine Fell!«, entgegnete ich. »Und so dreifarbig ist es!«, jauchzte sie, »weiß, schwarz und braun, wie ein Häschen ...«

II

Am nächsten Tag trieb uns der Gedanke ans Fenster, ob wir wohl unseren gestrigen Gast wieder sehen würden. Die Hoffnung erfüllte sich.

Das Kätzchen saß schon auf der Mauer, und als es uns erblickte, miaute es auf seine übliche verlangende Art.

»Sie will Milch.« »Die Arme.« »Miez, Miez.«

Und schon waren wir an der Mauer mit einem Schälchen Milch, streichelten die kleine Katze, riefen sie mit den niedlichsten Kosenamen und beobachteten freudig, wie sie schmatzte, das Köpfchen in das Schälchen gesenkt.

Und wie schon gestern forderten wir sie auf: »Trink nur, Kätzchen, trink; liebe liebe Katze!«

Nachdem sie die Milch ausgetrunken hatte spielte sie mit uns mit jener Grazie, die die heiligen Tiere des alten Ägypten von jeher auszeichnete.

Doch dann wurde ihre Aufmerksamkeit auf eine große Fliege gelenkt. Sie jagte eifrig hinter ihr her, stellte sich im Lauf auf die Hinterbeine, während sie die vorderen drollig in die Höhe faltete, bis wir sie aus den Augen verloren.

»Miez, Miez! Komm zurück, Kleines!«

Doch sie kehrte nicht zu uns zurück, sie lief hinter dem Objekt ihrer Begierde her, hinter der großen summenden Fleischfliege.

III

Als ich am nächsten Tag zum Mittagessen nach Hause kam, sagte mir Slávka schon an der Tür, dass wir einen Besucher hätten, einen sehr geschätzten Besucher, der bei uns zu Mittag äße. Slávkas Augen strahlten dermaßen vor Freude, dass ich vor Schreck annahm, ihre Mutter sei gekommen.

»Wer ist es?«, fragte ich verlegen.

»Nun komm, du wirst sehen!«

Sie führte mich an der Hand ins Wohnzimmer zum gedeckten Tisch, wo auf der Tischdecke das dreifarbige Kätzchen saß, unsere neue Freundin von den letzten zwei Tagen.

»Hier, mein Mann«, stellte mich Slávka vor, »und hier Fräulein Grina. Gib Pfötchen! Ach nein, du Dummchen!«

Unser Mittagessen verlief freudig. Die besten Fleischstückchen gaben wir Grina, und dieser Name, rein zufällig ausgedacht, machte offensichtlich einen guten Eindruck auf das Kätzchen, denn es hörte darauf. Es stellte sich sehr intelligent an, als wüsste es, dass der Name ihm gehört.

»Grina, Grinuschka, iss, Kleine, iss.« Als sich ihr Bäuchlein wieder rundete, legte es sich in Slávkas Schoß, putzte sich, schaute uns dankbar an, schnurrte und schlief dann schließlich ein, freudig eingekuschelt.

Nachdem unser Gast eingeschlafen war, beratschlagten wir, was wir mit ihm machen sollen. »Mein Lieber«, sagte Slávka, »du meinst doch auch, dass wir Grina behalten sollen, oder?«

»Meine Teuerste«, entgegnete ich, »ich hätte nichts dagegen, im Gegenteil, ich würde mich sehr darüber freuen, wenn ich nur genau wüsste, dass ich niemandem damit Kummer bereite. Was ist, wenn es von einem Zuhause weggelaufen ist, wo man es auch geliebt hat? Vielleicht gibt es dort kleine Kinder, nicht nur so große wie uns.«

»Ich will es nicht mehr hergeben«, sagte Slávka und strich mir über die Wange. »Mein Schatz, wir behalten es, und wenn es jemand suchen sollte…«

»Was dann?«

»Dann wirfst du ihn aus der Wohnung«, antwortete sie mit einem sanften Lächeln und gab mir dabei einen umwerfenden Kuss. Damit wurde über die Zukunft dieses Kätzchens definitiv entschieden, es war kein Tier mehr, das irgendwo verschwinden und wie viele andere herumstreuende Katzen enden würde. Aus der kleinen unbekannten Heimatlosen wurde es zu unserer Grina, zu der wir uns verpflichtet fühlten …

IV

Wir bereuten es nicht, das Kätzchen aufgenommen zu haben. Grina bescherte uns sehr viele glückliche Momente, wir lachten viel über sie. Ich kann sagen, wir langweilten uns mit ihr keine einzige Minute.

Selbst wenn sie im Bett schlief, beobachteten wir ihre Atemzüge, wie sich dabei ihr Fell an den Seiten sträubte, wie ihre ganze Brust erzitterte.

Wenn sie aufwachte, sah sie sich zuerst blinzelnd um, sprang dann auf und reckte ihren Körper zu einem Bogen. Daraufhin streckte sie ihre Vorderbeine aus, fuhr die Krallen aus, schärfte sie an der Decke und zog dabei Fäden raus.

Danach trank sie etwas und spielte mit einem Knäuel aus schwarzer Wolle, das sie vor sich herjagte, indem sie mit den Pfoten so schnell und so elegant dagegen schlug, dass sie bald in einer Zimmerecke und bald in der anderen war. Sie warf es in die Höhe und umfasste es mit den Pfoten.

Wir brachten ihr ohne strenge Dressur bei, Pfötchen zu geben, und das geworfene Knäuel im Maul auf unseren Befehl hin: »Hol, Grina!« zurückzubringen. Sie lief dabei mit kleinen Trippelschritten wie ein Hund, stampfte und legte uns ernst das Knäuel vor die Füße, dabei sah sie uns unverwandt an. Ihre Augen strahlten so viel Intelligenz und Verstand aus, dass wir diese wachen Augen gern abgeküsst hätten. Wir liebten sie.

ERZÄHLUNG VON EINER KATZE

V

Wann immer ich nach Hause kam, fragte ich als Erstes, wie es unserer Grina gehe. Auch Verwandte und Freunde erkundigten sich nach ihr, und bei Besuch streichelten sie sie und sprachen nett mit ihr. Es war offensichtlich, dass sie sich mit uns freuten, und Grina ganz entzückend fanden. Es gibt ja auch das Gegenteil, dass jemand vor dem Gastgeber dessen Hund streichelt und belobigt, und sagt: »Was für ein schöner Hund!«, und wenn er weggeht, murmelt er vor sich hin: »Wie kann man nur so ein Scheusal zu Hause haben.« Das sind unehrliche Menschen, ohne Tierliebe, Menschen, die kein Herz haben.

Zu dieser Art Mensch gehörte auch unsere Hauswirtin, Frau Modrá, der – stellen Sie sich das nur mal vor! – unsere Grina nicht gefiel. Und nicht nur, dass ihr unser niedliches Tier nicht gefiel, sie hasste es regelrecht. Sie war verärgert und verbarg ihren Zorn hinter der Ausrede, Grina würde die Vögel in ihrem Garten verscheuchen.

Grina hatte sich nämlich angewöhnt, in den Garten zu gehen. Sie miaute, und wir ließen sie raus. Auf unser Rufen und Pfeifen hin kam sie sofort fröhlich angerannt. Im Garten benahm sie sich immer besonnen, wie wir es vom Fenster aus beobachten konnten. Ernst spazierte sie zwischen den Beeten umher und biss Blumen an, die sie mochte, und niemals sahen wir, dass sie Spatzen etwas antat, die schon an Grinas Spaziergänge gewohnt waren und sich bei ihren »tschim, tschim, tschim« nicht stören ließen.

Doch die Hauswirtin, eine nervöse Dame, lauerte am Fenster im ersten Stock auf die dreifarbige Katze.

Zuerst versuchte sie, Grina zu verscheuchen, indem sie

»Fsch, fsch, fsch« machte. Doch Grina ließ sich nicht abschrecken, denn das »fsch« verstand sie nicht, weil sie in vollkommenen Wohlwollen erzogen wurde.

Aus dem ersten Stock hörte man aus dem Mund von Frau Modrá Schimpfworte in Richtung Grina, denen wir mit pochendem Herzen und verärgerten Gesten lauschten.

Und Grina spazierte ernst im grünen Gras, über die mit Sand bestreuten Wege, doch die Hauswirtin kam leise die Treppe hinunter und schlich sich heimtückisch in den Garten.

Uns blieb nichts anderes übrig, als ebenfalls nach unten zu gehen und Grina zu rufen, damit die Wirtin ihr nichts antun konnte.

Frau Modrá, wegen ihrer erfolglosen Versuche ganz rot vor Wut, lief zur Hausmeisterin. Es war zu hören, wie sie ihr befahl: »Frau Jirásková! Wenn Sie die Katze im Garten sehen, schlagen Sie die mit irgendetwas – seien Sie so nett!«

Aber die Hausmeisterin liebte unsere Grina; sie war eine gute Seele, während der Kampf der Hauswirtin gegen Grina immer erbitterter wurde. Manches Mal, wenn die Katze im Garten spazierte, flog aus dem ersten Stock ein Kohlestück in Richtung der Katze, die sich aber nicht stören ließ. Sie war zutraulich wie ein unbedarftes kleines Kind.

Einmal, als Grina zwischen den Beeten spazierte, lauerte ihr Frau Modrá auf und stürmte mit einem Sonnenschirm in der Hand auf sie zu.

Blitzschnell war auch ich im Garten und hielt sie zurück. Erbost und grausam wedelte sie mit ihrem altmodischen Sonnenschirm.

»Was machen Sie denn, Frau Wirtin?«

»Mein Herr, Ihre Katze verscheucht mir die Vögel!«

»Vögel, haha«, lachte ich. »Hier gibt es drei Spatzen und eine Amsel, und die Katze tut denen nicht mal mit ihrem Blick etwas zuleide, geschweige denn mit den Zähnen. Es wundert mich, denn es war mir nicht bekannt, dass Sie Vögel lieben, wenn Sie schon so böswillig ein niedliches Tier wie unsere Grina angreifen!«

»Mein Herr, ich verbiete es Ihnen, das Tier in den Garten rauszulassen!«

»Liebe Frau, Sie haben mir gar nichts vorzuschreiben. Wenn Sie nervös sind, brauchen Sie nicht bösartig und wütend zu sein.«

Ich fürchtete, sie würde gleich Krämpfe bekommen, denn sie wurde dunkelrot, und, um ihren Namen Modrá, was blau heißt, alle Ehre zu machen, wurde sie abwechselnd rot und blau.

»Das werden wir noch sehen!«

»Das werden wir gar nicht sehen, Frau Wirtin, ich kündige.« Es versteht sich von selbst, dass Slávka diesen Schritt guthieß, und während sie die aus den Händen der Hexe gerettete Grina streichelte, sagte sie zu ihr: »Meine liebe Grinuschka, ich schwöre dir, dass dir niemand was zuleide tun wird, egal, was auch immer passiert!«

VI

Mit Sorgen blickten wir in die Zukunft, denn wo sollte Grina hin, wenn sie Sehnsucht nach dem Garten, nach Bäumen, nach grünen Blättern und nach Wiese verspüren würde? Wir mieteten uns nämlich auf die Schnelle eine Wohnung, die wir sofort beziehen konnten, und bei dem

Haus gab es keinen Garten. Aber wir freuten uns, dass wir so schnell eine Wohnung fanden, denn wir wollten Grina keine einzige Woche mehr der gefährlichen Nähe von Frau Modrá aussetzen.

»Nun«, sagte ich, »es gibt einen kleinen Hof dort, vielleicht gewöhnt sie sich dran.«

Und so zogen wir um. Wir trugen Grina in einem Korb, aus dem ihr eindringliches Miauen kam und aus dem vergebliche Fluchtversuche unternommen wurden. Sie war an große Freiheit gewöhnt, und nun saß sie im Dunkeln eingesperrt und wurde unfreiwillig bewegt.

Als wir in der neuen Wohnung ankamen, öffneten wir den Korb, und Grina schoss heraus, am ganzen Körper zitternd. Sie sah sich forschend um, lief wie benommen umher und miaute wehklagend und ängstlich, obwohl wir ihr zuriefen: »Keine Angst, Grina, wir sind bei dir! Miez, Miez, Grinuschka, unsere Liebe.«

Sie verkroch sich in der Ecke und weigerte sich den ganzen Tag etwas zu sich zu nehmen. Wo blieb denn nur ihre Heiterkeit?

In dem Versteck, aus dem sie trotz unserer Rufe nicht herauskam, blieb sie auch am nächsten Morgen, und als die Milchfrau uns die Milch brachte, preschte sie durch die offene Tür nach draußen und lief davon. Wir rannten hinter ihr her und sahen nur, wie sie blitzschnell die Straße hinunterlief. Traurig kehrten wir in die verwaiste Wohnung zurück. Warum lief sie weg? Was war ihr zugestoßen? Vielleicht brach bei ihr eine plötzliche, nur bei Tieren auftretende Geisteserkrankung auf, die auf der Angst beruhte, die sie beim Transport im Korb hatte durchmachen müssen?

Von dem verlassen, was wir geliebt hatten, saßen wir traurig am Tisch und erzählten uns von Grina, beinahe so, als würden wir uns an einen Verstorbenen erinnern.

Wie vernünftig, hübsch, geistesgegenwärtig (so beschrieb es Slávka), flink, elegant, genügsam und vorsichtig sie war, sie kratzte und biss nicht, ein Musterbild aller Hauskatzen, ein Musterbild aller Tiere, ein unendlich anmutiges Wesen!

Wir sahen sie immer noch vor uns, wie sie schnurrte und herumsprang, wir hörten immer wieder ihr leises Miauen hinter der Tür, und als wir aufmachten, sahen wir nur den leeren Flur, traurig und bedrückt.

Die Trauer erfasste uns, der Schmerz nach etwas, was wir geliebt und so plötzlich verloren hatten.

Wer so etwas nicht erlebt hatte, kann sich das nicht vorstellen, nein, auf gar keinen Fall. Und es gab Menschen auf der Welt, die zynisch darüber lachten, als sie es hörten, und das kränkte uns.

VII

Eine Woche mit diesen traurigen Erinnerungen verging, bis wir eines Abends Miauen hinter der Tür hörten. Nur aus Gewohnheit heraus, in der Meinung, es handele sich um unsere übliche Halluzination, öffneten wir – und niemand anderer als unsere Grina stürmte in den Wohnungsflur hinein.

Aber in was für einem Zustand! Abgemagert, nur Haut und Knochen, mit angerissenen Ohren, mit einer Wunde über dem einen Auge, so dass sie uns nur mit dem anderen ansah.

»Ach Grina, Grinuschka! Wo warst du denn, du Arme?«

Als wir sie unter dem Licht der Petroleumlampe betrachteten, erstarrten wir. Unsere hübsche Grina hatte die Räude. Wir sahen uns ihren zitternden Körper an, die kahlen Stellen ohne Fell, voller Grind, die geschwollenen Ohren, die mit einer widerlichen Kruste bedeckt waren.

Ich verspürte einen unendlichen Ekel ihr gegenüber. Einen Ekel so plötzlich und stark, wie einst meine Bewunderung ihrer Niedlichkeit gewesen war, von der wir in den letzten Tagen immer gesprochen hatten.

»Die können wir nicht zu Hause behalten«, sagte ich, »sie ekelt mich an.«

Slávka brach in Tränen aus. »Du hast doch ein Herz! Wir können sie doch nicht allein lassen!«

»Aber was sollen wir mit ihr tun?«

»Vielleicht wird sie wieder gesund, die Arme. Wir werden sie gut füttern, das hilft ihr.«

Das gefiel mir nicht, ich wollte aber keinen Streit mit Slávka, und so schwieg ich. Die menschliche Natur ist manchmal sehr wechselhaft.

»Vielleicht kann man das behandeln …« Unsere Hoffnungen waren erfolglos. Grina war hässlich, verlor jeden Tag immer mehr Haare, verkroch sich unter das Bett, kratzte sich, der Grind an ihrem Körper breitete sich weiter aus. Niemand kann sich vorstellen, wie hässlich so ein Tier werden kann, vor allem wenn es seine Sauberkeit vernachlässigt. Mir wurde schlecht, ich verlor den Appetit zum Essen, überall sah ich ihre Haare, in allem. Jawohl, in allem! Was sollten wir mit ihr tun? Mein Kummer drehte sich um eine gewaltsame Entfernung der Katze. Vergiften, erschießen, aufhängen wollte ich sie, konnte mich dazu aber nicht durchringen, denn Slávkas Worte verfolgten mich immer wieder: »Ich hoffe, dass sie gesund wird.«

ERZÄHLUNG VON EINER KATZE

Sie glaubte wohl selbst nicht mehr daran, aber sie redete darüber, und meine vernichtenden Überlegungen vom Tod wurden von ihren Tränen begleitet.

»Ach Grina, mein armes Tier«, das waren ihre Worte. Und Grina zupfte sich das restliche Fell raus, sprang auf die Schränke, als wäre nichts gewesen, und als sie irgendwo versteckt war und ein Besuch kam, kroch sie heraus und setzte sich auf eine gut sichtbare Stelle, als möchte sie sagen: »Wundert euch jetzt!«

Sie fraß für zwei, wurde aber immer dünner.

Und in der Nacht erst! Mal hörte man ihr Schmatzen, dann sprang sie von irgendwoher herunter und tapste über den Boden, sie lief zu ihrem Trinknapf und schlurfte laut das Wasser, anschließend setzte sie sich irgendwohin und kratzte sich, wobei sie mit einem Hinterbein heftig gegen den Boden schlug. Danach sprang sie wieder hinunter: wums!, und ich lauschte mit Entsetzen, wie sie sich, taps-taps, dem Bett näherte. Schon war sie am Bett, schärfte sich die Krallen am Bettrahmen, kratzte sich wieder und schmatzte seltsam. Hopps! Schon war sie im Bett an meinen Füßen. »Weg da!« Sie sprang herunter; einen Moment später versuchte sie, sich neben meinen Kopf zu legen. »Hau ab!« Wums! Wieder war sie unten. Slávka wachte auf.

Ich erzählte ihr, was passiert war, und sie seufzte: »Das arme, arme Tier, es kann nichts dafür! Sei netter zu ihr!«

In solchen schlaflosen Nächten kam ich langsam zu der Entscheidung, sie loszuwerden und sowohl ihr als auch unser Leid zu beenden.

An einem Tag, als Grina unter dem Schrank lag, kamen Gäste zu uns. Ein guter Freund mit seiner Frau besuchte uns, ein Freund, dessen Meinung ich sehr schätzte und von dem ich wusste, dass er mich auslachen würde, wenn er nur das hässliche Tier erblickte.

»Hoffentlich kommt sie nicht raus«, dachte ich mir, »solange wir die Gäste hier haben.«

Wir unterhielten uns angeregt, als ich hörte, dass in dem Zimmer, in dem Grina lag, sich unter dem Schrank etwas regte. Ich erschrak. Hoffentlich kroch sie nicht hervor und beabsichtigte nicht, sich in ihrer ganzen Abscheulichkeit meinem Freund vorzustellen!

Ich ging in das Zimmer hinein, und in der Tat! Sie kam unter dem Schrank hervor. Von Wut überwältigt, griff ich nach dem Schürhaken und schlug ihr damit auf den Kopf. Sie sackte auf den Boden, und ich schob sie mit dem Fuß unter den Schrank. »Jetzt hat sie genug! Du bist ein Mörder!«, sagte ich zu mir.

Mit einem unschuldigen Gesicht kehrte ich zu den Gästen zurück und unterdrückte meine Aufregung. Was wird denn sein, wenn Slávka ihre Leiche entdecken würde?

Die Gäste verabschiedeten sich und liefen durch das Zimmer, in dem ich Grina niedergeschlagen hatte, und ich blieb wie erstarrt stehen. Auf der Fensterbank saß das hässliche Tier und leckte sich die wenigen übriggebliebenen Haare auf dem Rücken.

Dieses zähe Biest! Es blieb mir nichts anderes übrig, als meinen Gästen, die sie sofort bemerkten, über sie zu erzählen. »Wir können die Ärmste nicht im Stich lassen«, sagte Slávka, »das arme Tier, hoffentlich wird es wieder gesund.«

Mein Freund sah mich seltsam an, wie wir einen Menschen betrachten, von dem wir die annehmen, er sei verrückt geworden.

VIII

Ich ging ins Gasthaus, trank auf meine Wut, und als ich spät in der Nacht nach Hause kam, versuchte ich, die Katze mit einem Strick zu erwürgen. Sie fauchte…

»Was machst du denn mit ihr?«, fragte Slávka im Halbschlaf.

»Ach nichts, sie springt aufs Bett, husch!« Ich ließ sie los, nahm mir aber vor, sie so schnell wie möglich aus der Wohnung zu verbannen, koste es was es wolle.

Als Slávka am nächsten Morgen auf den Markt ging, trank ich etwas Rum, wickelte die Katze in einen Lappen, trug sie in den Keller, und dort erschoss ich sie mit einem einzigen Revolverschuss. Ich verschnürte sie zu einem Paket und trug sie hinter die Häuser, ganz weit weg, wo ich sie an einem Holzzaun wegwarf und davonrannte. Danach zu Hause…

IX

Seit diesem Mord sind drei Wochen vergangen. Slávka spricht nicht mit mir, und wenn sie was sagt, murmelt sie nur: »Du Mörder!« Sie wendet sich von mir ab, und in ihren Augen glitzern Tränen.

Aus dem Tschechischen von Marcela Euler

Jana Scheerer

Kater Zwei Null

Ignorieren Sie mich einfach. Genießen Sie die Sonne, die Ruhe, Ihre Mittagspause und dieses interessant riechende Baguette. Ist das Thunfisch? Egal, ganz egal. Beachten Sie mich nicht. Tun Sie so, als wäre ich gar nicht da. Es gibt ja wirklich keinen guten Grund, aus dem Sie mir zuhören sollten.

Wie meinen Sie? Mein samtenes Schnurren? Ja, da haben Sie auch wieder recht: das könnte durchaus ein Grund sein. Und natürlich meine glänzenden Augen, mein elastischer Gang, meine weichen Pfoten, meine filigranen Ohren, meine sensiblen Schnurrbarthaare … Wissen Sie was? Ich springe einfach mal hier auf Sie drauf, da kann ich am besten erzählen. So. Würde es Ihnen etwas ausmachen, die Beine gleichmäßig nebeneinander abzustellen? Das sitzt sich für mich viel bequemer. Natürlich nur, wenn es keine Umstände macht. Danke, sehr freundlich. Jetzt lassen wir uns die Sonne auf den Pelz scheinen. Sie dürfen mich auch streicheln, nur nicht gegen den Strich.

Meine Geschichte beginnt vor gar nicht langer Zeit. Ich wohnte damals bei einer Frau, die sich *Susanne* nannte und mich *Wollmaus*. Sie lachen? Mir war es gleich. Wir Katzen sind es gewohnt, im Laufe eines Lebens unter verschiedenen Namen zu agieren. Wir wissen, dass ein Name weniger über seinen Träger aussagt als über den Namengeber.

Und? Was schließen Sie aus *Wollmaus*?

Genau. Susanne war eine weiche, undisziplinierte Person mit einer ausgeprägten melancholischen Ader. Mit anderen Worten: Die ideale Gastgeberin für Kater, Katzen und Kätzchen jedweder Couleur. Durch Susannes Wohnung zog sich ein Labyrinth, gebaut aus dem Zeug, das Menschen benötigen, um all das zu tun, was höher entwickelte Lebewesen auch so hinbekommen. Verstehen Sie mich nicht falsch: Mich störte das Zeug nicht. Ganz im Gegenteil. Es war eine Freude, durch die raschelnden Papiere und knisternden Verpackungen zu streifen, um Ecken zu biegen, die gestern noch gar nicht da waren, von Stapeln zu springen, die unter meinem Gewicht gefährlich schwankten.

Die Nachbarn allerdings redeten über Susanne; nicht in ihrer Gegenwart, aber in meiner. Ich kann das Gerede aus dem Treppenhaus hier nicht detailliert wiedergeben – nur so viel: Der Gesamttenor war negativ. Man hielt Susanne für ungepflegt, asozial und faul, ein sehr ungerechtes Urteil, auch wenn ich zugegebenermaßen nicht die einzige Wollmaus in der Wohnung war. Die Nachbarn maßen sich sogar an, daran zu zweifeln, dass Susanne mich »artgerecht hielt«.

Oh, Verzeihung, ich wollte Sie nicht kratzen, ich habe nur die Tatzen gehoben, um diese zwei Worte in Anführungsstriche zu setzen.

Ich fand meine »Haltung« ganz und gar angenehm und bequem, sonst hätte ich ja nicht bei Susanne gewohnt. Na ja, fast ganz und gar. Einen kritischen Punkt gab es: Susannes Freund Stefan. Er wohnte nicht bei uns, immerhin, aber er war oft genug da. Stefan war ein dünner, blasser Typ, ewig erkältet, oder auch allergisch gegen Wollmäuse der einen oder anderen Art. Immer, wenn er da war, hieb er in dieselbe

Kerbe wie die Nachbarn: Wohnung zu voll, sofort aufräumen, ausmisten, wegwerfen, sauber machen, Kater abschaffen (ja wirklich: Kater *abschaffen*!), downsizen. Wenn Sie glauben, ich gäbe seine Worte hier aus Zeitgründen im Telegrammstil wieder, irren Sie. Stefan redete wirklich so. Susanne schien sich nicht viel daraus zu machen, bis Stefan ihr ein – wie er es nannte – »Ultimatum« setzte. »Ich oder der Kram«, sagte er, und ich fürchtete, dass er auch mich unter »Kram« subsumierte. Ich sollte recht behalten. Aber ich werde versuchen, eins nach dem anderen zu erzählen, auch wenn mich die Geschichte immer noch sehr aufregt. Vielleicht könnten sie mich etwas unter dem Kinn kraulen, das beruhigt mich ganz ungemein. Danke.

Stefan verließ nach der Verkündung seines Ultimatums die Wohnung und ich hegte einige Hoffnung, ihn nie wieder zu sehen. Doch nachdem Susanne eine Nacht in mein Fell geheult hatte, putze sie sich am nächsten Morgen die Nase und sagte: »So!« Sie nahm einen großen Rucksack, griff sich wahllos, was ihr gerade in die Hände kam und schmiss es hinein. Ich konnte unter den Sachen mindestens zwei Wollknäule erkennen und eine besonders gemütliche Papiertüte. Susanne schien von allen guten Geistern verlassen zu sein. Von einem sicheren Platz auf dem Flurschrank aus beobachtete ich, wie sie sich Schuhe anzog und den vollen Rucksack aufsetzte.

»So«, sagte sie und ging mit festen Schritten in Richtung Tür. »Bis gleich, Wollmaus!« Sie legte die Hand auf die Klinke. »Bin gleich wieder da-ha!« Sie drückte die Klinke herunter. »Dauert nur zwei Minuten, mach dir keine Sorgen!« So blieb sie stehen.

Und je länger sie dort stand und die Türklinke festhielt, desto mehr sackte sie in sich zusammen. Schließlich stand sie so schlaff da, als würde nicht sie den Rucksack tragen, sondern geradeso durch ihn aufrecht gehalten werden.

Sie brauchte Hilfe.

Ich sprang vom Flurschrank und kam punktgenau neben Susanne auf.

»Wollmäuschen! Wo kommst du denn her?«

Susanne hielt weiter die Klinke fest. Ich strich ihr um die Beine.

»Ach, Wollmäuschen, Frauchen muss doch jetzt runter und die Sachen wegwerfen!«

Ich maunzte und stellte mich vor die Tür.

»Also wirklich, Wollmaus, du musst mich auch mal was erledigen lassen! Du kannst doch wohl zwei Minuten warten, bis ich wieder da bin!«

Ich maunzte verneinend.

Susanne ließ die Türklinke los.

»Na ja, wenn du jetzt Hunger hast, kann ich die Sachen natürlich auch später ...«

Susanne nahm den Rucksack ab und stellte ihn neben die Tür.

»Na dann komm, mein hungriges Wollmäuschen!«

Ich folgte Susanne, die mit beschwingten Schritten in die Küche ging. Sie füllte meinen Napf bis zum Rand. Zum Glück kann ich immer essen.

Was meinen Sie? Wie? Nein, nein, das war keine Anspielung! Trotzdem danke! Ah, es ist wirklich Thunfisch. Mmm. Das Brot können Sie gerne selber essen, Dankeschön. Moment, jetzt muss ich mich noch kurz putzen ... so, da hinten noch, ja ... fertig.

Susanne strich mir über den Rücken. »Ach Wollmäuschen, du verstehst mich doch, oder?« Ich schnurrte – eine unbezahlbar unbestimmt positive Äußerungsart, ohne die wir Katzen es sicher nicht so weit gebracht hätten auf der Welt. »Ja, du verstehst mich, Wollmäuschen!« Susanne holte den Rucksack vom Flur, setzte sich aufs Sofa und nahm ein Ding nach dem anderen wieder heraus. »Das mache ich nie wieder!«, sagte sie immer wieder, und es war nicht ganz klar, ob sie zu mir, den Dingen oder zu sich selber sprach.

Es hätte also noch alles gut werden können, wäre nicht einen Tag vor Ablauf des Ultimatums Stefan aufgetaucht. »Ich habe eine Idee«, sagte er. Das klang schlecht. Unter dem Arm hatte er eine Ausgabe des kostenlosen Anzeigenblättchens, das jede Woche in unserem Briefkasten lag und das Susanne – wie alles andere auch – in stetig zur Decke wachsenden Stapeln sammelte. Stefan faltete sein Exemplar auseinander und las vor: »Haben auch Sie von allem zu viel? Können Sie sich von nichts trennen? Das müssen Sie auch nicht! Der *Messie-Service* bietet eine revolutionäre Methode, mit der Sie Dinge behalten *und* Platz schaffen können!« Stefan sah Susanne bedeutungsschwer an. »Na?« Susanne zuckte mit den Schultern. Stefan zog sein Mobiltelefon aus der Tasche. »Da rufen wir jetzt gleich an!« Natürlich hätte ich mich auf ihn stürzen und ihm das Telefon aus der Hand krallen können. Aber ich entschied mich, die Dinge laufen zu lassen.

Ein folgenschwerer Fehler.

Könnten Sie mich weiter hinten im Nacken kraulen? Noch weiter hinten. Ja, ja, so, genau so! Und nicht nachlassen, wenn es möglich ist. Ich bin noch lange nicht fertig mit meiner Geschichte. Ich hoffe, Sie haben Zeit. Und auch wenn nicht – Sie können ja gerade sowieso schlecht aufstehen, was? Ein kleiner Scherz. Wenn Sie mich höflich bitten, erhebe ich mich natürlich gerne, und Sie können gehen, wohin Sie wollen. Sie bleiben? Ich habe nichts anderes erwartet.

Am Morgen des nächsten Tages klingelte es bei uns. Stefan war über Nacht geblieben, vermutlich um sicherzustellen, dass Susanne morgens auch wirklich die Tür aufmachte. Susanne und ich hassten es, wenn fremde Leute unsere Wohnung betraten, und hatten es uns daher zur Regel gemacht, niemandem zu öffnen.

Stefan schob Susanne also zur Tür. Susanne machte die Tür einen Spalt auf, in den sich sofort ein Fuß schob, der in einem braunen Lederschuh steckte. Susanne wich zurück. Die Tür wurde aufgestoßen; herein kamen ein großer dünner Mann mit Hornbrille und ein großer dicker Mann mit Hornbrille. Sie trugen abenteuerlich gemusterte Hemden und darüber Strickpullunder, die so aussahen, als könne man sich sehr gut in sie hineinkrallen. Der Dünne sagte »guten Morgen, dann wollen wir mal!«, schob Stefan und Susanne zur Seite und trat in den Flur. Der Dicke folge ihm. Stefan gelang es, sie zu überholen, so dass er immerhin die Illusion erzeugen konnte, er würde die beiden durch die Wohnung führen. Die Männer schien das Chaos wenig zu beeindrucken, sie machten hinter ihren Hornbrillen neutrale Gesichter und notierten nur von Zeit zu Zeit etwas. Schließlich hatten sie wohl genug gesehen. Sie baten Susanne, auf dem Wohnzimmertisch ein wenig Platz zu schaffen. Susanne schichtete mehrere Stapel um, und einen Moment später hatten die Männer einen riesigen Kasten, eine Tastatur und einen Monitor auf dem Tisch aufgebaut.

»So«, sagte der Dünne, »hier ist die Lösung ihrer Probleme: unser Digitalisator. Reichen Sie mir bitte einen Gegenstand.« Susanne sah sich suchend um. »Einen Gegenstand, bitte!« Susanne blickte panisch im Raum umher; schließlich schnappte Stefan sich eine geblümte Tasse ohne Henkel und reichte sie dem Mann. »Nicht die!«, rief Susanne, aber der Mann hatte die Tasse schon in den Kasten gestellt und eine Taste gedrückt. Ein Geräusch war zu hören, das an ein asthmatisches Atmen erinnerte, ein entsetzlich grelles Licht erschien; ich kniff die Augen zusammen, so fest es ging. Als ich sie wieder öffnete, war die Tasse aus dem Kasten verschwunden. »Toll!«, rief Stefan. »Wo ist sie hin?« Susanne klang weniger begeistert. Der dünne Mann schaltete den Monitor an. Der Monitor flackerte, leuchtete hell und zeigte schließlich die geblümte Tasse. »Bitteschön! Ihre Tasse – digitalisiert!« Zum ersten Mal lächelte der dünne Mann und auch der dicke Mann verzog die Mundwinkel etwas nach oben. Stefan nickte, als würde er etwas verstehen. Susanne zeigte mit einer wütenden Geste auf den Monitor. »Und was bringt mir eine digitalisierte Tasse? Was soll ich daraus trinken? Digitalen Tee vielleicht?« Der dünne Mann hob die Hände. »Ganz ruhig. Das war nur der erste Schritt. Wenn Sie einen digitalisierten Gegenstand benutzen wollen, drücken Sie F3.« Susanne trat an die Tastatur heran, blickte eine Weile darauf und drückte dann vorsichtig eine Taste. Wieder erschien das helle Licht, und einen Moment später – ich kann es nicht anders sagen – *materialisierte* sich die geblümte Tasse in dem grauen Kasten. »Na?«, der dünne Mann grinste zufrieden, »nicht schlecht, was? Wenn Sie einen Gegenstand digitalisieren wollen, drücken Sie F7. Um ihn wieder herunterzuladen, F3. Klar?« Susanne wirkte verwirrt, während Stefan begeistert in die Hände klatschte. Er sah sich um, als würde er vor seinem geistigen Auge schon die komplett leerdigitalisierte Wohnung sehen. Und es entging mir nicht, dass sein Blick dabei auch auf mich fiel. Ich machte einen Buckel, um Stefan meine Kampfbereitschaft zu signalisieren. Doch Stefan hatte nur Augen für den dünnen Mann, der auf ein kleines schwarzes viereckiges Ding zeigte. »Das ist Ihre Cloud. Darin speichern Sie die digitalisierten Gegenstände. Verstanden?« Susanne nickte. Stefan rief laut »verstanden!« Ich sagte nichts.

Als die Männer weg waren, begannen Susanne und Stefan mit der Digitalisierung. Susanne wirkte am Anfang noch etwas skeptisch und zurückhaltend, doch mit der Zeit steigerte sie sich in einen richtigen Digitalisierungsrausch hinein. Mit Grauen musste ich beobachten, wie die Stapel in der Wohnung schmolzen. Immer nach dem Aufwachen stellte ich fest, dass sich das Labyrinth langsam, aber sicher lichtete. Es war furchtbar. Und als wäre es nicht schon schlimm genug gewesen, zog nun auch noch Stefan bei uns ein. Er schien sich inzwischen sehr wohl in Susannes Wohnung zu fühlen.

Ja, ich hätte einfach gehen sollen, da haben Sie ganz recht, denn es entging mir nicht, dass Stefan mich immer wieder sinnierend ansah. Aber ich hing an Susanne und wollte sie nicht in dieser entsetzlich leeren Wohnung alleine lassen. Auch traute ich Stefan nicht zu, dass er seinen Blicken tatsächlich Taten folgen lassen würde.

Da irrte ich mich.

Es geschah an einem Abend, an dem wir gerade zu dritt auf dem Sofa saßen. Das war nun leider problemlos möglich – alle Papier- und Kleiderstapel waren vom Sofa verschwunden. Stefan hatte den Arm um Susanne gelegt, die ihrerseits mich im Nacken kraulte, ungefähr so, wie Sie mich gerade kraulen. »Ein Bier wäre jetzt nicht schlecht«, sagte Stefan. Mir stellten sich die Nackenhaare auf. »Ich hol dir eins, Schatz!«, flötete Susanne, und ich überlegte kurz, ihr in die Küche nachzulaufen. Aber ich blieb liegen, denn ich wusste, dass Stefan meinen Platz sofort für sich beanspruchen würde, wenn ich auch nur einen Zentimeter aufgab. Ich blieb also wo ich war, sträubte aber sicherheitshalber die Schnurbarthaare nach hinten und legte die Ohren an. Und tatsächlich: als die Küchentür klappte, spürte ich, wie Stefan sich anspannte. Ich machte mich zum Sprung bereit und schnurrte dabei, um Stefan einzulullen, in einer Frequenz zwischen 27 und 44 Hertz. Das wirkt beruhigend. Doch alles war umsonst. In einer Bewegung, die ich Stefan in ihrer Schnelligkeit niemals zugetraut hätte, griff er mich im Nacken. Ich strampelte, kratzte und biss. Stefans Griff war eisern. Ich maunzte und schrie, doch nichts half. Stefan trug mich zum Schreibtisch, steckte mich in den Kasten und drückte eine Taste. Das asthmatische Atmen erklang, ich krallte mich in Stefans Arm, das helle Licht erschien – etwas saugte mich ein. Ich ließ Stefan nicht los, so sehr er auch nach mir schlug. Was ich sah und fühlte, ist schwer zu beschreiben. Ich war ganz leicht, etwas zog an mir, es kribbelte. Um mich herum flogen Gegenstände, ein Buch stieß mir an den Kopf, die geblümte Tasse trudelte vor meiner Nase und zischte davon, eine Chipstüte knisterte – und Stefan, dem es gelungen war, sich von mir zu befreien, schrie und strampelte vor mir in der Luft. Dann wurde ich plötzlich schwer, ein nie gekannter Druck baute sich auf, es war, als würde man von zwei Seiten an mir ziehen und mich beinahe zerreißen. Im nächsten Moment landete ich wieder in Susannes Wohnzimmer. Zusammen mit allen Dingen, die Susanne und Stefan in den letzten Tagen digitalisiert hatten. Neben mir schlug mit einem lauten Plumps Stefan auf.

In diesem Moment kam Susanne herein. Seltsamerweise

kann ich mich am besten daran erinnern, wie sie das Bier fallen ließ. Die Flasche zersprang, was keinen großen Schaden mehr anrichtete. Susannes Wohnzimmer war ein Trümmerfeld aus zerstörten Gegenständen. Obenauf Stefan und ich.

»Susanne!«, rief Stefan, rollte den Schuttberg hinunter und nahm Susanne in den Arm, »ist alles in Ordnung bei dir?« Susanne schüttelte den Kopf. Stefan streichelte sie. »Es tut mir so leid. Wollmaus ist so schnell in den Scanner gesprungen – ich konnte nur noch hinterherhechten, damit ihm nichts passiert. Sieht aus, als hätte er alles kaputtgemacht, was?« Mir stockte der Atem. Ich sah Susanne in die Augen – sie musste mir doch vertrauen, all die gemeinsamen Jahre, die langen Abende auf dem Sofa, die durchschnurrten Tage – war das nichts? Doch Susannes Augen wurden zu Schlitzen. »Ruf den Messie-Service an«, zischte sie, »und frag sie, wie das passieren konnte.«

Stefan griff zum Telefon, nicht ohne mir noch einen triumphierenden Blick zuzuwerfen. Susanne sah mich nicht mehr an. Ich verkroch mich hinter den Schuttberg und harrte der weiteren Geschehnisse. Stefan erzählte am Telefon lang und breit, wie ich mich auf den Scanner gestürzt hatte und wie er heldenhaft hinterhergesprungen war. »Aha«, sagte er dann ins Telefon, und »soso«. Das Telefonat schien ihn nicht völlig zu befriedigen. Er legte auf. »Also«, sagte er dann. »Die meinen, dass Wollmaus an die Taste F3 gekommen sein muss. Daraufhin hat der Scanner versucht, ihn und mich zu digitalisieren. Und das scheint schiefgegangen zu sein, weil – weil –« Stefan sprach nicht weiter. »Weil was?« Susanne klang so streng, wie ich sie noch nie gehört hatte, »Weil –« »Spuck´s aus!«, brüllte Susanne. Stefan holte tief Luft. »Weil

Katzen zu komplex sind, um sie in Nullen und Einsen abzubilden. Deshalb ist die Cloud explodiert.«

Diese Erklärung leuchtete mir direkt ein.

»Wollmaus!«, schrie Susanne.

Während des Telefonats hatte ich mich bereits in Richtung Tür geschlichen und war mit einem Satz auf dem Flur. Ich sagte dem Flurschrank leise auf Wiedersehen, sprang auf die Klinke und lief ein letztes Mal durch das Treppenhaus auf die Straße. Von unten sah ich, dass die explodierende Cloud ein Loch in die Außenwand des Hauses geschlagen hatte. Durch das Loch konnte ich Susannes und Stefans Beine sehen. Die Nachbarn würden einiges zu bereden haben.

Ich habe Susanne nicht wiedergetroffen.

Wie meinen Sie? Ja, da haben Sie recht, ich bin zurzeit wohnungslos. Nicht angenehm, aber auch keine Katastrophe. Wir Katzen brauchen nicht unbedingt ein Dach über dem Kopf, auch regelmäßige Mahlzeiten, kuschelige Abende auf dem Sofa, ein Leckerli hier und da – das alles ist schön, aber nicht lebensnotwendig... Wie bitte? Wie meinen Sie? *Pspspspspsps?* Das heißt doch nicht etwa... ich könnte bei Ihnen...? Na ja, wenn es Ihnen keine Umstände macht, dann könnte ich mir das Domizil natürlich einmal ansehen... wenn es wirklich in Ordnung ist für Sie... Sie haben noch Thunfisch daheim? Passt es Ihnen jetzt gleich? Ja? Gehen Sie vor, ich folge Ihnen!

Rudy Kousbroek

Der Vertrag

Die Katze *(Felix blandus susurrans)* ist das streichelbarste Wesen im Universum. Die Streichelbarkeit der Katze ist das einzige mir bekannte Beispiel einer *aktiven* passiven Eigenschaft; anders gesagt, die Katze macht sich ihre Streichelbarkeit als positives Prinzip zunutze.

Die Aktivität, die ich meine, heißt im alltäglichen Sprachgebrauch »Köpfchen geben«. In Wirklichkeit geht es dabei nicht ums Geben, sondern ums Nehmen: Die Katze eignet sich etwas an, sie entnimmt der Außenwelt eine Streicheleinheit, indem sie das Relativitätsprinzip anwendet (die Katze ist folglich der Einstein unter den Tieren). Vollzieht sich Streicheln normalerweise durch den Kontakt zwischen einer sich bewegenden Hand und einem stillstehenden (-sitzenden, -liegenden) Tier, so hat die Katze erkannt, dass auch die Kombination einer stillstehenden Hand (eines Beins, Schuhs, Tischbeins, einer Kühlschranktür) mit einem sich bewegenden Tier eine Streicheleinheit ergibt.

Lehrreich ist folgendes Experiment. Man stelle die Katze auf einen Tisch oder ein Bett und halte ihr eine gestreckte Hand auf Katzenhöhe ungefähr einen Dezimeter vor die Nase. Falls die Katze nun meint, es sei wieder Zeit für eine Streicheleinheit, setzt sie sich vorwärts in Bewegung und läuft unter der Hand durch, so dass sie dabei gestreichelt wird.

Wiederholen Sie diese Operation mehrere Male; die Katze kehrt meist von sich aus um, wie bei einem Stierkampf, ihr Interesse steigert sich noch und der Schnurrmechanismus kommt in Gang. Als Nächstes halten Sie die Hand ungefähr 5 cm höher. Was dann passiert: Unter der Hand angekommen, wird die Katze mit den Vorderpfoten kurz hochspringen, um sich die Berührung nicht entgehen zu lassen.

Bei einer Fortsetzung des Experiments stellt sich meist heraus, dass die Katze versuchen wird, sich der Hand zu bemächtigen. Sie möchte die Hand mit den Vorderpfoten umklammern und mit den Hinterpfoten durchpflügen (das sogenannte »Radfahren«) und zugleich zärtlich in die Maus (wie passend) der Hand beißen.

Auch anatomisch ist die Katze vollständig auf Streichelbarkeit konstruiert. Die Behaarung ist speziell darauf eingerichtet und wird vom Tier selbst in streichelbarer Kondition gehalten. Ein Hund ist nur allzu oft struppig und klebrig, und wenn man ihn gestreichelt hat, riecht die Hand nach Lanolin (an sich freilich kein Drama, und es darf niemals ein Grund sein, den Hund zu oft zu waschen, etwas, zu dem nur völlig dekadente Geister und hartgesottene Tierquäler imstande sind). Eine Katze riecht immer angenehm: nach frisch gereinigten Wolldecken, wie W. F. Hermans in seiner Erzählung *Die Katze Kilo* (S. 170) bemerkt.

Alles an der Katze ist streichelbar, sogar die Pfötchen, obwohl sie dann oft die Beine wegzieht und schüttelt, als wäre sie in Schnee getreten. Sind die Zehen von dunkler Farbe, erinnert die Pfote, von unten gesehen, an Rosinenbrot. Dieser Anblick bietet sich gelegentlich, wenn die Katze irgendwo herabspringt (z. B. vom Küchenbüfett, mit einem Beefsteak im Maul).

Doch das wichtigste Streichel-Objekt bleibt natürlich der Kopf. An einem Katzenkopf lassen sich 7 Streichelzonen unterscheiden: Stirn, zwei Bäckchen, zwei *montes mystacum*, das Kinn und der Hals (eventuell und wahlweise die Nase). An getigerten Exemplaren sind die Grundmuster durch die sogenannten Streichellinien markiert, vergleichbar mit den gepunkteten Linien auf den Illustrationen eines Buchs über Ballistik.

Auf der Stirn haben die Streichellinien die Form eines großen M (von *Miau*). Auf den Bäckchen findet man zum gleichen Zweck ein horizontales V (für *Velours*) und in manchen Fällen den hebräischen Buchstaben Schin (für *Schmuck*), dessen oberer Strich beim Auge ansetzt, der untere beim Mundwinkel und der mittlere, if any, am Fuß des *mons mystacum*. Sie treffen sich an der Ohrwurzel. Die Ohrmuschel indes weist eine Merkwürdigkeit auf, die meines Wissens in keiner Publikation jemals erwähnt und deren Funktion ergo noch nie beschrieben wurde. Es handelt sich um eine Einkerbung, als hätte jemand mit einer Schere ein winziges Stückchen herausgeknipst und diesen Eingriff später in nachlässiger Weise ungeschehen gemacht, indem er ein zu großes Stück Ohrmaterial darüber nähte. Das Haar des Fells muss kurz sein; alle Katzen sind vollkommen, aber langhaarige Katzen sind in meinen Augen nicht ganz so vollkommen, vor allem, wenn sie das Opfer eines sog. »dolling-up« (auf Ausstellungen) waren. Das kürzeste, faktisch beinahe mikroskopische Haar befindet sich auf dem horizontalen Teil der Nase. Der vertikale Teil ähnelt in der Vorderansicht einem großen griechischen Upsilon (die Katze ist, wie man sieht, bedeckt mit Zeichen). Zusammen mit dem senkrechten Strich des Upsilon bildet das Maul die Figur eines dreiflügeligen Propellers, dessen zwei untere Flügel an den Enden nach oben geschwungen sind und das hervorbringen, was als *the pussycat smile* bekannt ist.

Alles in allem also kein Wunder, dass das eigentliche Streicheln, in der aktiven Bedeutung, im Umgang mit Katzen nie eine enttäuschende Beschäftigung ist. Die Katze ist das einzige Wesen im Königreich der Tiere, das wirklich alles aus einer Streicheleinheit herausholt, was herauszuholen ist. Sie stemmt sich sozusagen gegen das Streicheln, sie reibt sich daran, um den Kontakt so intensiv und anhaltend wie möglich zu gestalten. Begierig kostet sie die Streicheleinheit bis zur Neige aus.

Auf der anderen Seite ist auch gerade die Katze mehr als jedes andere Tier zu dem gefürchteten Nachgeben und Wegsacken beim Gestreicheltwerden imstande und schafft es, noch im selben Moment die Kurve zu kratzen, so dass man einsam und untröstlich zurückbleibt, um verstört und bedrückt auf eine katzenförmige Leere zu starren.

Sicher, es ist oft möglich, eine Katze, die keine Lust hat, auf andere Gedanken zu bringen; eine behutsame Anwendung des Prinzips: *Bist du nicht willig, so brauch ich Gewalt* führt manchmal zu positiven Ergebnissen. Streicheln unter der Kehle ist dann das beste Mittel, das Peitschen des Schwanzes zum Stillstand zu bringen und die Weghusch-Neigung in der hinteren Hälfte abebben zu lassen. Aber es bleibt riskant: Wenn ihr wirklich nicht damit gedient ist, weiß sie immer zu entschlüpfen, und dann nagt stundenlang die Ungewissheit, ob sie einem schon verziehen hat. Den einzigen wirklichen Trost bezieht man aus der Überlegung: *Was wäre ein Lob wert, wenn jeder Tadel ausgeschlossen ist?* Die Katze könnte nicht das streichelbarste Wesen der Schöpfung sein, wenn sie nicht über die Fähigkeit verfügen würde, dazu keine Lust zu haben, denn sonst wäre das gesamte Phänomen nicht mehr als ein Automatismus, dessen Verlauf von vornherein feststünde. Das wirkliche Wunder der Katze und ihrer Streichelbarkeit ist der freie Wille. Das Streicheln geschieht nur mit gegenseitigem Einverständnis, es ist eine Art Vertrag.

Mensch und Katze gehen eine freiwillige Verbindung ein: Wir stellen uns jetzt einander zur Verfügung für eine Handlung, bei der wir beide nahezu dahinschmelzen: für unbegrenztes Streicheln, so lange es uns gefällt – eine Situation sondergleichen in der Natur, oder beinahe.

Aus dem Niederländischen von Waltraud Hüsmert

Zhang Jie

Die Katze, die keine Mäuse fängt

Ich sage gern: Unsere Katze stammt aus einer alten Gelehrtenfamilie – nicht nur weil sie ein Geschenk meiner Schriftstellerkollegin Zong Pu ist, sondern auch weil sie so bibliophil ist. Kaum steht die Glastür des Bücherschranks einen Spalt breit offen, springt sie unfehlbar hinein und beschnuppert ein Buch nach dem anderen, so als könnte sie sich auf diese Weise Gewissheit verschaffen über die Geschichten, die darin erzählt werden. Sie wirkt dann genau wie ein Bibliotheksbesucher, der in allerlei Büchern stöbert, oder wie ein Kunde in einer Buchhandlung.

Jedes Mal, wenn ich am Schreibtisch sitze und etwas schreibe, spaziert sie entweder über die Manuskriptseiten oder legt sich daneben, um mir still bei der Arbeit zuzuschauen. Ihr Blick folgt dann meinem Stift und wandert hin und her, als könnte sie die Schriftzeichen verstehen. Erst tief in der Nacht ermüdet sie und nickt endlich ein – aber in ihren Katzenkorb kehrt sie auch dann nicht zurück.

Sie ist eine selbstvergessene Katze, die nie zeitig schlafen geht. Die beiden einzigen Ausnahmen waren, als sie sich einmal überfraß und danach Magenprobleme hatte, und ein anderes Mal, als sie verletzt war.

An ihrer Verletzung trug ich die Schuld. Beim Schließen der Tür hatte ich nicht Acht gegeben und eine ihrer Vorderpfoten eingequetscht. Ihre Pfote schwoll heftig an und eiterte. Weil sie augenscheinlich große Schmerzen litt – sie leckte und nagte unaufhörlich an der Wunde –, kaufte ich ihr ein starkes Antibiotikum.

Da Tiere in meiner Vorstellung über eine stärkere Lebenskraft als wir Menschen verfügen, glaubte ich, ich könnte ihr ohne Weiteres eine Pille geben. Aber kaum hatte ich ihr ein wenig davon in den Rachen gesteckt, fing sie an sich zu erbrechen. Schleim rann ihr aus dem Maul und hing in langen Fäden herab wie ein weißer Bart. Ohne zu miauen oder auch nur einen Mucks von sich zu geben, verkroch sie sich mehr tot als lebendig unter dem Bett. Ich stand furchtbare Ängste um sie aus, aber ich wusste nicht, wie ich die Pille wieder aus ihrem Maul herausbefördern konnte.

Sollte ich ihr den Mund ausspülen oder einen Einlauf machen? Solche Maßnahmen konnte ich schlecht durchführen. Aber wie sonst sollte ich ihr Leid lindern?

Ich breitete auf dem Bett eine Zeitung aus, damit sie darauf ruhen und wieder zu Kräften kommen konnte. Vorher war das Betreten des Bettes für sie tabu gewesen – und sie hatte sich stets brav an dieses ungeschriebene Gesetz gehalten. Nun aber war ein Präzedenzfall geschaffen, und jeden Tag zwischen neun und elf Uhr vormittags legt sie sich seitdem auf der Zeitung schlafen, die ich pflichtschuldig auf dem Bett ausbreite. Manierlich, wie sie ist, überschreitet sie nie die Grenzen, die ich ihr mit der Zeitung setze.

Ihr Gedächtnis und ihre Auffassungsgabe sind beachtlich. Als ich sie als kleines Kätzlein zu uns nach Hause brachte, setzte ich sie als Erstes in einen mit Kohlenasche gefüllten Karton – und sie begriff, dass dies das ihr zugedachte Klo war, und weihte es prompt ein. Ihre Schnurrhaare ragten kaum über den Kartonrand, und außer ihrem Köpfchen war nur noch ihr steil aufgerichteter Schwanz zu sehen. Mit gesetzter Miene pinkelte sie erstmalig in ihr Klo. Sie machte dabei ein so konzentriertes, ernstes und gewissenhaftes Gesicht, dass wir alle schallend lachten. Sie aber blickte – ungerührt und ohne mit der Wimper zu zucken – stur geradeaus.

Später habe ich bemerkt, dass sie bei *jedem* Toilettengang diese Miene zur Schau trägt.

Neugierig ist sie auch.

Klopft jemand an die Tür, springt sie stets als Erste herbei, damit ihr auch ja nichts entgeht. Schlachten wir ein Huhn, hämmern einen Nagel ein oder stellen irgendwelchen Nippes auf, ist niemand so erregt und geschäftig wie sie.

Kaum ist die Kohlenasche in ihrem Klo gewechselt, hüpft sie unweigerlich zum Pinkeln hinein, selbst wenn sie erst einen Moment vorher die Toilette besucht hat.

Wann immer bei uns zu Hause irgendetwas Neues auftaucht, muss sie es unbedingt ausprobieren. Einmal, als ich aus dem Küchenschrank einen alten, mit einem Netz überspannten Korb herausgekramt hatte, sprang sie sogleich zum Probeliegen hinein und erkor den Korb zu ihrem zweiten Domizil.

Kartoffeln, Chilischoten, Datteln und andere Leckereien trägt sie mit Vorliebe in ihrem Maul in den Spucknapf, wenn sie nicht gerade Handtücher gleich welcher Größe ins Klo befördert. Danach hockt sie sich auf die Klobrille oder neben den Spucknapf, um sich, den Kopf bald zur einen, bald zur anderen Seite geneigt, an ihrem Meisterwerk zu ergötzen.

Wenn wir daheim alle zu beschäftigt sind, um auf sie Acht zu geben, oder wenn wir ausgehen und sie allein zurücklassen, stellt sie sich in den Flur und gibt eine herzzerreißende Wehklage von sich.

Sie erkennt uns alle an unserem Schritt, und sei er noch so leicht – selbst wenn wir draußen das Treppenhaus heraufkommen, postiert sie sich schon an der Tür. Ob sie spielen oder essen will, immer weiß sie, an wen sie sich wenden muss. Dann schlägt sie ihre Purzelbäume wie eine bettelnde Varietékünstlerin.

Manchmal – etwa wenn sie eine Motte oder Fliege nicht fangen kann – wirkt sie launisch. Wie ein Mensch, der sich seines eigenen Unvermögens bewusst wird, windet sie sich dann gereizt auf dem Boden und stößt dabei leidvolle, hilflose, seltsam tremolierende Laute aus.

Stundenlang kann sie auf dem Fensterbrett hocken, um den Vögeln, den im Wind zitternden Blättern, den im Hof spielenden Kindern oder der Nachbarskatze zuzusehen – so als wäre sie von Schwermut erfasst.

Sie hat so viele Eigenheiten, dass ein scharfer Beobachter womöglich einen ganzen Roman über sie schreiben könnte.

Wir hängen sehr an ihr, und wenn jemand sie nicht schön findet, kränkt uns das. Ich erinnere mich noch, wie einmal ein Gast sagte: »Wieso hat die Katze denn so ein dunkles Gesicht?«

Als der Gast fort war, grummelte meine Mutter in einem fort: »Unsere Katze hat doch kein dunkles Gesicht! Sie hat sich bloß irgendwo schmutzig gemacht.« Danach wuschen wir sie häufiger – besonders gründlich ihr Gesicht.

Wenn ich vom Schreiben ermüdet oder missgestimmt bin, spiele ich eine Weile mit ihr – und gehe ganz in diesen Ruhepausen auf.

Seltsamerweise wurde sie mit zunehmendem Alter immer ungezogener. Nichts war mehr vor ihr sicher. Und wie gerissen sie war! Auch wenn sie tief und fest zu schlafen schien, erhob sie sich, kaum setzte man den Fuß aus der Tür, zu ihren Missetaten, biss Strickwolle durch, stieß Porzellan zu Scherben, verschleppte Brillen, Stifte, Armbanduhren, Schlüssel an Orte, die zu finden uns viel Mühe kostete, oder stürzte meinen Schreibtisch, auf dem ich eine peinliche Ordnung zu halten pflege, mit ihrem wilden Gerenne ins Chaos. Doch wenn sie uns dann nach Hause kommen hörte, kehrte sie sogleich in ihren Korb zurück und hielt, als wäre sie die Unschuld selbst, ein Nickerchen.

»Diese Katze macht zu viel Ärger«, sagten wir. »Wir müssen sie abgeben.«

Aber das war nur so dahingesagt; wir meinten es nicht ernst. Die nötige Entschlossenheit fand ich erst, als die Katze einen Text von mir, von dem ich kein Manuskript aufbewahrt hatte, in Fetzen biss. Zu allem Überfluss war das Wetter heiß, und sobald man zur Wohnungstür hereinkam, stieg einem der Geruch von Katzenkot und -urin in die Nase. Obendrein waren die kleinen Fischlein, die sie als Futter bekam, schwer zu besorgen. Also fassten wir den Entschluss, sie an eine Nachbarsfamilie zu verschenken.

Als hätte sie einen sechsten Sinn und ahnte das drohende Unheil, verkroch sie sich in irgendeinem Winkel und blieb unauffindbar. Ich bat alle anderen, das Zimmer zu verlassen, denn am ehesten hörte sie für gewöhnlich auf mich. Endlich, mit viel Mühe, lockte ich sie hervor.

Meine Mutter wollte sie noch ein letztes Mal waschen, aber ich meinte bloß: »Ruh dich lieber aus, wir wollen sie ja nicht für eine Hochzeit schön machen.«

DIE KATZE, DIE KEINE MÄUSE FÄNGT

Mit ihr verschwanden auch ihr Korb und Klo.

Danach kehrte Ruhe in die Wohnung ein. All die Dinge, die die Katze vorher umzustoßen, zu zerschlagen und zu zerreißen drohte, standen nun sicher an ihren angestammten Plätzen. Und doch fühlten wir, dass etwas fehlte.

Ich verbrachte den Tag in bedrückter Stimmung, verfolgt von einem Gedanken: Sie hat mir vertraut, und deshalb hat sie – gegen ihren Instinkt, auf den sie sich sonst so unbedingt verlässt – alle Vorsicht fallengelassen. Im Glauben, ich wolle mit ihr spielen, ist sie freudig auf mich zugestürmt – und ich habe sie weggegeben.

Ich kam mir vor wie eine Verräterin.

Ein Tier, das keine Heimtücke kennt, zu betrügen, das ist, als würde man ein argloses, vertrauensseliges Kind schikanieren – man fühlt sich schuldig.

Am nächsten Morgen hielt meine Mutter es nicht länger aus und ging zu unseren Nachbarn, um nach der Katze zu sehen. Kaum zur Tür herein, habe die Katze sich nicht mehr blicken lassen, klagten die Nachbarn. Vierundzwanzig Stunden sei sie nun schon abgetaucht, ohne ihr Essen oder Trinken anzurühren oder einmal aufs Klo zu gehen.

Aber als sie die Stimme meiner Mutter hörte, kam sie sogleich aus ihrem Versteck hervor. Meine Mutter nahm sie in die Arme und sagte reumütig: »Wir geben sie nicht mehr her.«

Auch die Nachbarn hatten vermutlich schon erkannt, dass dies eine schwierige Katze war, und brannten darauf, sich von ihrer Last zu befreien.

Die Katze in den Armen, dazu Korb und Klo, kehrte meine Mutter heim. Kaum zu Hause, verrichtete die Katze zuerst vor aller Augen beiderlei Geschäft in ihrem Klo, die Miene so würdig wie eh und je.

Danach sprang und rannte sie wie verrückt auf Bett und Sofa, Schrank und Schreibtisch umher, um ihrer überschäumenden Wiedersehensfreude Ausdruck zu verleihen. Während meine Mutter kleine Fischlein für sie kochte, lamentierte sie in einem fort: »Diese Leute können ja nicht mal sich selbst richtig füttern – wie könnten sie sich da um eine Katze kümmern! Wenn wir sie noch mal weggeben, müssen wir eine Familie finden, die Katzen liebt.«

Heute klappert meine Mutter, die inzwischen über siebzig ist, immer noch die Läden ab auf der Suche nach Fischlein für die Katze, und unser Zuhause ist immer noch vom Gestank nach den gekochten Fischen, dem Katzenkot und -urin geschwängert. Unsere Strafverbannung hat keine erzieherische Wirkung gezeigt, unsere Katze versetzt uns noch immer regelmäßig so in Rage, dass wir erklären: »Diese Katze macht zu viel Ärger. Wir müssen sie abgeben.«

Aber ich weiß: Solange sie uns nicht selbst verlassen will, wird sie ihr Leben lang bei uns bleiben.

Aus dem Chinesischen von Marc Hermann

Gertrude Jekyll

Die Teegesellschaft der Katzen

Letzten Dezember hatte ich Besuch von meiner jüngsten Nichte, die gerade neun Jahre alt war. Um ihr eine kleine Freude zu machen, bevor sie wieder nach Hause fuhr, schlug ich vor, eine Teegesellschaft für die Katzen zu geben. Sie war von der Idee ganz entzückt, und wir setzten uns, um ernsthaft darüber zu sprechen.

Wir hatten keine Zeit zu verlieren, denn die Party sollte schon am nächsten Nachmittag stattfinden. Als Erstes überlegten wir die Einzelheiten der Speisekarte und nach einigem Abwägen kamen wir zu dem Schluss, dass die Basis des Ganzen Fisch sein sollte. Deshalb bestellten wir ein paar frische Heringe, die gekocht und bereitgehalten wurden.

Unterdessen hatte meine kleine Kameradin vorgeschlagen, dass wir Einladungskarten verschicken sollten und dass sie diese selbst schreiben wolle. Ich fragte sie, ob sie sich das wirklich zutraute, und als sie mir versicherte, dass sie das könnte, machte ich keine weiteren Vorschläge und wartete ab, was dabei herauskam. Nachdem sie ein paar Reste von Schreibpapier gefunden hatte, schrieb sie die Einladungen, anschließend gingen wir gemeinsam nach unten und überreichten sie den Katzen, die in angemessener Weise ihre Zustimmung schnurrten. Da winterliches Wetter herrschte, waren alle im Haus.

Am nächsten Tag bereiteten wir früh am Nachmittag das Fest vor. Die Gesellschaft bestand aus vier erwachsenen Katzen und zwei Kleinen, so dass wir vier große Teller und zwei kleine nacheinander füllten; als Erstes legten wir für jeden ein ordentliches Stück Fisch quer über den Teller und ebenfalls quer darüber, so dass es die Form eines Kreuzes bekam, einen Streifen Milchreis. Das ergab vier Winkel, die wir mit dicker Sahne füllten und mit kleinen Butterbällchen dekorierten – einem großen in der Mitte und zwei kleinere in den Ecken. Fisch und Sahne hatten wir noch in Reserve, für den Fall, dass wir rasch nachfüllen mussten, wenn die Teller sich leerten.

In die Mitte des Esszimmers stellten wir einen kleinen, eher niedrigen, runden Tisch, und für die großen Katzen vier Stühle drum herum. Als die Zeit der Einladung näher rückte, fragten wir uns, wie die Gäste sich wohl verhalten würden. Nach unserer Vorstellung sollten sie sich auf die Stühle setzen, mit den vorderen Pfoten auf der Tischdecke; Blumen wollten wir keine, um den Tisch nicht zu überfüllen, da den kleinen Katzen erlaubt wurde auf dem Tisch Platz zu nehmen.

Als es endlich so weit war, war die Aufregung groß. Fünf Erwachsene waren ebenso brennend neugierig wie das kleine Mädchen. Die Miezen wurden gebracht und auf ihre Stühle gesetzt, während man Chloe und Brindle, die Kätzchen, vor ihren Tellern auf den Tisch setzte. Zu unserer großen Freude fanden alle sich sofort in ihre Rolle ein; allein Maggie zögerte einen Moment, vermutlich meinte sie, dass die Tischmanieren es nicht vorsahen, dass man die Pfoten auf die Tischdecke setzte. Aber das war schnell überwunden und alle machten sich ans Werk, als ob sie täglich an Teegesellschaften teilnahmen, und wussten, dass gute Manieren erwartet wurden.

Es war wundervoll, die Freude meiner kleinen Nichte mit

anzusehen. Ich hatte erwartet, dass sie vor lauter Freude herumrennen und -kreischen würde, aber sie stand ganz leise mit halb erhobenen Händen, den Mund ein wenig geöffnet und genoss mit großen Augen unbeweglich das Bild, als ob sie fürchtete, es könne bei der kleinsten Bewegung verschwinden. Unterdessen hatten sich unsere kleinen Gäste unverzüglich über ihre Portionen hergemacht. Pinkieboy, der älteste und schwerste, war zuerst fertig, und nachdem er seinen Teller sorgfältig ausgeleckt hatte, leckte er sich ausgiebig das Schnäuzchen, schaute um sich und verkündete: »Das war sehr gut, und wenn es geht, hätte ich gern noch ein wenig mehr, insbesondere von dem Fisch und der Sahne.«

Als die Katzen aufgegessen hatten, setzte ein gewaltiges Geschnurre ein, Pfoten und Gesicht wurden gewaschen, bevor sie von ihren Stühlen sprangen und sich in alle Richtungen zerstreuten, auf der Suche nach einem behaglichen Plätzchen, wie Katzen es nach einem ausreichenden Mahl zu tun pflegen.

Wir alle fanden, dass unsere kleine Teegesellschaft ein glänzender Erfolg war, und überlegten sogar, der *Morning Post* darüber einen Artikel anzubieten.

Aus dem Englischen von Julia Bachstein

Karel Čapek

Hund und Katze

Ich achtete gut darauf, und deshalb kann ich mit beinahe unbestreitbarer Gewissheit sagen: Ein Hund spielt nie, wenn er alleine ist. Wenn ein Hund sich selbst überlassen wird, ist er sozusagen tierisch ernst. Hat er nichts zu tun, so starrt er Löcher in die Luft, denkt nach, schläft, jagt Flöhe oder kaut an irgendetwas herum, zum Beispiel an einer Bürste oder einem Ihrer Schuhe. Doch er spielt nicht. Solange er alleine ist, versucht er weder hinter seinem Schwanz herzujagen, im Kreis auf einer Wiese zu rennen oder Stöckchen im Maul zu tragen noch mit der Schnauze einen Stein vor sich her zu schieben. Für all das braucht er einen Partner, einen Zuschauer, ein beteiligtes Wesen, für das er sein frenetisches Spiel betreiben würde. Im Spiel entlädt sich seine Freude, so wie er nur dann mit dem Schwanz wedelt, wenn er auf eine verwandte Seele trifft, sagen wir mal auf einen Menschen oder einen anderen Hund, und so nimmt er nur dann ein Spiel auf, wenn jemand mit ihm spielt oder wenn ihm wenigstens jemand zuschaut. Es gibt sensible Hunde, die keinen Spaß mehr am Spielen haben, wenn Sie ihn nicht beachten. Er erweckt den Eindruck, als würde ihm das Spiel nur dann Freude bereiten, solange er damit Erfolg bei Ihnen hat. Kurz gesagt: Ein Hund braucht einen ermutigenden Kontakt zu jemand anderem, um zu spielen; das gehört nun mal zu seinem geselligen Naturell.

Im Gegensatz dazu spielt eine Katze zwar auch, wenn man ihr einen Anlass dazu gibt, doch sie kann auch dann spielen, wenn sie alleine ist. Sie spielt für sich, wie ein Einzelgänger, verschlossen. Wenn sie allein gelassen wird, reicht ihr ein Wollknäuel, ein paar Fransen oder ein hin und her pendelndes Schnürchen, um sich in ihr stilles und graziles Spiel zu vertiefen. Spielt sie, will sie damit nicht sagen: Mensch, ich bin sehr froh, dich dabei zu haben. Sie würde auch am Bett eines Toten spielen. Sie würde mit ihrer Pfote am Zipfel des Leichentuchs ziehen. Ein Hund würde so etwas nie tun. Eine Katze spielt für sich alleine. Ein Hund möchte im gewissen Sinne jemanden unterhalten. Eine Katze interessiert sich nur für sich. Ein Hund besteht darauf, dass sich jemand anderes für ihn interessiert. Er kann nur dann vollkommen und fröhlich leben, wenn er Teil einer Meute ist – und zwei sind auch schon eine Meute. Wenn er hinter seinem Schwanz her jagt, schaut er aus den Augenwinkeln, was man dazu sagt. Das würde eine Katze nie tun; ihr genügt es, wenn sie selbst Spaß hat. Vielleicht gibt sie sich deshalb nicht so unbändig und leidenschaftlich dem Spiel hin wie der Hund, bis zur Selbstvergessenheit und zu einer vollkommenen Verausgabung. Sie steht immer etwas darüber, es sieht immer so aus, als würde sie sich wohlwollend und im gewissen Sinne verächtlich dazu herablassen, Spaß zu haben. Ein Hund spielt ganz und gar, während eine Katze einfach nur so das Spiel genießt, wie aus einer Laune heraus.

Ich würde es so sagen: Die Katze entstammt dem Geschlecht der Ironiker, die selbstgenügsam sind und Spaß haben. Sie spielen mit Menschen und Dingen, aber nur für ihr eigenes inneres und ein wenig verächtliches Vergnügen. Der Hund kommt aus dem Geschlecht der Komiker; er ist gutmütig und vulgär wie ein Witzeerzähler, der sich ohne

Publikum zu Tode langweilen würde. Ein Hund gibt einfach aus der Geselligkeit heraus sich selbst zum Besten. Er ist bereit, sich vor lauter Eifer zu zerreißen, wenn es sich um geselliges Spielen handelt. Einer Katze reicht das Selbsterleben; ein Hund will einen Erfolg haben. Eine Katze ist Ich-bezogen, subjektiv; ein Hund lebt in einer aufgeschlossenen, also in einer objektiven Welt. Eine Katze ist geheimnisvoll wie ein Tier; ein Hund ist naiv und schlicht wie ein Mensch. Eine Katze ist ein wenig wie ein Ästhet. Ein Hund wie ein einfacher Mensch. Oder wie ein kreativer Mensch. Etwas ist in ihm, was sich einem anderen zuwendet, allen anderen, er lebt nicht nur für sich. So wie ein Schauspieler nicht nur vor einem Spiegel spielen könnte, so wie ein Lyriker seine Verse nicht nur für sich dichten könnte, so wie ein Maler Bilder nicht dafür malen würde, um sie mit der Vorderseite an die Wand zu stellen. In all dem, was wir Menschen ehrlich und aus tiefster Seele spielen, steckt auch jener unverwandte Blick, der nach Interesse und Beteiligung aller anderen verlangt, der ganzen großen und teuren Menschenmeute ...

Und wir könnten uns vor lauter Eifer fast zerreißen.

Aus dem Tschechischen von Marcela Euler

Thomas und Jane Carlyle

Katzen und Hunde

Thomas mochte Katzen gern, schrieb jedoch selten über sie. Jane dagegen betrachtete die Tiere als notwendiges Übel und duldete sie nur um T.C.s willen und weil sie die Zahl der Ratten und Mäuse gering hielten. Für Jane übten sie einen beunruhigenden Einfluss auf ihren Haushalt aus – ihrem eigenen Geschmack entsprachen Schoßhunde und Kanarienvögel –, und in ihren Briefen beklagte sie sich häufig über die verschiedenen Katzen, die zu dem einen oder anderen Zeitpunkt das Haus in der Cheyne Row 5 mit den Carlyles teilten.

Nero, Janes Lieblingshund, traf 1849 in der Cheyne Row ein und schloss rasch Freundschaft mit der dort bereits vorhandenen schwarzen Katze. Carlyle schrieb: »Sowie sich die Speisezimmertür öffnete, tanzten« Nero und die Katze »voller Freude herein wie Harlekin und Columbine – eine Bemerkung, die ich, einmal gehört, nicht vergessen konnte.« Fortan war die Katze als Columbine bekannt (die einzige Katze der Carlyles, die je einen Namen trug).

Im folgenden Jahr erhielt Carlyle, der sich bei Freunden in Hampshire aufhielt, diesen Brief:

Liebes Herrchen,
ich nehme mir persönlich die Freiheit, Dir zu schreiben (mein Frauchen sagt, sie sei verhindert, sich an Dich zu wenden), damit Du weißt, dass Columbine und ich wohlauf sind und herumtummeln wie immer. Gestern gab es kein Essen, das der Rede wert gewesen wäre; ich für mein Teil bekam nur ein Stück Hundekuchen, das die Welt umrundet haben könnte, und wenn Columbine überhaupt etwas erhielt, dann habe ich es nicht gesehen ... Aufgrund der Nässe wurde ich nicht Gassi geführt. Und niemand kam, nur ein Mann wegen der ›Beerdigungsgebühren‹, und mein Frauchen zankte sich mit ihm, da sie überhaupt nicht hier beerdigt werden will. Columbine und mir ist es gleichgültig, wo wir beerdigt werden ... Das ist vorläufig alles von

Deinem
gehorsamen kleinen Hund
Nero

Nero war der weißen Katze, die Columbine nachfolgte, nicht so freundlich gesonnen. In einem Brief an Carlyle schrieb Jane 1852:

Als ich am Morgen nach meiner Rückkehr aus Sherborne in die Küche hinuntergegangen war, sprach ich aus allgemeiner Höflichkeit mit der weißen Katze und streichelte sie sogar, woraufhin Neros Eifersucht keine Grenzen kannte. Er schnappte nach mir und bellte mich an, um sich danach wild auf die Katze zu stürzen.

KATZEN UND HUNDE

1860 schrieb Jane über die damalige Katze:

Mehrere Tage lang hatte ihr *das* in den Augen gestanden, wenn sie sich zu meinem Kanarienvogel erhoben, und es erfüllte mein Herz mit Besorgnis. Ich schickte unverzüglich nach einem Tischler und ließ den Käfig mit einer komplizierten Apparatur aus Kette und Flaschenzug und Gewicht an der Salondecke anbringen ... Und dort baumelte er zwei Tage lang zu Mr. C.s äußerster Empörung, denn er betrachtet dieses Haustier als ›*das auf albernste Art skurrilste von allen*‹. Unterdessen verwandte die Katze ihre ganze Freizeit darauf, mit brennenden Augen zu dem Vogel hinauf zu starren! Aber *nun* ist er in Sicherheit, dachte ich und begab mich auf einen Spaziergang. Bei meiner Rückkehr empfing mich Charlotte [das Hausmädchen] mit den Worten: ›Oh! Können Sie sich *vorstellen*, was die Katze angestellt hat?‹ – ›Meinen Kanarienvogel gefressen?‹ – ›Nein, *viel schlimmer!* Sie hat den Käfig und das Gewicht heruntergezerrt und die Kette zerbrochen und das Tischchen umgestoßen und alles darauf zerschlagen!‹ – ›Aber den Kanarienvogel nicht gefressen?‹ – ›Oh, der fürchterliche Krach muss sie wohl *selbst* verängstigt haben, denn *sie* rannte die Treppe herunter, während ich hinaufflief. Dabei lag der Käfig auf dem Boden, die Tür war geöffnet und der Vogel völlig außer sich!‹

1865 schrieb Jane ihrem Hausmädchen Jessie über dieselbe Katze:

Ich hoffe immer noch, dass er [T.C.] nicht eintrifft, bevor ich selbst zu Hause bin! Aber wenn er als Erster kommt, gibt es eines, worum Du Dich kümmern musst und was

Dir nicht einfiele, ohne dass Du dazu aufgefordert wirst! Diese Katze! Ich wünschte, sie wäre tot! Aber ich kann ihre Tage nicht verkürzen, denn, weißt Du, mein armes kleines Hündchen mochte sie! Da ist sie nun einmal, und solange sie Mr. C. bei seinen Mahlzeiten beiwohnt (zu anderen Zeiten schert sie sich keinen Deut um ihn!), so lange wird Mr. C. ihr Fleischhappen und Milchtropfen geben – zum Ruin der Teppiche und Kaminvorleger! Ich habe ihn immer wieder auf die Flecken hingewiesen, die sie hinterlässt, aber er glaubt nicht, dass sie die Schuld daran hat! Und der Esszimmerteppich war so alt und hässlich, dass es sich nicht lohnte, darüber mit seinem Ehemann zu streiten! Nun jedoch muss das schöne neue Tuch vor der Misshandlung durch die Katze geschützt werden. Deshalb wünsche ich, dass Du das Tier einschließt, wenn Mr. C. frühstückt oder zu Mittag und zu Abend isst. Und wenn er ihre Abwesenheit zur Kenntnis nimmt, sag ihm, es sei mein ausdrücklicher Wunsch. Er hat keine Ahnung, welch ein egoistisches, unmoralisches, unziemliches Geschöpf sie ist, noch welchen Schaden sie an den Teppichen anrichtet.

Zu guter Letzt ein Blick auf Carlyle in hohem Alter anhand eines Briefes, den seine Nichte Mary Aitken 1874 verfasste:

Wir haben hier eine liebe große Katze. Mr. Carlyle mag sie so gern. Jeden Morgen nimmt er die Kaminbürste und glättet ihr Fell; Mieze gefällt das über die Maßen, und sie streckt sich, wenn sie ihn kommen sieht; sie schließt die Augen und tut so, als schlafe sie.

Aus dem Englischen von Bernd Rullkötter

KATZEN UND HUNDE

Thomas Carlyle und Katze

Willem Frederik Hermans

Die Katze Kilo

Soweit ich weiß, gibt es zwei Sorten Katzen – viel Ahnung habe ich allerdings nicht.

Die erste Sorte ist die gewöhnliche Hauskatze, die zweite Sorte wird ungefähr anderthalb Mal so groß.

Als meine Frau mit dem Vorschlag kam, eine Katze anzuschaffen, war ich sofort dafür. Katzen haben nicht die allzu unterwürfigen und unappetitlichen Angewohnheiten von Hunden, wie Schwanzwedeln und Abschlabbern. Die Haut einer gesunden Katze hat einen wunderbaren Duft, nicht animalischer als der Geruch einer frisch gereinigten Wolldecke. Ich drücke meine Nase gern ins Nackenfell einer Katze.

Ich bat meine Frau, bei der Suche nach einem jungen Kätzchen unbedingt darauf achten, dass es eins von der großen Sorte war, von anderthalbfacher Größe der normalen Hauskatze.

Das Tier, das sie anbrachte, erreichte diese Abmessungen innerhalb weniger Wochen. Wir hatten ihm den Namen »Kilo« gegeben, ein Name, der viel zu bescheiden war, wie sich später herausstellte. Ich gewann unsere Katze sehr lieb. Der Schwung ihrer Schnurrhaare erinnerte an die Funkenbahnen einer Feuerwerksrakete; sie bewegte sich mit der atemberaubenden Lautlosigkeit einer Halluzination.

Mit dem Wachsen hörte sie allerdings nicht auf. Nach

einem halben Jahr war sie so groß wie ein Bouvier, nach einem weiteren Jahr drückte ihr Gewicht schwerer auf meinen Schoß als das meiner Frau. Wenn wir Besuch hatten, sperrten wir sie ein, damit niemand beim Anblick eines derartigen Raubtieres in Panik geriet und uns vielleicht bei der Polizei anzeigte. Wir hatten ihr inzwischen ein ganzes Zimmer als Katzenkorb eingerichtet. Zum Glück jagte sie nie Mäuse und kletterte nicht an den Gardinen hoch. Auch ihre Stimme war nicht tiefer oder kraftvoller als die einer gewöhnlichen Katze. Dann bestand meine Frau darauf, das Tier wieder abzuschaffen, denn wir erwarteten in Kürze Familiennachwuchs und es war ohnehin schon schwer genug, die Katze satt zu bekommen; wäre so ein Baby nicht auch, trotz ihres freundlichen Naturells, eine zu große Verlockung?

Eine Katze, das weiß jeder, hängt an ihrem Heim. Wir setzten also ein Wohnungstauschgesuch in die Zeitung, und ein paar Tage später kamen Leute aus einem ziemlich weit entfernten Stadtteil, um unsere Wohnung zu besichtigen. Wir betonten vor allem die Freuden, die der Garten zu bieten hatte, und sorgten dafür, dass sie das Katzenzimmer nicht zu Gesicht bekamen. Sollten sie doch in Gottes Namen glauben, dass unsere Wohnung nur drei Räume hatte und nicht vier.

Damit die Katze von unserem Vorhaben nichts mitbekam, zogen wir des Nachts um. Die Möbelpacker verlangten den dreifachen Satz und bestanden auf Vorkasse, denn sie glaubten natürlich, dass wir uns hoch verschuldet aus dem Staub machten. Gegen Morgen kamen wir in unserer neuen Bleibe an, deren Bewohner sich gerade zu unserer alten Wohnung aufgemacht hatten. – Alles ging gut.

Seit ein paar Monaten habe ich einen Sohn. Der Junge war bei der Geburt gesund, sogar stramm: Er wog acht Pfund.

Seither ist er zwar älter geworden, aber nicht größer: Er ist geschrumpft. Schon nach einem Monat konnte er sprechen, obgleich er mittlerweile so klein wie eine Kaffeekanne war. Dann lernte er auch noch laufen, doch seit letzter Woche ist er gerade mal so groß wie ein Fingerhut.

Meine Frau bewahrt ihn in einer Streichholzschachtel auf, aber er reißt oft aus, und dann ist es schwierig, ihn wiederzufinden. Ein Kind, das so klein ist, kann sich überall verstecken. – Die meiste Zeit verbringen wir mit Suchen, wir trauen uns nicht mehr, die Füße irgendwohin zu setzen, wir haben Lupen mit einem Durchmesser von einem halben Meter bestellt. Wenn die nicht so teuer wären, hätten wir mehr als genug Geld übrig gehabt, um unsere Katze durchzufüttern, dachte ich oft mit Bedauern, denn was mein Söhnchen zu sich nimmt, ist natürlich nicht der Rede wert.

Gestern habe ich ihn von morgens neun Uhr an gesucht und bin deshalb meiner Arbeit ferngeblieben. Als ich ihn bis zum Abend immer noch nicht gefunden hatte, lief ich verzweifelt auf die Straße. Womöglich war er ja inzwischen so klein wie eine Fliege und hatte sich in einem Schlüsselloch versteckt; vielleicht hat er es sich mit einigen Fransen und Flusen hinter einem Schrankfuß gemütlich gemacht, wo er mit ein paar Kuchenkrümeln eine ganze Weile auskommt.

Nachdem ich zwei Stunden im Dunkeln umhergewandert war, die ganze Zeit in Gedanken versunken, wurde ich mir schlagartig wieder der Außenwelt bewusst, denn ich merkte, dass ich vor unserer alten Wohnung stand. Die Fenster glänzten tiefschwarz, da keine Gardinen davor hingen.

Ich trat an das Haus heran und blickte ins Innere. Ich konnte durch die Zimmerflucht bis in den hinteren Raum schauen, in den ein wenig Licht fiel, und sah bis zum Garten.

Es gab keine Möbel, nicht einmal Linoleum lag auf den Dielen. Plötzlich nahm ich wahr, dass mich zwei Augen aus einer dunklen Ecke anstarrten, sie standen weiter auseinander als Menschenaugen. Ich bildete es mir nicht ein, es war unsere Katze. Sie kam aus dem hinteren Zimmer angelaufen und stellte ihre Pfoten auf die Fensterbank. Die ganze Wohnung war leer. Wovon lebte sie?

Sie schmiegte den Kopf an die Scheibe, ihr Ohr stülpte sich um und wurde platt gedrückt, es war stark durchädert wie ein Rotkohlblatt. Sie tickte mit den Krallen ans Glas, offenbar wollte sie mir etwas mitteilen. Ohne die Pfote mit den fünf Polstern aus rosafarbenem Gummi zu bewegen, tickte sie ganz leise wie eine gewöhnliche Katze, indem sie die Krallen einzog und ausfuhr, obgleich sie ihre Tatze ohne die geringste Mühe durch die Scheibe hätte drücken können.

Gedankenverloren lehnte auch ich meine Stirn ans Fenster; jedes meiner Augen blickte in ein Auge des Tieres und sah sonst nichts. Was tun?

Ich bin sehr ehrgeizig. Da besaß ich nun die größte Katze der Welt, aber ich konnte mit niemandem darüber reden, niemand dürfte es jemals wissen.

Ich hatte sie verlassen, und doch liebte sie mich noch genauso sehr so wie vorher. Ich brach in Schluchzen aus und ging schnell weiter, ich sah mich immer wieder um, ob das Ungetüm, an dem mein Herz so hing, nicht doch durchs Fenster gesprungen war und mir folgte.

Amsterdam, 15. August 1949

Aus dem Niederländischen von Waltraud Hüsmert

Margit Schreiner

Die schottische Katze

Die schottische Katze tarnt sich als Lamm. Sie ist schneeweiß und treibt sich bei den Schafen herum. Zuerst habe ich sie überhaupt für ein Lämmchen gehalten, dann ist mir doch der seltsam schleichende Gang aufgefallen. Ich kann sie von meinem Zimmer im ersten Stock des Ferienhauses beobachten. Das heißt, nur vom westlichen Fenster aus, das südliche weist direkt auf den Atlantik, wo ich die Robben sehen kann, die sich bei gutem Wetter auf den Felsen vor unserem Haus sonnen. Die Robben sind naturgemäß spektakulärer als eine weiße Katze, die sich als Lamm tarnt. Trotzdem muss ich zwanghaft immer wieder aus dem westlichen Fenster schauen. Das liegt daran, dass ich meine eigenen zwei Katzen, Lilli (eigentlich Tigerlilli) und Paula zu Hause zurückgelassen habe, während ich den Hund meiner Tochter nach Schottland mitgenommen habe, weil unsere Tochter ohne ihren Hund nach Neuseeland geflogen ist. Was die Katzen natürlich sehr wohl registriert haben. Zuerst tagelang die Koffer, die überall herumgestanden haben, dann die verschiedenen Leinen des Köters im Koffer, zuletzt säckeweise Hundefutter! Paula, das ist die jüngere, hat augenblicklich in mein Bett gepinkelt. Aus Protest! Das tut sie immer, wenn sie sich ärgert. Deshalb schlafe ich auf einer Inkontinenzdecke und verwende keine Bettdecken mit Dauneninlets mehr, weil man die nicht waschen kann. Lilli würde nie in mein Bett pinkeln. Sie ist die sensiblere und charakterlich wesentlich feiner gestrickte Katze. Sie schnurrt auch feiner als Paula, die eigentlich eher brummt. Lilli schaut mich nach einem Blick auf die Koffer nur kurz gekränkt an und wendet mir dann konsequent ihren Hintern zu. Das schmerzt natürlich mehr als ein bisschen Pisse im Bett! Paula kommt vom Land, aus dem hintersten Mühlviertel, nahe der tschechischen Grenze. Dort ist sie in einer waldorfgeschulten Großfamilie aufgewachsen, inmitten naturbelassener Landschaft mit ökologisch durchdachter Naturbepflanzung. Der Waldorf-Großvater hat ohne grobe Eingriffe in die Natur den Bach, der durch das Waldorf-Grundstück fließt, sanft zu einem kataraktförmigen Wasserlauf gestaltet. Neben diesem Wasserlauf lag Paula bei ihrer Mutter, bevor wir sie aus dem Mühlviertler Paradies in unsere Linzer Wohnung überstellten. Unverzeihlich so etwas! Andrerseits: Waldorf schützt nicht vor Jungkatzenmord. Wir haben ihr das Leben gerettet! Sie wollten sie weg haben. Sie ist dreifärbig, also eine Glückskatze. Lilli ist grauschwarz. Als wir sie bekommen haben, war sie noch eine Tigerkatze, aber damals lebte Mizzo, unser italienischer Kater noch, und der war grauschwarz. Mizzo stammte aus Rom. Er gehörte dort einer Bande verwahrloster Katzen an, bis wir ihn retteten und nach Österreich transportierten, wo er sich dann als Gourmet entpuppte. Das teuerste Fressen war ihm bald nicht mehr gut genug. Für Mizzo war es, was wir nicht voraussehen konnten, offenbar eine narzisstische Kränkung, eine mickrige, fauchende Kleintigerkatze vor die Nase gesetzt bekommen zu haben, er hat Lilli nie gemocht. Lilli Mizzo schon. Sie hat alles getan, um seine Zuneigung zu gewinnen und sich ihm sogar sukzessive farblich angepasst, bis Mizzo schließlich einem Herzinfarkt erlegen ist.

Während ich die schottische Katze dabei beobachte, wie sie sich als Lamm tarnt, denke ich an die Zukunft. Meine Tochter wird noch drei Monate in Neuseeland sein. Wir werden in unserer Wohnung in Österreich noch drei Monate zwei Katzen und einen Hund haben. Der Hund ist eifersüchtig auf die Katzen und die Katzen sind eifersüchtig auf den Hund und aufeinander. Es wird nicht leicht werden, Katz und Hund auf Dauer in der Wohnung zu trennen! Lilli hat den Enkelhund bereits mehrmals angefaucht. Paula pisst regelmäßig in sein Körbchen.

Immer wieder knattert über uns ein dickbäuchiger grauer Militärhubschrauber hinweg, in der Nähe gibt es ein militärisches Sperrgebiet. Royal Navy lesen wir auf Schildern, die das Betreten des Gebietes verbieten, wahrscheinlich ist auch ein Nato-Stützpunkt in unserer Nähe. Allerdings ist unser Enkelhund bereits am ersten Tag ausgebüchst und hat ausgerechnet auf dem verbotenen Militärgelände zwei Stunden lang ein Kaninchen gejagt.

Mir fällt auf, dass die Ohren der schottischen Katze eigentlich ständig nach vorne geklappt sind wie bei einem neugierigen Lamm. Auch das extrem dicke Fell ist ja praktisch nicht normal für eine normale Katze. Oder? Kurz denke ich an eine perverse Versuchsreihe zur Züchtung eines Katzenlamms. Ich beschließe, das Tier näher in Augenschein zu nehmen. Das wird vorerst verhindert durch eine vorbeischwimmende Delfingruppe, die uns alle zur »wildlife view« lockt, einer Sitzgruppe aus verwittertem Holz im vorderen Teil unseres Gartens am Loch Ewe. Auf dem Rückweg ist die Katze weg. Statt ihrer sitzt ein Lamm vor einem Mäuseloch. Zufall?

Schottland ist ein unglaubliches Land. Besonders die Nordwestküste, an der wir uns befinden. Gestern, als wir im Abendlicht von einer dreistündigen Küstenwanderung zu einem Leuchtturm zurückkamen (beim Hinweg südlich das sonnenbeschienene Meer, entweder unter steilen Klippen oder gleich im Anschluss an sanft abfallenden Wiesen, am Horizont die Hebriden mit einem Nebelschleier zu Füßen, nördlich das Moor, am Rückweg umgekehrt) konnten wir mit Mühe die Tränen zurückhalten. Nicht vor Sentimentalität, sondern einzig vor Erschöpfung von all den impressionistischen Landschaftsbildern. Die vielen Plakate und Sticker der schottischen Nationalpartei am Autoparkplatz holten uns wieder auf den Boden schottischer Realitäten zurück. Wahlen in Großbritannien, in einer Woche.

Abends, als wir auf dem Gartengrill frischen Haddock (Schellfisch) braten, diskutieren wir über Vor- und Nachteile einer eventuellen Unabhängigkeit Schottlands von England. Der radikalere Teil der SNP ist nicht nur für eine eigene schottische Währung, sondern auch für eine atomwaffenfreie Zone, was den Abzug der nuklearen Unterseeboote und den Austritt aus der Nato nach sich ziehen würde. Bruno meint, die Erdölquellen, die in den sechziger Jahren des vorigen Jahrhunderts vor der Küste Schottlands gefunden wurden, werden nicht ewig sprudeln. Dann bleibe Schottland nach der Loslösung von England eigentlich nur mehr der Whisky als Einnahmequelle. Der Enkelhund starrt Bruno interessiert an, als ob er ihm zuhörte. Aber er wartet auf seine Portion Haddock.

Nicht einmal abends hat man hier Ruhe vor der Natur. Die Sonne geht ja nach unserer Zeit erst um 22 Uhr unter. Beim Abendessen beobachten wir zwei Trauerstelzen, die vom Vogelhaus vor dem Esszimmer Körner picken. Sie machen nebenbei bemerkt einen unglaublichen Dreck, indem sie die Hälfe der Körner und die Hüllen der bereits gefressenen Körner auf den Boden spucken, wo dann die für hiesige Verhältnisse unauffälligeren Vögel wie Rotkehlchen, Grün- und Goldfinken weiterfressen. Vielleicht sollte ich für das Fressen meiner Katzen in Österreich ebenfalls ein Vogelhaus aufstellen. Am Boden in der Küche, wo ihre Fressnäpfe üblicherweise stehen, hat auch der Hund leichten Zugriff.

Auf dem Meer fährt schon wieder ein dickbäuchiger mausgrauer Zerstörer der Royal Navy vorbei.

Der Besitzer der Fischräucherei in unserer Nähe sagt, das Interesse Englands an Schottland reiche nur bis Glasgow und keinen Meter darüber hinaus. England habe seit jeher alles in Schottland zerstört: Die Clans, die Bauern, indem sie die Schafzucht eingeführt hätten, und wo riesige Schafherden weiden, sei kein Platz für Bauern, die Musik und letztendlich sogar den Kilt. Der Mann hat einen ganz roten Kopf. Schottland den Schotten, ruft er noch, als ich die Räucherei bereits verlasse. Aber was sind echte Schotten? Im Ferienhaus informiere ich mich in einem der vielen Bücher, die die Hausbesitzer für ihre Gäste ausgelegt haben. Da lese ich, die Kelten waren in Schottland, die Römer, dann erneut Kelten aus Irland, die Wikinger, die Normannen, die Franzosen, Engländer natürlich. Ich sinniere vor mich hin. Dabei schaue ich aus dem Fenster. SIE sitzt wieder auf der Schafweide: Die Ohren nach vorne geklappt vor einem Mäuseloch. Die stämmigen weißen Beinchen sind zur Hälfte rotschwarz (das ist die hiesige Moorfarbe, auch wir haben rotschwarze Schuhe so wie die Schafe auch.) Ebenso die Unterseite des weißen Tieres: zottelig und rotschwarz! Ich klemme das Buch unter den Arm, eile hinaus und klettere über den Schafzaun. Das Tier rührt sich nicht von der Stelle, sondern starrt reglos in ein gewaltiges Mäuseloch. Zu gewaltig für ein Mäuseloch. Es muss sich um ein Kaninchenloch handeln. Der Enkelhund, der im Haus am liebsten vor dem Panoramafenster steht, das zur Schafweide hin zeigt, bellt. Ich glaube, er ärgert sich, dass ich ohne ihn in das Kaninchenloch schaue. Kaninchen scheinen in England und Schottland eine Landplage zu sein. Bruno gibt dem Enkelhund eine Wurst!

Die schottische Katze würdigt den bellenden Hund keines Blickes. Sie starrt weiter in das gewaltige Loch. Ich nähere mich ihr vorsichtig. Plötzlich wendet sie den dicken runden Kopf und fixiert mich aus gelben Augen mit einem Blick, der mir Schauer über den Rücken jagt. Es wird sich doch nicht am Ende um eine Wildkatze handeln? Soll es ja geben in Schottland. Und niemand, der je eine gesehen hat, soll ihren Blick vergessen, heißt es im Naturführer, der auch in unserem Ferienhaus im Wohnzimmer ausliegt. Aber nein, Wildkatzen sind doch nicht weiß, oder? Wildkatzen sind getigert und haben einen schwarzen Strich auf dem Rücken. Oder sind Wildkatzen in Schottland schneeweiß? Die schneeweiße Wildkatze faucht mich an und läuft dann mit kurzen Beinchen und buschigem Schwanz in Richtung Schafherde, wo sie, weiß unter weißen Schafen, verschwindet.

Ich bleibe sitzen und lese über die endlosen Thron-, Land- und Kompetenzstreitigkeiten zwischen den Engländern und den Schotten. Die Clans, die jeweiligen Verbündeten und deren Interessen, die Intrigen, die Schlachten und die Gemetzel. Ich bin jetzt ganz auf Seiten der Schotten! Am besten gefällt mir die Geschichte von Bonnie Prince Charlie (übersetzt: Der hübsche Prinz Karli), ein Stuart, der von seinem Exil in Frankreich aus mit nur sieben Kumpanen nach Schottland gesegelt ist, um dort den Widerstand gegen die Engländer zu organisieren. Nach einigen Monate hatte er ein Heer aufgestellt, war auch anfangs siegreich, bis dann alles in einer katastrophalen Niederlage endete und er im Gegensatz zu den meisten seiner Mitstreiter, die von den Engländern zum Tode verurteilt wurden, mithilfe der schönen Tochter eines mächtigen Clanführers, Flora, in monatelanger Odyssee durch die Highlands bis zur Insel Skye in Frauenkleidern fliehen konnte. Zurück in Frankreich und später auch in Rom, hat Bonnie Prince Charlie mit der Sauferei angefangen, mehrere Frauen geheiratet, die ihn dann wegen der Sauferei und damit verbundenen Gewalttätigkeit wieder verlassen haben. Tja, es gibt halt keine idealen Helden!

Ich kehre zum Haus zurück, wo der Hund sich bereits heiser gebellt hat. Seine Stimme überschlägt sich hysterisch. Vor dem Panoramafenster stolziert, während ich den Hund zu beruhigen versuche, ein Austernfischer (Vogel!) vorbei, der ein langes Algenband im Schnabel nach sich herzieht. Der Enkelhund, auch ein großer Vogeljäger, bellt jetzt den Austernfischer an. Bruno gibt ihm eine Wurst. In einschlägigen Züchterportalen wird unser Enkelhund zutreffend mitunter als ramboartiges Sensibelchen bezeichnet, mit einem ausgesprochenen Widerwillen gegen Routine und sich ständig wiederholende Erziehungsmaßnahmen. Kann ich nur bestätigen! Draußen ein unermüdlicher Jäger, drinnen ein verschmuster Schoßhund, der einen mit seinem Hang zur Zärtlichkeit leicht zum Gespött jedes gestandenen Hundehalters werden lässt. Er sitzt am liebsten auf dem Schoß oder zumindest auf einem Fauteuil oder Sofa. Die Katzen natürlich ebenfalls. Lilli knurrt dann und Paula pisst. Ich habe immer Angst, dass es zum offenen Kampf kommt. Lilli könnte dem Hund ein Auge auskratzen, der Hund könnte Paula den Schwanz abbeißen.

Früher dachte ich ja immer, alles beruht auf einem Missverständnis. Hunde, dachte ich, wedeln vor Begeisterung, Katzen vor Nervosität. Quasi Kommunikationsproblem. Das glaube ich nicht mehr, seit ich unseren Enkelhund, Lilli und Paula beobachte. Inzwischen glaube ich, der Hund wedelt nicht vor Begeisterung wie wild, wenn er die Katzen sieht, sondern weil er genau weiß, dass die Katzen wilde Schwanzbewegungen als Vorbote eines Angriffs interpretieren. Er will sie vertreiben. Die Katzen wiederum wedeln ebenfalls wie wild, weil sie wissen, dass der Hund genau weiß, was das bedeutet. Sie haben eigentlich nichts gegeneinander. Es geht ausschließlich darum, wer auf meinem Schoß oder dem weichen Sofa sitzen darf und dort gestreichelt wird. Im Krieg geht es immer um Liebe.

Heute steht ein Ausflug nach Cove an. Es scheint sich um eine kleine Ansammlung von Häusern zu handeln. Dort soll es eine Höhle geben, in der früher Gottesdienste abgehalten wurden. Heimlich? Handelte es sich um verbotene Treffen? Ich habe keine Zeit, nachzuforschen. In Gedanken bin ich bereits im kommenden Sommer. Den wollen wir, wie jeden Sommer, mit den Katzen im Häuschen von Freunden am Iffsee verbringen. Das Problem ist nur: Die Katzen dürfen dort in den Garten, während der Enkelhund nicht frei laufen darf. Lassen wir die Haustüre für die Katzen offen, haut der Hund ab. Schließen wir sie, hauen womöglich die ausgesperrten Katzen ab! Bruno sagt, wir seien längst ein Tierasyl. Und wie in jedem Asylantenheim käme es über kurz oder lang zu Auseinandersetzungen zwischen verschiedenen Ethnien. Ethnien, sagt er, aber er meint Hund und Katz!

Die Straße endet auf einem Parkplatz kurz nach Cove. Der Blick weist aufs offene Meer, zurück zum Loch Ewe, auf felsige Klippen oder moorige Hügel, je nachdem, wohin man sich wendet. In der Landschaft Bunkerreste, ein Monument. Wir entnehmen einem Folder aus einem Holzkistchen, dass während des Zweiten Weltkrieges von hier aus Hilfskonvois nach Russland geschickt wurden, zur Unterstützung des Kampfes gegen Nazideutschland. »The Russian Artic Convoy«. Überall um Loch Ewe herum waren Luftabwehrraketen stationiert, um Angriffe auf den Stützpunkt abzuwehren. Das Monument ist den 3000 Soldaten gewidmet, die während des »Russian Artic Convoy« starben. Bruno ist begeistert. Er hat sich mit Kriegsgeschichte beschäftigt, besonders mit der Rolle des englischen Kriegsschiffes *Belfast* und der deutschen *Scharnhorst*. Die *Scharnhorst* wurde am 26. Dezember 1943 bei einem Angriff auf den Arctic Convoy etwa 160 km nördlich des Nordkaps nach einem mehrstündigen Gefecht mit überlegenen britischen Seestreitkräften versenkt. Wir klettern auf Felsen am Meer herum, finden aber die Höhle, in der früher die Gottesdienste abgehalten wurden, nicht. Als wir zu unserem Ferienhaus zurückkommen, sitzt die schottische Katze wieder vor ihrem Kaninchenloch.

Ich habe nicht nur den Arctic-Convoy gegoogelt, auch die Katze: Es handelt sich um die schottische Highlander Fold, die schottische Hochland-Faltohrkatze. Also ein Rassetier. Das aber gar nicht so ausschaut. Ich meine jetzt die von mir beobachtete Lammkatze: zerzaust, verdreckt, lammaffirmativ. So verhält sich keine edle Zuchtkatze. Oder verhalten sich schottische Zuchtkatzen anders als festlandeuropäische Zuchtkatzen? Vorstellen könnte ich es mir.

Wir befinden uns in einer noblen Gegend. Auch die Nachbarhäuser in gebührender Entfernung zu unserem werden als Ferienhäuser vermietet. Wahrscheinlich sind sie alle so hochgerüstet wie unseres. Da kann man sich schon vorstellen, dass neben DVD-Anlage, Wäschetrockner, Geschirrspüler, Nespressomaschine auch eine Highlander Fold bereitgestellt wird. Und dass der natürlich langweilig ist, weil sie die wechselnden Bewohner des Hauser nicht im Geringsten interessieren, so dass sie sich letztendlich den Schafen angeschlossen hat. Oder sie tarnt sich absichtlich mit den Schafen, weil sie die ständigen Bewunderungsausrufe der Ausländer satthat. Wie auch immer. Tatsache ist, dass die Scottish Fold erst 1966 als neue Rasse anerkannt und bereits 1974 wieder aus der Liste gestrichen wurde. Die Zucht der Katze wurde offenbar streng kritisiert. Zumindest lese ich das im Internet (wir haben selbstverständlich hauseigene WLAN Verbindung). Es liegt daran, dass die nach vorne geklappten Ohren der Faltohrkatze die Bildung von Milben im Ohr begünstigen sollen, so dass es zu Entzündungen im Ohr kommen kann. Außerdem befand man, dass die Faltohren zu Hörproblemen führen könnten. Darüber hinaus stellte man offenbar Knochen- und Gelenkprobleme bei dieser Rasse fest, Arthritis, Osteoporose und so weiter. Schrecklich! 2001 wurde die Kritik jedoch nach einer repräsentativen Studie wieder zurückgenommen, nach der es sich bei der Scottish Fold sogar um eine besonders robuste Katze ohne jegliche Hörprobleme und mit besonderer Beweglichkeit handeln sollte. Sehr gut! Die Highlander Fold hat im Unterschied zur normalen kurzhaarigen Scottish Fold halblange dichte Haare. Der Blick wird als besonders intensiv beschrieben.

Nachdem ich den Enkelhund ins Schlafzimmer gesperrt hatte, wo er sich zufrieden auf den schlafenden Bruno gelegt hatte, schlich ich mich erneut an. Diesmal maß mich das Tier nur kurz aus den Augenwinkeln, um weithin in sein Kaninchenloch zu starren. Geradezu stoisch, die Scottish Fold. Ich setzte mich daneben. Die Mutterschafe beäugten mich misstrauisch, jederzeit bereit, ihre Lämmchen in Sicherheit zu bringen. Ich blieb lange neben der Katze sitzen. Der Boden auf der Schafweide war weich, dicke Graspolster aus braunem ausgedorrten Gras, dazwischen Erika und nachgewachsene, frische grüne Gräser, die sich, wahrscheinlich aufgrund der warmen Witterung, jeden Tag sichtbar mehr ausbreiteten. Von der Schafweide aus sah ich aufs Meer. Es war gerade Ebbe, der Tang auf den Wasserlachen zwischen den Felsen leuchtete neongrün in der Sonne. In einiger Entfernung fuhr ein braun/weiß/grün getarntes Kanonenboot vorbei. Irgendwann berührte ich die Katze. Sie hatte eindeutig ein Lammfell: dicht, fest, fast borstig. Da sie weder zurückzuckte noch sonst eine Abwehrhaltung einnahm, begann ich sie zu streicheln.

Dieses Land hat Wasserüberschuss. Das Moor ist sowieso sumpfig, durchs Moor schlängeln sich Bäche, ins Meer ergießen sich breite Flüsse, im Landesinneren folgt ein See (hierorts Loch genannt) auf den anderen, von den Bergen stürzen sich unzählige Wasserfälle in die Ebene, dazu der Regen von oben und unten das Meer. Trotzdem ist die Luft trocken, der Regen ein Sprühregen, wenn es nicht gerade hagelt oder schneit. Die Landschaft ist eher schroff als lieblich, die Atmosphäre eher maskulin als feminin. Die Menschen und die Tiere auch. Wenn wir von weitem einen Menschen sehen, wissen wir fast nie, ob es sich um einen Mann oder eine Frau handelt. Wirkt so ein Mensch weiblich, ist zumindest sein Gang männlich. Wirkt er von weitem männlich, hat er dann die Stimme einer Frau. Die Highlandrinder genauso. Von weitem gedrungen, kräftigt, männlich, schauen sie dich von nahem mit so zartem Blick unter ihren langen Stirnfransen aus wimpernumrandeten Augen an, dass du sie augenblicklich für weibliche Tiere hältst. Auch die schottische Katze. Da sie Tag und Nacht vor ihrem Kaninchenloch zu sitzen scheint, kann ich ihre Geschlechtsmerkmale nicht sehen. Ich sehe nur ein breites, kräftiges Gesicht, stämmige Beine, eine kräftige, männliche Statur. Als ich mich wieder neben sie hocke, lässt sie sich plötzlich zur Seite fallen, streckt mir den Bauch entgegen und schnurrt. Durch die nach vorne geklappten Ohren hat sie jetzt etwas Babyhaftes. Entzückend! Ich streichle den Bauch. Dickes, festes Fell, unter denen die Geschlechtsmerkmale ebenfalls nicht sichtbar sind. Trotzdem wirkt sie jetzt wieder recht weiblich. Ich nenne sie Flora. Das Hundefutter, das ich ihr mitgebracht habe, schmeckt ihr. Der Enkelhund ist wieder aufgewacht und steht schon wieder vor dem westlichen Panoramafenster und kläfft. Bruno gibt ihm zur Beruhigung eine Wurst.

Wir sind jetzt seit zehn Tagen hier. Das heißt, wir haben Halbzeit. Wie dem Gästebuch zu entnehmen ist, sind die meisten Besucher aus England und bleiben nur für eine Woche. Kein Wunder bei dem Mietpreis! Aber eine Woche ist sicher zu kurz, um mit einer Scottish Highlander Fold Freundschaft zu schließen. Falls sie nicht sowieso Engländer ablehnt. Aus genetischen Gründen. Ich habe in den Altbear

Stores, das einzige Geschäft im Umkreis von zehn Kilometern, verschiedene Sorten Katzenfutter mit Forelle, Kaninchen, Rind und Huhn gekauft. Die Highland Fold beschnuppert das Futter und fusselt es aus der Dose. Dann frisst sie es aus den Pfoten. Im Anschluss an das Mahl schleckt sie sich ausgiebig Pfoten und Mäulchen. Jetzt starrt sie mich an statt das Kaninchenloch. Ich setzte mich neben sie. Als wäre dies eine Selbstverständlichkeit, klettert sie auf meinen Schoß, rollt sich ein und schläft schnurrend. Ich bin gerührt.

Am nächsten Tag habe ich keine Zeit für die Fold. Ein Ausflug zu einem Wasserfall ist geplant, der sich sechzig Meter über Felsen ins Moor stürzt.

Als wir am Abend zurückkommen, sitzt die Fold vor der Haustür und starrt mich an. Nachdem ich die Türe aufgesperrt habe, betritt sie, ohne zu zögern und ohne den bereits wieder kläffenden Enkelhund auch nur eines Blickes zu würdigen (einschließlich der Wurst, die Bruno ihm gibt), das Haus, geht ins Wohnzimmer und legt sich dort eng eingerollt vor den Kamin. Dass der Hund sie nun wild wedelnd beschnüffelt, scheint sie auch nicht zu stören. Sie zuckt nicht einmal mit dem Schwanz, sondern verzichtet auf jede Angriffspose. Als ich mich auf den Boden neben sie setze, plagt mich das schlechte Gewissen. Ich lasse meine eigenen beiden Katzen, obwohl während unserer Abwesenheit gut betreut, im Stich und streichle weit weg von zu Hause eine wildfremde Fold. Der Fold ist auch das egal. Sie schnurrt. Als ich ins Bett gehe, trippelt die Katze hinter mir her, springt mit einem Schwung in die Mitte des Doppelbettes, so dass der Enkelhund, der dort bereits liegt, zur Seite hechtet, rollt sich ein und schnurrt weiter. Da Bruno bereits tief schläft und deshalb gar nichts bemerkt hat, schlüpfe ich leise ins Bett

DIE SCHOTTISCHE KATZE

und lösche das Licht. Der Enkelhund legt sich stöhnend ans Fußende. In dieser Nacht träume ich von einem schneeweißen Lamm, das bellt.

Flora ist männlich, jetzt hat es sich herausgestellt. Das kam so: Bruno ist am Morgen nach dem Aufwachen ziemlich erschrocken, als Flora ihn in den Finger gebissen hat. Er hat sie, wie ich später erfuhr, schlaftrunken mit dem Hund verwechselt und ihren Bauch getätschelt, sie hat ihn wahrscheinlich ihrerseits ebenfalls mit dem Hund verwechselt und gebissen. Er hat sie aus dem Bett geschleudert, sie hat die Haare aufgestellt und da muss er gesehen haben, dass Flora männlich ist. Der Enkelhund hat gebellt und sie ist aus dem Zimmer gesaust. Wahrscheinlich war es so. Genau weiß ich es nicht, weil ich morgens immer besonders tief schlafe. Neben mir könnte eine Bombe hochgehen und ich schliefe weiter. In dem Fall nicht, weil Bruno mich so lange rüttelte, bis ich aufwachte, um mir in abgerissenen Sätzen mitzuteilen, dass ein fremdes Tier in unserem Bett gelegen habe. Ich klärte ihn über die Existenz von Flora auf und er klärte mich über das Geschlecht von Flora auf. Als wir zum Frühstück gingen, Bruno hatte zwei Extrawürste für den Hund dabei (Bruno: Weil er so arm war), lag der Kater bereits im Ohrensessel, in dem sonst der Enkelhund saß, und schnurrte. Ich servierte ihm ein Schälchen Milch, das er sehr reinlich aufschleckte, worauf er sich noch mit den Pfoten das Mäulchen putzte. Ich war entzückt und taufte Flora um in Bonnie Prince Charlie.

Es ist unmöglich, in Schottland gewesen zu sein, ohne die Hebriden besucht zu haben. Die Hebriden sind ein Must. Bonnie Prince Charlie hin oder her, er wurde vor die Tür gesetzt, und wir traten die Reise auf die Hebriden an. Genaugenommen auf die Insel Skye, weil dorthin eine Brücke führt. Bereits auf der Anreise regnete es. Am Anfang störte uns das nicht, wir redeten uns ein, endlich einmal einen authentischen Eindruck von Schottland zu haben: Nebel, Nässe, grauer Himmel. Dor Loch Maree, an dessen Ufern wir entlangfuhren, versank in weißer Watte. Viel sahen wir nicht. Aber es wurde noch schlimmer. Die Insel Skye, die in vielerlei Hinsicht eine Rolle bei den Unabhängigkeitskriegen der Schotten gespielt hat, entzog sich praktisch unseren Blicken. Der Enkelhund, der aufrecht auf der Rückbank des Autos saß, brummte in den diffusen Nebel hinaus. Brunos Stimmung verdüsterte sich ebenfalls. Zu Hause in Österreich, sagte er düster, habe Paula inzwischen wahrscheinlich unsere Wohnung vollgepinkelt und Lilli habe die Möbel zerkratzt. An dem Hund würden sie sich dann dafür rächen, dass wir sie allein gelassen haben. Ich befürchte ein Gemetzel, sagte er und steckte dem Enkelhund eine Wurst zu. Hinter einer dichten Regenwand tauchten hin und wieder Häuser auf, Hügel, Meer. Ich plädierte für eine sofortige Rückkehr an unseren angestammten Platz am Loch Ewe. Um ehrlich zu sein, dachte ich an Bonnie Prince Charlie, der womöglich in strömenden Regen vor der Tür saß und miaute.

Und so war es dann auch. Er war in einem erbärmlichen Zustand. Wie ein nasser Fetzen! Nachdem ich sein Fell mit einem Föhn getrocknet hatte – undenkbar, dass sich meine Katzen in Linz föhnen ließen! – und er zwei Schalen Milch geschleckt und eine Schale Kaninchen mit frischem Gemüse der Saison gefressen und der Himmel die Wolken wieder aufgerissen hatte und blaue Flächen sichtbar geworden waren, lief er in den Garten hinaus und kam mit einer sattgelben Primel im Maul zurück, die er mir vor die Füße legte. Damit hatte er mich endgültig gewonnen. Ich küsste Bonnie Prince Charlie auf den Kopf und er schnurrte.

Die Nacht war unruhig. Bruno war gegen den Kater im Bett, ich war dafür. Endlich, sagte Bruno, sei er eine pissende und eine ständig maunzende Katze eine Weile los und schon hätte ich ein Monster als Ersatz gefunden. Er denke nicht daran, die Nacht mit einem Schaf im Bett zu verbringen. Schließlich wanderte Bruno mit unserem Enkelhund, den er wie ein Baby schützend an seine Brust presste, ins Gästezimmer aus und ich lag in Löffelchenstellung mit dem Kater im Doppelbett, jeder den Kopf auf seinem eigenen Polster. War Brunos Flucht eine Kampfansage?

Heute waren Wahlen in Großbritannien. Erdrutschsieg für die schottische Nationalpartei! Sie hat 56 von 59 möglichen Sitzen im Parlament. Alle in den Altbear Stores, der Besitzer der kleinen Whiskydestillerie von Gairloch, der Besitzer der einzigen Autoreperaturwerkstatt im Umkreis von 100 Kilometer, sowie alle seine Mechaniker, der Fischer, von dem wir den Räucherlachs beziehen, haben SNP gewählt! Ich sehe vom südlichen Fenster aus, dass vier tarnfarbene Schlauchboote mit je vier in Tarnfarben gekleidete Soldaten im bewegten Wasser schaukeln. Was ist da eigentlich los? Kämpft Schottland mit getarnten Schlauchbooten für seine Unabhängigkeit? Herrscht bereits Mobilmachung? Bruno lacht mich aus. Es handelt sich um Übungen des Nato-Stützpunktes bei Loch Ewe.

Es ist entschieden: Ich nehme Bonnie Prince Charlie nach Österreich mit. Das Tier hat sich nun einmal an mich gewöhnt, es will definitiv nicht weiterhin bei den Schafen leben und folgt mir auf Schritt und Tritt. Bruno ist strikt dagegen, aber ich habe bereits einen Plan. Bonnie Prince Charlie wird in meiner Sporttasche geschmuggelt. Wir haben schon geübt. Wenn ich mein großes grünes Flanellbadetuch mit Weichspüler wasche und dann im Wäschetrockner ganz flaumig trockne, bekommt Charlie glänzende Augen und eine feuchte Nase. Wo immer ich das weiche Badetuch hinlege, Charlie legt sich augenblicklich darauf. Auch wenn das Badetuch in meiner Sporttasche liegt. Und auch, wenn ich den Reißverschluss der Badetasche schließe. Die Sporttasche hat, wegen eventuell nasser Badebekleidung oder verschwitzter Paddelkleidung Luftlöcher, so dass Charlie Luft bekommt. Da drinnen liegt er dann stundenlang vollkommen reglos. Der Enkelhund hat sich entweder an Charlie gewöhnt, oder er vergisst immer wieder, dass eine Katze in meiner Sporttasche sitzt. Jedenfalls legt er im Auto den Kopf auf die weiche Tasche. Bruno weiß noch nichts von dem geschmuggelten Charlie auf dem Rücksitz.

Jaroslav Hašek

Vom eingebildeten Kater Bobeš

Den eingebildeten Kater nannten sie Bobeš. Ich weiß nicht, wie er zu diesem Namen gekommen war, genauso wenig weiß ich, woher sie diesen Kater hatten. Der Kater Bobeš sah majestätisch aus, und wann immer Besuch kam, setzte er sich zwischen die Hausdame und den Gast oder direkt vor dem Gast auf den Tisch. Er tat es aus dem Bedürfnis heraus, von jedem betrachtet zu werden, und er war sich sicher, dass jeder, der ihn sah, sagen musste: »Was für ein wunderschöner Kater!«

Der Kater Bobeš war sehr eingebildet.

Dies ist sicherlich keine schöne Eigenschaft, doch einem Kater muss man es nachsehen, genauso wie ihm alle zu Hause vergaben, wenn er lange auf dem Frisiertisch saß und in den Spiegel sah.

Seine großen Augen betrachteten erfreut seine sich widerspiegelnde Gestalt. Langes Fell bedeckte seinen Körper, ein seidiges, feines Fell, und der Kater Bobeš machte es vor dem Spiegel glatt, er putzte sich, und wo er mit der Zunge nicht hinkam, strich er die Stelle dort mit seiner speichelbedeckten Pfote. Dass er auch seine Pfoten auf grazile Art und Weise befeuchtete, das bezweifelte niemand, der wusste, dass Kater Bobeš anständig und gut erzogen war.

Immer, nachdem er auf dem Frisiertisch zwischen den

verschiedenen Puderdöschen und Parfumfläschchen seine Pflege beendet hatte, kam die Tochter seiner Herrchen und scheuchte ihn herunter, woraufhin sie fast das Gleiche tat wie der Kater Bobeš. Sie ordnete das Haar, strich es mit der Bürste, doch im Gegensatz zum Kater dauerte es unverhältnismäßig lang, und war verbunden mit unterschiedlichen Handgriffen, über die sich der Kater Bobeš sehr wunderte. All die Gegenstände auf dem Tisch, die ihn mit ihrem Duft an Fliederblüten erinnerten, fanden ihre Verwendung.

Es gab Döschen mit Puder, die er schon als kleines Kätzchen gekannt und damit gespielt hatte, indem er das runde Döschen mit seinen Vorderpfoten wie einen Ball vor sich her trieb. Dann gab es ein Gläschen mit dem vertrauten Duft, das er einmal umgestoßen hatte, wonach er einen ganzen Monat lang seine Mühe gehabt hatte, die letzten Spuren vom Fliederduft aus seinem Fell zu putzen. Das war allerdings zu der Zeit gewesen, als er noch nicht so vorsichtig mit fremdem Eigentum umgegangen war und als er alles für Spielzeug hielt, dem man auf dem Boden hinterherjagte.

Auch hatte er seine Sprünge noch nicht richtig einschätzen können, und sein Gang war längst nicht so geschmeidig gewesen. Damals, zu den Zeiten der jugendlichen Unvernunft, war er auf den Tisch gesprungen und zwischen den kleinen Dingen aus Glas und Porzellan herumspaziert, wobei einige Opfer seiner Tapsigkeit wurden.

Zu jener Zeit war er sich seiner Schönheit noch nicht bewusst. Dieser Begriff bekam erst durch seine Herrchen eine richtige Bedeutung, wenn sie mit ihm schmusten und ihn »unseren hübschen Bobeš« nannten. Er lief mit aufgerichtetem Schwanz umher, rieb sich Kopf und Körper an den Möbeln, spazierte von einem Familienmitglied zum anderen,

VOM EINGEBILDETEN KATER BOBEŠ

und allmählich wurde er immer eingebildeter. Manchmal, wenn er über die Liebe nachdachte, die ihm alle entgegenbrachten, kam er zu dem Ergebnis, unersetzlich zu sein.

Er wurde eitel und biederte sich seinen Herrchen und anderen menschlichen Wesen nicht mehr an.

Geziert setzte er sich immer so, dass alle ihn sahen und bewunderten: sein Fell, seine Augen, seine Gesundheit und Klugheit loben konnten.

Dabei sah er ernst in eine andere Richtung, damit die großen und langgewachsenen Wesen bloß nicht denken könnten, dass ihn das, was sie erzählten, interessieren würde.

Doch manchmal konnte er sich vor Freude kaum beherrschen, wenn er hörte, wie man ihn rühmte: »Ach, Ihr Bobeš, was ist das für ein hübscher Kater. So einen Kater habe ich noch nie gesehen!«

Dem Instinkt gehorchend, der in diesem Moment seinen Stolz und die vorgebliche Gleichgültigkeit besiegte, streckte er seinen Schwanz in die Höhe und fing an, um den Gast herumzulaufen und sich an seinen Beinen zu reiben.

Eine Weile später kehrten Hochmut und Stolz zurück, und schon saß er wieder auf einer erhöhten Stelle, während er scheinbar gleichgültig aus dem Fenster schaute. Er stellte sich vor, wie schön es wäre, in der Mitte des Marktplatzes auf einer Säule zu sitzen und sich von allen bewundern zu lassen. Was erlebte er denn eigentlich schon auf dieser Welt? Als er noch ganz klein gewesen war und nur Milch getrunken hatte, wusste er nicht, dass es hinter dem Raum, in dem er seine frühe Jugend erlebt hatte (es handelte sich dabei um die Küche), noch andere Räume und große Zimmer gab. Später dann, als er sich besser benehmen konnte, durfte er die neuen Räumlichkeiten betreten. Noch etwas später, als er dann aus dem Fenster schaute und über das Leben nachdachte – denn Kater sind für gewöhnlich auch Philosophen –, sehnte er sich danach, an die Öffentlichkeit zu gehen und bestaunt zu werden.

Was brachte es ihm, dass er zu Hause die Nummer eins war, dass sich alles um ihn drehte, ging es Kater Bobeš durch den Kopf, was habe ich davon, wenn draußen Menschen herumliefen, die ihn nicht kannten und die nie auf die Idee kommen würden, dass hier im zweiten Stock ein Kater lebte, so wie es keinen anderen auf der Welt gab.

Und so geschah es, dass er nach all seinen Überlegungen eines Tages weglief, die offene Küchentür ausnutzend, zuerst auf den Dachboden und von dort aus auf das Dach des Nachbarhauses, wo er sich hinter dem Schornstein versteckte und darüber nachdachte, wie sein Erscheinen die Welt beeindrucken würde. Es war schon Abend, und am Himmel erschien die Mondsichel. Das Rauschen der Stadt verstummte, nur von unten hörte man ab und zu Hundegebell. Die Nacht senkte sich auf die Dächer. Auf dem Dach gegenüber erschienen ein Kopf und zwei Vorderpfoten. Eine fremde Katze kam aus der Dachluke heraus. Sie sah sich vorsichtig um und schwupp!, schon saß sie auf der kleinen Brücke am Schornstein, dem Kater Bobeš gegenüber. Nur ein schmaler Weg trennte sie voneinander.

»Erlauben Sie«, miaute sie ihn an, »woher kommt der Herr?«

»Soll ich ihr antworten?«, fragte sich der eingebildete Kater, »nun gut, ich kann's ihr doch sagen: Aus dem Nachbarhaus.«

»Oh, dort wohnte – vielleicht kennen Sie ihn –, der graugelbe Kater«, maunzte die Katze traurig, »so einen hübschen Kater gibt es nicht noch einmal auf der Welt.«

VOM EINGEBILDETEN KATER BOBEŠ

»Wie kommen Sie denn darauf?«, sagte Kater Bobeš wütend.

»Sie können sich gar nicht vorstellen«, fuhr die Katze fort, »was das für ein schöner Kater war, man nannte ihn Papi. Den armen Kerl haben die von nebenan aufgegessen.« Die Katze miaute wehklagend und unglücklich.

»Das geschah ihm recht«, entgegnete der eingebildete Kater unbarmherzig. »Einen anderen Kater kennen Sie nicht?«

»Doch, mein Herr, ich kannte einen schwarzen Kater hier in der Nachbarschaft, er war so groß wie Sie, aber viel hübscher.«

»Wie bitte?«, miaute Bobeš zornig, »wissen Sie nicht, mit wem Sie sprechen?«

»Er war, das können Sie mir glauben, so wunderhübsch«, klagte die Katze, »ganz schwarz. Den Ärmsten hat der Teufel erwischt. Er hat ihn gefangen und ihm das Fell abgezogen. Auf dem Nikolausfest hat er sich mit diesem Fell als Teufel verkleidet. Ach, mein lieber Herr, diese zwei Kater werde ich nie vergessen. Solche Kater werden nicht mehr geboren!«

»Sie dummes Ding!«, rief Bobeš, »sehen Sie mich an, man sagt über mich, ich sei wie ein Angorakater!«

Er saß im Mondlicht in seiner ganzen Schönheit auf der Dachspitze.

»Ihr Fell ist viel zu kurz, mein lieber Herr«, sagte die Katze ihm gegenüber, »und Sie gefallen mir nicht.«

»Sind Sie verrückt«, maunzte Kater Bobeš aufgebracht, »ich soll kurzes Fell haben? Ich sehe schon, dass ich mich unter mein Niveau begebe, wenn ich mit so einer Katze wie Ihnen rede. Sie sind klein, Ihr Fell bedeckt kaum die Haut, und ich glaube sogar, dass Sie früher schon mal räudig waren.«

Zornig sprang Kater Bobeš von einem Dach auf das nächste, und hinter ihm tönte es jämmerlich tief aus der beleidigten Katzenseele: »Sie irren sich, ich hatte nie die Räude, Sie Ungebildeter!«

Kater Bobeš sprang von Dach zu Dach, bis er am Ende der Straße von einem niedrigen Haus auf den Boden kam und über die Straße in die Stadt lief.

Als er nach unten sprang, wurde er zum letzten Mal von einem Bekannten gesehen, der seine Herrchen manchmal besuchte.

Seitdem verschwand jede Spur vom eingebildeten Kater Bobeš, und uns bleiben nur Mutmaßungen über sein weiteres Schicksal. Zwei dieser Vermutungen nähern sich der Wahrheit. Zum einem, dass manche Menschen Vorurteile gegenüber Katern haben und ihnen Böses wollen, zum anderen, dass böse Menschen Felle verarbeiten, auch die von eingebildeten Katern wie es der arme Bobeš war.

Aus dem Tschechischen von Marcela Euler

Erling Jepsen

Kratzspuren

Ich wohnte kaum ein Jahr in Kopenhagen, als ich ihm zum ersten Mal begegnete. Er war als Regisseur meines dritten Theaterstücks vorgesehen, und alle sagten, dass ich mich mit ihm auf jeden Fall gutstellen sollte. Obwohl er ebenso jung war wie ich, hatte er bereits einen Fuß in der Tür der großen Theater. Eine Zusammenarbeit mit ihm könnte für meine Karriere ausnehmend wichtig sein.

Natürlich dachte ich an meine Karriere. Aber noch mehr dachte ich an die Chance, einen Freund zu gewinnen. Denn um ehrlich zu sein, sah ich damals nicht allzu viele Menschen. Ich lebte ja noch nicht lange in der Stadt, und die Theater waren mein einziger Kontakt zur Umwelt.

Die beiden Regisseure, mit denen ich bei meinen ersten Stücken zusammengearbeitet hatte, verzogen jedes Mal so eigenartig ihr Gesicht, wenn ich sie privat besuchte. Ich glaube, ich war auch ein wenig übereifrig. Wenn man einundzwanzig Jahre alt und einsam ist, hängt man an den Leuten, allerdings mochten die beiden Regisseure so etwas gar nicht. Sie kamen eindeutig nicht damit zurecht, dass ich mich selbst zum Abendessen einlud, den ganzen Abend blieb und nur über Südjütland redete. Vielleicht kamen aber auch nur ihre Frauen nicht damit zurecht. Wenn ich denen wieder begegnete, grüßten sie nur kurz und fanden sehr schnell eine Entschuldigung, um weiterzukommen.

Irgendwann habe ich versucht, mich mit meinem Nachbarn anzufreunden, aber das ging total schief, denn er glaubte, ich wollte ihn anbaggern.

Jetzt bekam ich eine neue Chance und wollte den gleichen Fehler nicht noch einmal begehen. Also ging ich besonnen vor. Lud ihn zunächst auf ein stilles Feierabendbier ein und wartete, dass er die Initiative ergriff. Ich versuchte wirklich, nicht allzu viel über Südjütland zu reden, aber es schien ihm tatsächlich zu gefallen. Südjütland war exotisch und er konnte nicht genug von meinen Geschichten bekommen. Mag sein, dass er im Stillen über meine südjütländischen Angewohnheiten die Nase rümpfte, wenn ich zum Beispiel einen Kaffeepunsch einem Glas Wein vorzog, aber er ließ es sich zumindest nicht anmerken. Er war kultiviert und gebildet und es fehlte ihm nicht an Selbstvertrauen. Vielleicht konnte er deshalb so gut mit Frauen umgehen. Vor allem mit den Großstadtfrauen; er wusste genau, was man ihnen ins Ohr flüstern musste, und wenn sein Blick sich in ihre Augen vertiefte, hatten sie keine Chance mehr. Im Grunde war er nicht mit so vielen Frauen zusammen, weil er es wirklich wollte. Nein, er suchte nach der einzigen Einen, und eines Tages fand er sie tatsächlich. Sie stand direkt vor ihm, und er wusste sofort, dass sie es war. So hat er es mir jedenfalls erzählt.

Drei Monate später war ich zur Hochzeit eingeladen, und das war in jeder Hinsicht fantastisch. Nicht nur, weil es gutes Essen gab und viele Theaterleute auf dem Fest waren, sondern weil es bewies, dass wir uns jetzt einer wahren Freundschaft näherten. Die Braut war hübsch, er war glücklich, und ich gab mir Mühe, einigermaßen kultiviert zu essen.

KRATZSPUREN

Ganze vierzehn Tage ging alles gut. Dann rief mein Freund plötzlich an. Seine Stimme klang fremd, leise, nervös und bedrückt. Ich zuckte zusammen, als ich hörte, dass er Hilfe brauchte.

Mein Freund hielt sich irgendwo in Jütland auf und führte bei einem Theaterstück Regie. Er brachte die Worte in einer eher zufälligen Reihenfolge heraus, und es fiel mir schwer zu verstehen, was eigentlich geschehen war. Schließlich hatte ich jedoch begriffen, dass jemand ihn am Rücken gekratzt hatte. Eine Frau. Es dauerte eine Weile, bis ich verstanden hatte, dass diese Frau nicht seine Ehefrau gewesen war. Diese Frau war auch nicht wütend auf ihn gewesen. Sie hatte meinem Freund aus reiner Ekstase und Leidenschaft zu drei roten Strichen auf dem Rücken verholfen.

Es war offenbar in der Wäschekammer passiert.

»Aber wieso hast du das denn getan?«, fragte ich ein wenig dämlich.

Mein Freund atmete tief durch und fand zunächst keine Worte. Dann antwortete er: »Weißt du, man muss erst einmal zurückschalten. Das geht nicht so schnell. Du weißt schon, all die Jahre mit so vielen verschiedenen Frauen, da ist der Bremsweg einfach länger.«

Ich nickte und dachte, die drei roten Striche würde er seiner Frau aber nur schwer erklären können, und genau deshalb hatte er mich auch angerufen.

»Du kennst so viele gute Geschichten, und niemand kann sie so lebendig erzählen wir du. Als wären sie tatsächlich passiert«, sagte er, und ich fühlte mich geschmeichelt, denn ich wusste, dass er es ernst meinte. Während er weitersprach, erinnerte ich mich an den Tag, an dem wir in einem Café gesessen hatten. Ich hatte ihm von Irene Holm erzählt, der

Hauptperson in Herman Bangs berühmter Novelle. Die Geschichte ist hundert Jahre alt, aber ich sah Irene so deutlich vor mir, dass ich sie sehr eindringlich beschrieben haben musste, denn als wir aufstanden und das Café verließen, lief uns ein Mann hinterher. Sein Gesicht war gerötet und seine Hände zitterten, als er mich an die Schulter fasste.

»Entschuldigung«, begann er. »Aber ich muss wissen, wie es ihr geht.«

Ich sah ihn verständnislos an, und er fügte hinzu, wobei er mir direkt ins Gesicht blickte: »Es ließ sich nicht vermeiden, dass ich gehört habe, wie Sie von dieser Ballettänzerin erzählt haben, Irene Holm. Kommt sie zurecht? Geht es ihr gut? Was macht sie jetzt?«

Er dachte tatsächlich, dass ich von einer realen Person gesprochen hätte und war enttäuscht und beschämt, als ich ihm erklärte, dass sie lediglich eine fiktive Person aus einer Geschichte war. Er nahm die Hand von meiner Schulter, nickte zum Abschied und suchte rasch das Weite.

Mein neuer Regisseur hatte den Vorfall nicht vergessen, ja, ich glaube, gerade deshalb hatte er mich angerufen und um Hilfe gebeten.

»Ich bin sicher, dass du dir irgendetwas einfallen lässt, du kannst den Leuten doch alles weismachen!«, brüllte er beinahe in den Hörer. »Ich liebe meine Frau. Ich will doch nur sie. Morgen Abend komme ich nach Hause, aber diese Kratzer werden meine Ehe ruinieren.«

»Ich kläre das«, sagte ich, ohne zu ahnen, wie ich sein Problem lösen wollte. »Komm vorbei, bevor du nach Hause gehst, dann habe ich eine Lösung.«

Als ich auflegte, war er beruhigt, doch ich war verzweifelt, denn wie sollte ich eine Erklärung für die Kratzspuren finden und seine Ehe retten? Ich lief im Kreis und wog sämtliche Möglichkeiten ab, die mir einfielen, aber nichts davon war wirklich brauchbar und gut. Es war nicht damit getan, dass er in ein Gebüsch gefallen war oder sich an einem Nagel gerissen hatte, danach sahen diese Spuren einfach nicht aus. Mir blieb ein ganzer Tag, doch plötzlich kam es mir vor, als hätte ich zu wenig Zeit. Verzweifelt setzte ich mich aufs Sofa und schaute mich in meinen kleinen Zimmern um. Ich fand nicht einmal die Ruhe für meinen Mittagsschlaf. Womit konnte man sich kratzen, dass es wie Fingernägel aussah, und doch etwas anderes war? Ohne einen Einfall schweifte mein Blick über die Möbel. Ich war drauf und dran aufzugeben, aber ich konnte ihn doch nicht einfach im Stich lassen. Er hatte mir ein so eindeutiges Zeichen seiner Freundschaft gegeben, wie ich es noch nie erlebt hatte, dieses Vertrauen durfte ich nicht enttäuschen.

Die Stunden verstrichen, und ich wurde immer verzweifelter, als mir plötzlich einfiel, dass mein Nachbar eine Katze hatte. Das könnte die Lösung sein. Natürlich, warum hatte ich nicht schon früher daran gedacht? Die Katze hätte ja bei mir sein können! Der Regisseur war auf dem Heimweg auf einen Sprung bei mir vorbeigekommen, wir könnten sagen, weil er mit mir über mein neues Stück sprechen wollte, und die Katze hatte ihn gekratzt. Ich würde mit Freuden sein Zeuge sein.

Allerdings hatte ich zu Katzen keine rechte Beziehung. Wir hatten mal eine Wildkatze im Keller, als ich klein war. Ihre Aufgabe war es, die Mäuse zu fangen, und wenn ich ehrlich sein soll, hatte ich Angst vor ihr. Sie war zu wild, wir Kinder konnten sie nicht streicheln.

Die Nachbarskatze hingegen war nicht wild. Ich klingelte

bei meinem Nachbarn, und als er öffnete, behauptete ich, mir ein Katzenjunges anschaffen zu wollen. Aber ich wäre unsicher, ob ich eine Katze vertrug. In unserer Familie gäbe es eine Katzenallergie.

Wie so oft, wenn ich versuchte, mit ihm ins Gespräch zu kommen, blieb er mit der Hand am Türrahmen in der Wohnung stehen, so dass er mir jederzeit die Tür vor der Nase zuschlagen konnte, sollte ich ihm zu nahe kommen. Dennoch gelang es mir, die Katze zu leihen. Er legte sie mir in die Arme, und sie ließ sich widerstrebend in meine Wohnung tragen.

Zuerst musste ich herausfinden, ob die Kratzspuren einer Katze ein realistisches Äquivalent zu den Striemen waren, die mein Freund davongetragen hatte. Daher sollte die Katze mich am Rücken kratzen. Aber sie hatte überhaupt kein Interesse, irgendjemanden zu kratzen. Sie kroch sofort unter mein Sofa und begann zu fauchen, als ich die Hand nach ihr ausstreckte. So weit, so gut. Wenn ich sie nur genügend provozierte, würde sie mich schon kratzen. Ich holte einen Besen, um sie aus ihrem Versteck zu scheuchen. Je mehr Stress, desto besser.

Ich jagte sie durch die Wohnung, aber sie war schnell und fand ständig ein neues Versteck, in das sie kriechen konnte. Irgendwann verschwand sie hinter meinem Küchenschrank. Bis heute weiß ich nicht, wie sie es geschafft hat, denn der Spalt war kleiner als eine Faust. Ich drückte den Arm in den schwarzen Spalt und fummelte herum, was nicht sonderlich angenehm war, denn ich hatte das Gefühl, die Katze könnte jeden Moment angreifen. Sie griff aber nicht an, sie bewegte sich nur von der einen Seite zu anderen, und meine Hand konnte ihr nicht folgen. Irgendwann erwischte ich ihren

Schwanz, aber es war nicht möglich, die Katze herauszuziehen, denn meine Hand war als Faust zu groß für den Spalt. Und wenn ich die Hand öffnete, entkam mir der Schwanz. Ich war so weit wie vorher.

Ich zog meine Hand ohne Katze heraus und dachte nach. Glücklicherweise hatte ich ein bisschen billige Leberpastete im Kühlschrank, die ich nicht weit vom Küchenschrank auf eine Untertasse legte. Ich setzte mich neben den Schrank und wartete. Mein Plan war, den Spalt abzudecken, sobald die Katze aus ihrem Versteck kam. Jetzt galt es lediglich, leise zu sein und zu warten.

Zwei volle Stunden passierte nichts. Jedenfalls bemerkte ich nichts, aber es ist durchaus möglich, dass ich zwischendurch ein bisschen eingenickt bin, denn die Leberpastete war plötzlich verschwunden. Verdammt, die Katze hatte mich überlistet. Ich konnte nichts anderes tun, als weiter zu warten. Irgendwann hielt ich es auf dem Fußboden nicht mehr aus, stand auf und legte noch ein Stück Leberpastete auf die Untertasse. Ich stellte auch ein Schälchen Milch daneben und holte den Räucherlachs, den ich mir eigentlich zum Abendessen gekauft hatte. Dann setzte ich mich an den Küchentisch und hielt von dort aus Wache. Und schließlich schlich sie heraus. Wegen der langen Warterei, waren meine Beine so steif geworden, dass ich aufschrie, als ich aufsprang, um sie zu fangen. Vor Schreck sprang sie einen halben Meter in die Höhe und sauste schließlich über die Spüle durch das offene Fenster ins Freie.

Vor Schreck wagte ich kaum, die zwei Stockwerke hinunter zu blicken. Sie lag dort unten und schien tot zu sein. Was kostete so eine Katze eigentlich? Ich glaube nicht, dass sie einen Stammbaum hatte. Ich hoffte es jedenfalls nicht. Ob die Versicherung für so etwas aufkam? Eigentlich ein überflüssiger Gedanke, denn ich war nicht einmal versichert. Die Versicherung war dem Rotstift zum Opfer gefallen, genau wie der Zahnarztbesuch.

Ich flog geradezu die Treppe hinunter, doch als ich in den Garten kam, lag dort keine Katze. Mein Blick wanderte über die Gartenmöbel und konzentrierte sich schließlich auf den einsamen Busch, der die undankbare Aufgabe hatte, die Stimmung in diesem graugefliesten Hof zu heben. Unter den Zweigen saß die Katze und starrte mich an, und ich hoffte, dass sie sich nicht verletzt hatte. Nicht nur, weil ich kein Geld für den Tierarzt hatte, sondern weil ich wirklich der Meinung war, die Katze hätte genug mitgemacht. Es war schließlich nicht ihre Schuld, dass ich gerne meinen Freund als Freund behalten wollte.

Sie sah mich an. Und ich sah sie an. Direkt. Man sagt ja, dass man einer Katze nicht direkt in die Augen schauen soll, es sei denn, man suche die Konfrontation, aber darum ging es hier nicht. Ich spürte, dass sich die Stimmung zwischen uns beruhigt hatte. Als ob das zerzauste Tier plötzlich innehielt und sich anstrengte, mich zu verstehen. Dies war eine günstige Gelegenheit, und ich nutzte die Chance, ihr telepathisch mein Projekt zu vermitteln. Ich öffnete meine Augen ein bisschen weiter und sah, dass sie das Gleiche tat. Mein Brustkasten weitete sich ebenfalls ein wenig, als ich die Luft anhielt, um mich zu konzentrieren, und auch das ahmte sie nach. Und mit einem Mal, als unsere Blicke unzertrennlich aneinanderhingen, sprang sie und stürzte sich auf mich. Ihre Klauen fuhren mir durchs Gesicht, und ich nahm die Schrammen dankbar entgegen, ohne mich zu schützen.

Als es vorbei war, saßen wir jeder in einer anderen Ecke

des Hofs und erholten uns einen Moment. Sie hatte mich verstanden, das war wirklich großartig. Nun sah ich sie mit ganz anderen Augen. Sie war nicht mehr nur die Katze meines Nachbarn, sie war meine Verbündete.

In diesem Augenblick ging das Hoftor auf und Hanne aus dem dritten Stock schob ihr Fahrrad herein. Sie bemerkte die Katze nicht, als sie an ihrer Ecke vorbeiging.

»Hej, dich sieht man aber auch nicht so oft im Hof«, sagte sie freundlich.

»Nein, ist wegen des Mülls und so«, erwiderte ich und zeigte vage in Richtung Fahrradkeller. Ich wollte sie um Himmelswillen nicht mit in diese Geschichte hineinziehen.

»Hast du dich verletzt?«, erkundigte sie sich. Ich fasste mir ins Gesicht, an meinen Händen war Blut.

»Nein, das war bloß der Busch«, erklärte ich und wusste genau, dass sie mir nicht glauben würde, denn an dem Busch gab es nichts, woran man sich so kratzen konnte.

Ich wusste nicht, wie ich sie zum Gehen bewegen sollte, daher zeigte ich noch einmal auf den Fahrradkeller und hoffte, dass sie sich in diese Richtung bewegen würde.

»Na ja, dann ...«, sagte ich, denn das sagte man in Südjütland immer, wenn ein Gespräch vorbei war. Es führte aber nur dazu, dass sie lächelte und erwartungsvoll fragte: »Was dann?«

»Ach, nur so«, antwortete ich, ging zu der Katze, nahm sie auf den Arm, wogegen sie sich merkwürdigerweise nicht zur Wehr setzte, und stieg die Hintertreppe hoch zu meiner Wohnung.

Ich konnte einfach nicht mehr, ich war total erledigt, aber ich war auch zufrieden, denn als ich mich im Spiegel sah, wusste ich, dass ich die Lösung gefunden hatte. Die Kratzspuren waren fantastisch, und ich war sicher, dass sie leicht mit den Spuren von Fingernägeln verwechselt werden konnten. Ich warf meiner pelzigen Freundin einen anerkennenden Blick zu.

Dann griff ich zum Telefon und rief den Regisseur an. Bevor er morgen nach Hause fuhr, sollte er bei mir vorbeikommen, um gekratzt zu werden. Aber er nahm das Telefon nicht ab, offenbar war er nicht in seinem Hotelzimmer. Ich hinterließ eine Nachricht an der Rezeption. Wohlgemerkt, all dies geschah lange bevor das Mobiltelefon erfunden war. Das Hotel war die einzige Möglichkeit, ihn zu erreichen.

Ich wartete, die Katze wartete. Wir saßen in meinem Wohnzimmer und versuchten, uns die Zeit zu vertreiben. Sie sah auf den ersten Blick nicht so aus, als hätte sie Schaden genommen, aber als ich sie genauer untersuchte, fehlte ihr doch ein Eckzahn. Das war ich nicht, das konnte ich nicht gewesen sein. So einen Zahn kann man schnell verlieren. Sie bekam ein bisschen Wasser und den Rest Lachs, ich selbst hatte keinen Hunger. Außerdem schmerzten die Kratzwunden, und ich war aufgrund der ganzen Aufregung müde. Es war dunkel geworden, und bevor ich zu Bett ging, versuchte ich noch einmal, meinen Freund zu erreichen. Er war noch immer nicht ins Hotel zurückgekehrt. Ich wunderte mich, dass er nicht auf seinem Zimmer war, und ich stellte mir vor, dass er die Nacht möglicherweise bei der Frau verbrachte, die ihn gekratzt hatte. Vielleicht wollte er es noch einmal auskosten, bevor er ernsthaft seine Ehe antrat. Ich hätte ihm so gern erzählt, dass ich eine Lösung gefunden hatte. Die Katze legte sich auf mein Bett, bevor ich einschlief.

Es war dunkel, als es an der Tür klingelte, und ich stieß mir auf dem Weg durch die Wohnung den Kopf an einer Lampe.

»Ich hätte gern meine Katze zurück«, sagte mein Nachbar, der im Bademantel im Treppenhaus stand. Er betrachtete mein Gesicht, ich ignorierte es.

»Ja, sicher. Mit bestem Dank zurück«, erwiderte ich und schaute auf meine Füße, als stünde die Katze dort.

»Und wie ist es gegangen?«

»Gut, richtig gut.«

»Ihr wart unten im Hof, oder?«, sagte er und starrte noch immer auf mein Gesicht. Mit einem Mal war ich hellwach.

»Na ja, so ein Tier braucht doch frische Luft, Sie sollten auch hin und wieder mal mit ihr hinuntergehen.«

»Sie ist jeden Tag dort unten«, erwiderte er. »Haben Sie sie noch nie dort gesehen? Ich habe eine Katzentreppe an meinem Küchenfenster.«

»Ach so, dafür ist das«, antwortete ich, ohne die geringste Ahnung, wovon er redete.

»Sie mag den Hof«, fuhr er fort. »Hat sie Sie im Gesicht gekratzt?«

»Wir hatten viel Spaß«, sagte ich und mochte nichts mehr hören. Ich wollte die Tür schließen. Er stellte einen Fuß dazwischen.

»Meine Katze«, sagte er.

»Ach ja.«

Ich ging in die Wohnung, aber die Katze lag nicht mehr auf meinem Bett. Sie war auch nicht unter dem Sofa oder unter dem Regal. Mein Nachbar stand jetzt in meinem Flur, und wenn ich die Katze nicht fand, würde er gleich in meinem Wohnzimmer stehen.

»Ist sie aus dem Fenster gesprungen?«, erkundigte er sich.

»Nein, natürlich nicht, wir haben nur einen kleinen Spaziergang unternommen. Es war sehr gemütlich.« Ich schwitzte und dachte an den fehlenden Eckzahn, mit dem ich meiner Meinung nach noch immer nichts zu tun hatte. In diesem Moment polterte etwas an meinem Küchenschrank, und in diesem Augenblick wurde ich wieder sehr müde.

»Sie ist hinter dem Küchenschrank. Dort kriegen wir sie nicht raus«, erklärte ich.

Mein Nachbar war mit meiner Erklärung nicht zufrieden, aber mir war es egal. Sie konnten mich alle mal. Ich ging ins Bett.

Ich weiß nicht, wann mein Nachbar die Wohnung verlassen hat, aber als ich erwachte, war es hell, und es gab weder eine Spur von ihm noch von der Katze. Es war der Tag, an dem mein Regisseur nach Hause kommen sollte, er würde sich bald melden. Ich rief noch einmal in seinem Hotel an, aber er war noch immer nicht auf seinem Zimmer. Wo war mein Freund, und warum rief er nicht zurück?

Ich wartete den ganzen Tag auf seinen Anruf, und als es dunkel wurde, ging ich raus, um mir etwas zu essen zu kaufen, denn mein Magen ertrug die Wartezeit nicht länger. Es ist schwierig zu schreiben, wenn man wartet, und ich musste einsehen, dass mein Arbeitstag vergeudet war. Mein Freund rief nicht an. Und ich wollte nicht bei ihm zu Hause anrufen, denn seine Frau könnte ja Verdacht schöpfen, also ließ ich es und hörte erst spät in der Nacht auf zu warten.

Eine Woche später traf ich ihn zufällig auf der Straße. Er lächelte wie gewöhnlich und grüßte wie immer.

»Und wie ist es gelaufen?«, erkundigte ich mich sofort, denn ich hatte die ganze Woche an nichts anderes denken können.

»Womit?«

Womit? Was meinte er? Konnte er sich denn nicht erinnern? Ich hätte ihm gern eine Ohrfeige gegeben, fragte dann aber nur nach den drei roten Streifen auf seinem Rücken.

»Ach, das! Das hat sich von allein geregelt«, antwortete er, drehte mir den Rücken zu und zog sein Hemd hoch. Sechs große rote Striemen zogen sich nun über die sonst unversehrte Haut. Sie waren leicht entzündet, Schorf hatte sich gebildet, aber mein Freund strahlte.

An dem Abend, an dem er nach Hause kam, hatte sich seine Frau sofort auf ihn gestürzt. Es brannte kein Licht, nicht einmal, als er die Wohnung betrat, hatte er das Licht angeschaltet. Und sie hatte ihn so vermisst, dass sie ihm die Hose heruntergezogen hatte, kaum dass er durch die Tür gekommen war.

»Eigentlich eigenartig, normalerweise kratzt sie mich nie«, sagte er vergnügt. »Und das Komischste ist, dass ich, kurz bevor ich die Wohnungstür aufschloss, etwas getan habe, was ich sonst auch nie tue. Ich habe zu Gott gebetet. Er muss mich erhört haben.«

Ich versuchte zu lachen. Das war auch eine gute Lösung. Daran hätte ich auch denken können.

»Das nächste Mal, wenn du mit einer anderen Frau ins Bett gehst, behältst du dein Unterhemd an«, riet ich ihm mit einem kleinen Lächeln. »So machen wir das in Südjütland.«

Und ich dachte im Stillen, das hätte auch mir eine Menge Ärger erspart, aber das sagte ich nicht laut.

Mein Freund versetzte mir einen liebevollen Klaps auf die Schulter und ging weiter. Er hatte die Spuren in meinem Gesicht nicht mit einem einzigen Wort erwähnt. Er war viel zu froh über sein eigenes Glück.

Ich sah ihm eine Weile nach, ging dann nach Hause und

setzte mich in einen Stuhl auf dem Hof und verdaute meine Enttäuschung. Als ich die Augen schloss und die Sonne mein Gesicht streifte, spürte ich, wie die Nachbarskatze auf meinen Schoß kletterte. Sie legte sich zurecht. Ich ließ sie gewähren.

Aus dem Dänischen von Ulrich Sonnenberg

Mirko Bonné

Ozelot

Du meine schöne unergründlich ruhige Angewohnte
und schwarz und weiß braungrau-gefleckt Gestreifte,
getigert wie der Regen kommst du durch das Bad
geschritten, meine Sachte, pumalang Geschweifte.
Dann sag doch mal, auch wenn du gar nichts sagst,
bloß sprichst, wie ist es so, der Flurluchs hier zu sein?
Hast du mich lieb? Bin ich dir wer? Und wer du dir?
Hm, sag, was fehlt dir, wenn du siehst, du bist allein?
Zieht es dich durch das Fensterglas, mein süßer Ozelot?
Komm bleib. Wie soll es sich denn ohne dich hier lohnen.
Sag mir in deiner Sprache, wie ich wäre, so als Pardeltier.
Ich will so lang schon so wie du in meinen Augen
wohnen.

Karel Čapek

Die unsterbliche Katze

Am Anfang dieser Geschichte von der Katze steht (mit einer Inkonsequenz, die allerdings der Realität entspricht) ein Kater, und zwar ein geschenkter Kater. Jedes Geschenk hat etwas Übernatürliches an sich; jedes ist sozusagen aus einer anderen Welt. Es fällt vom Himmel, es wird auf uns herabgeschickt, es platzt unabhängig von uns in unser Leben mit einer gewissen Überschwänglichkeit, besonders dann, wenn es sich um einen geschenkten Kater mit einer blauen Schleife um den Hals handelt. Ihm wurden die Namen Filip, Budulinek, Kujon und Bengel gegeben, je nach seinen verschiedenen moralischen Eigenschaften. Es war ein Angora-Kätzchen, zerzaust und rot wie jeder andere christliche Racker. Eines Tages fiel es bei seinem Erkundungsgang vom Laubengang auf den Kopf einer Frau. Diese fühlte sich zum Teil zerkratzt, zum Teil tief gekränkt, und sie zeigte meinen Kater als ein gefährliches Tier an, das von Laubengängen den Leuten auf den Kopf springt. Ich konnte zwar die Unschuld dieses seraphischen Wesens beweisen, doch drei Tage später tat der kleine Kater seinen letzten Atemzug, vergiftet durch Arsen und menschliche Bosheit. Gerade als ich durch einen sonderbaren Nebelschleier zusah, wie seine Hüften mit dem letzten Zittern ineinander sackten, hörte ich ein Miauen an der Türschwelle. Dort stand ein getigertes

DIE UNSTERBLICHE KATZE

Kätzchen, vor Kälte bibbernd, bis auf die Knochen abgemagert und verstört wie ein verloren gegangenes Kind. Na komm doch mal her, du kleine Mieze! Es war vielleicht ein Fingerzeig Gottes, der Wille des Schicksals, ein geheimer Befehl oder wie man es auch bezeichnen mag. Wahrscheinlich schickte dich der Verstorbene anstelle seiner selbst. Die Kontinuität des Lebens ist unergründlich.

Das war also die Ankunft der Katze, die wegen ihrer Bescheidenheit den Namen Pudlenka bekam. Wie Sie sehen, kam sie von irgendwoher, aber ich bezeuge, dass sie nie mit ihrer geheimnisvollen oder gar übernatürlichen Herkunft angegeben hat. Im Gegenteil, sie verhielt sich wie jede sterbliche Katze: Sie trank Milch und stahl Fleisch, schlief auf dem Schoß und streifte durch die Nacht. Als ihre Zeit kam, warf sie fünf Katzenbabys, von denen eins rot war, eins schwarz, eins dreifarbig, eins getigert und eins Angora. Und so sprach ich alle meine Bekannten an. »Hören Sie mal«, fing ich an, großmutig, »ich habe ein tolles Kätzchen für Sie.« Einige (vielleicht aus Bescheidenheit) redeten sich heraus, sie würden gerne, doch es gehe nicht und dies und jenes; aber andere waren so überrascht, dass sie kein Wort herausbrachten, und so drückte ich ihnen die Hand und erklärte, es sei abgemacht, sie sollen sich keine Sorgen machen, ich würde ihnen bald das Kätzchen zukommen lassen, und schon lief ich zu einem anderen Mitmenschen. Es gibt nichts Schöneres als das mütterliche Glück einer Katze; Sie sollten sich eine Katze anschaffen, schon wegen der Kätzchen. Sechs Wochen später ließ Pudlenka ihre Babys links liegen und folgte dem heldenhaften Bariton des Katers aus der Nebenstraße. Nach dreiundfünfzig Tagen kamen sechs Kätzchen zur Welt. Innerhalb eines Jahres waren es insgesamt siebzehn. Womöglich war diese wunderbare Fruchtbarkeit das Vermächtnis des seligen jungfräulichen Katers, eine Mission nach seinem Tod.

Immer dachte ich mir, ich hätte – der Teufel soll sie holen – viele Bekannte; doch seitdem sich Pudlenka auf die Produktion der Katzenbabys stürzte, gab es niemanden, dem ich das sechsundzwanzigste Kätzchen hätte anbieten können. Immer, wenn ich mich jemandem vorstellte, murmelte ich meinen Namen und fragte: »Möchten Sie ein Kätzchen haben?« »Was für ein Kätzchen?«, fragten die Menschen unsicher zurück. »Das weiß ich noch nicht«, antwortete ich in der Regel, »aber ich glaube, ich bekomme wieder Katzenbabys.« Bald gewann ich den Eindruck, dass man einen großen Bogen um mich herum machte. Vielleicht lag es am Neid, dass ich so viel Glück in Sachen Katzennachwuchs hatte. Laut Brehm bekommen Katzen zweimal im Jahr Junge; Pudlenka hatte sie drei- bis viermal jährlich, ohne Rücksicht auf die Jahreszeit. Es war eben eine übernatürliche Katze – vielleicht hatte sie den höheren Auftrag, sich zu rächen und das Leben des vergifteten Katers hundertfach wiedergutzumachen.

Nach drei Jahren der fruchtbaren Betätigung war es plötzlich aus mit Pudlenka. Ein Hausmeister erschlug sie unter dem unwürdigen Vorwand, sie habe in seiner Speisekammer eine Gans aufgefressen. An dem Tag, als Pudlenka verschwand, kehrte zu uns ihre jüngste Tochter zurück; diese hatte ich den Nachbarn aufgeschwatzt. Und so blieb sie bei uns unter dem Namen Pudlenka II. als direkte Nachfolgerin ihrer verstorbenen Mutter. Ihre Aufgabe erfüllte sie tadellos. Sie war noch Teenie, als sie beleibter wurde, und sie brachte vier Junge zur Welt. Das eine war schwarz, das andere wies die edle rote Rasse aus dem Stadtteil Vršovice, das dritte hatte die längliche Nase der Katzen aus Strašnice, und das vierte war gefleckt wie eine Wachtelbohne so wie die Katzen von der Kleinen Seite. Pudlenka II. warf dreimal im Jahr Junge mit der Regelmäßigkeit eines Naturgesetzes. In zwei und einem Viertel Jahr schenkte sie der Welt einundzwanzig Kätzchen aller möglichen Farben und Rassen, mit Ausnahme der Katze von der Insel Man, die ohne Schwanz auf die Welt kommt. Für das einundzwanzigste Katzenbaby fand ich wirklich keinen Abnehmer mehr. Gerade war ich am Überlegen, ob ich der Gemeinschaft der Freigeister oder der Rosenkranzbruderschaft beitreten sollte, um einen neuen Bekanntenkreis zu erschließen, als der Nachbarshund Rolf Pudlenka II. totbiss. Wir trugen sie nach Hause und legten sie aufs Bett; ihr Kinn zitterte noch. Dann hörte es auf zu zittern, und aus ihrem dichten Fell krochen geschwind Flöhe. Das ist ein untrügliches Zeichen des Katzentodes. Und so blieb ihr letztes Junge, das uns niemand hatte abnehmen wollen, bei uns als Pudlenka III. Vier Monate später warf Pudlenka III. fünf Kätzchen. Seitdem erfüllte sie in regelmäßigen Intervallen von 15 Wochen gewissenhaft ihre Lebensaufgabe. Nur während des strengen Frostes in diesem Winter ließ sie einen Termin aus.

Man hätte es ihr nicht angesehen, dass sie eine so große und unsterbliche Mission hatte. Auf den ersten Blick sah sie wie eine gewöhnliche dreifarbige Hausmieze aus, die den ganzen Tag lang auf dem Schoß des Hauspatriarchen oder im Bett döste, die einen ausgeprägten Sinn für ihren persönlichen Komfort hatte, ein gesundes Misstrauen zu Menschen und Tieren hegte, und wenn es darauf ankam, in der Lage war, ihre Interessen dente unguibus que zu verteidigen. Aber als ihre fünfzehn Wochen vorbei waren, zeigte sie langsam eine kribbelnde Unruhe, saß aufgeregt an der Tür, als möchte sie sagen: »Mensch, lass mich schnell raus, ich habe Schmerzen!« Sie stürmte dann wie ein Pfeil in die nächtliche Dunkelheit und kehrte erst am nächsten Morgen zurück, mit abgezehrtem Gesicht und Ringen unter den Augen. Zur gleichen Zeit kamen vom Norden, dort, wo der Olschaner Friedhof liegt, ein riesiger schwarzer Kater vorbei, vom Süden, aus Richtung Vršovice, ein roter einäugiger Raufbold, vom Westen, wo es die Zivilisation gibt, ein Angora-Kater mit einem Wuschelschwanz wie eine Straußenfeder, vom Westen, wo nichts ist, ein geheimnisvolles weißes Tier mit einem geringelten Schwanz. In deren Mitte saß die dreifarbige und einfache Pudlenka III. und hörte mit leuchtenden Augen vollkommen bezaubert ihrem Jaulen zu, den unterdrückten Schreien, dem Kreischen der gemordeten Kinder, dem Grölen betrunkener Matrosen, den Saxophonen, dem Trommelwirbel und anderen Instrumenten der Großen Katzensymphonie. Das sollten Sie wissen: Ein Kater zu sein, dazu braucht man nicht nur Kraft und Mut, sondern auch Ausdauer. So belagerten diese vier apokalyptischen Kater manchmal eine ganze Woche lang Pudlenkas Haus, blockierten das Tor, drangen durch die Fenster hinein und hinterließen einen teuflischen Gestank. Endlich kam dann die Nacht, in der Pudlenka III. nicht mehr darauf bestand, hinauszugehen. »Lasst mich schlafen«, sagte sie. »Lasst mich schlafen, für immer schlafen. Schlafen, träumen... Ach, ich bin so unglücklich!« Woraufhin sie dann zur rechten Zeit fünf Junge auf die Welt brachte. In dieser Hinsicht hatte ich schon so meine Erfahrungen: Es werden fünf sein. Ich sah sie schon vor mir, die süßen Kleinen, wie sie durch die Wohnung krabbeln und herumtrampeln, die Lampen vom Tisch werfen, kleine Pfützen in die Schuhe machen werden, wie sie an den Beinen hochklettern werden bis auf den Schoß (meine Beine werden zerkratzt sein wie die vom Lazarus), wie ich ein Kätzchen in meinem Ärmel finden werde, wenn ich den Mantel anziehe, und die Krawatte unter dem Bett, sollte ich eine Krawatte umbinden wollen ... – Mit Kindern hat man Sorgen, das wird Ihnen jeder bestätigen. Es reicht nicht, sie zu erziehen, Sie müssen auch für ihre sichere Zukunft sorgen.

In der Redaktion hatte schon jeder ein Kätzchen von mir; na gut, dann müsste ich wohl in einer anderen Redaktion anfangen. Ich war bereit, jedem erdenklichen Verein oder jeder Organisation beizutreten, wenn man mir dort garantieren würde, einundzwanzig junge Katzen abzunehmen. Und während ich mich in dieser unfreundlichen Welt abstrampeln würde, um die Bleibe für die nächsten Generationen zu finden, so würde Pudlenka III. oder Pudlenka IV., schnurrend, die Pfoten unter sich gelegt, von der Katzenwelt träumen, von einer Unmenge Katzen, davon, dass Katzen, sobald es sehr viele geben wird, die Macht über das All übernehmen werden. Denn das ist die Große Aufgabe, die ihr der unschuldig vergiftete Angora-Kater erteilt hatte.

Im Ernst jetzt: Möchten Sie vielleicht ein Kätzchen?

Aus dem Tschechischen von Marcela Euler

Joanna Sterling

Blau für Knaben, rosa für Mädchen

Also ehrlich, TS, wie hast du das nun wieder geschafft? Noch so eine scheußliche Wunde, du meine Güte – hast dich mal wieder gerauft, was? Ich hab dir doch gesagt, du sollst dich nicht mit den Nachbarn anlegen, dieser Eliot von nebenan ist ganz schön grob. Und jetzt müssen wir zum Tierarzt mit dir, das soll sich ja nicht schon wieder entzünden. Du weißt ja, wie du dich anstellst, wenn du Tabletten nehmen musst. Los, rein mit dir, damit ich die Klappe verriegeln kann. Wie sollen wir dich denn sonst dahin schaffen? Auf den Arm nehm ich dich jedenfalls nicht.

Nein, ich weiß nicht, ob sie dich röntgen werden oder ob die Wunde genäht werden muss. Aber eins kann ich dir jetzt schon sagen, eine Spritze kriegst du auf jeden Fall. Bitte, nicht weinen, ich weiß, dass es wehtut.

Sie hat dir gesagt, du sollst nicht daran reiben oder kratzen. Doch, das hat sie – komm mir bloß nicht so! Was soll ich bloß mit dir machen? Sie haben mir dieses Dings gegeben, das ich dir anlegen soll, aber es passt nicht richtig und macht dich nur schrecklich unsicher. Und einen Verband lässt du ja auch nicht drauf – das hab ich nach deiner letzten Rauferei schon probiert.

Ich war bei Mothercare. War schrecklich schwierig, etwas in deiner Größe zu finden. Die Verkäuferin hat gesagt, kleiner hätten sie so was nicht. Nicht sauer sein, also, das nennt sich »Einteiliger Schlafanzug«, ich kann ein Stück von Armen und Beinen abschneiden, damit es dir besser passt. Nicht sauer sein, hab ich gesagt. Weiß ist eine neutrale Farbe, sei bloß dankbar! – ich hätte auch rosa oder blau nehmen können. Die Verkäuferin hat gefragt, ob es für einen Jungen oder ein Mädchen sein sollte. Für meine Katze, habe ich gesagt. *Den* Blick hättest du mal sehen sollen!

Aus dem Englischen von Gabriele Haefs

William Y. Darling

Des Buchhändlers Katze

Ich habe geschrieben, dass ich in meinem Laden ganz allein sei, aber in den letzten Monaten hat mir eine Katze Gesellschaft geleistet.

Eine Katze ist die ideale literarische Gefährtin. Eine Ehefrau kann sich gewiss nur zu ihrem Nachteil mit ihr vergleichen. Ein Hund kommt nicht in Frage. Vielleicht würde er sich für einen Fleischerladen eignen, doch in einer Buchhandlung wäre er fehl am Platze. Eine Katze ist für einen Buchhändler von der Veranlagung her ein anderes Geschöpf als in einem Fischgeschäft oder einem Bäckerladen. In diesen Läden ist die Katze ein nützliches Tier – ich nehme an, sie wird dazu eingesetzt, Fischeingeweide zu fressen oder die Zahl der Ratten und Mäuse niedrig zu halten –, während sie in meinem Geschäft als Verbündete dient. Sie ist zugleich dekorativ – besinnlich – und gelassen, und sie erzeugt in mir große Ruhe und Zufriedenheit.

Meine Katze weiß zu differenzieren. Sonntags liegt sie, kaum zu glauben, auf einer großen altmodischen Familienbibel. Diese Bibel erwarb ich höchst unkommerziell von einer Frau, der sie hinterlassen worden war. Sie spottete nicht über ehrwürdige Dinge und gehörte nicht zu denen, welche die Heilige Schrift unterschätzen. Ihr Schicksal war ein anderes. Als einzige Überlebende einer frommen Familie hatte sie die

Bibel ihrer Eltern durch ihren ältesten Bruder und der Reihe nach vier weitere Bibeln – nicht weniger gewichtig als diejenige, die ich ihr abgekauft hatte – durch den Tod ihrer beiden übrigen Brüder und ihrer beiden Schwestern geerbt. Ausgestattet mit einer solchen Menge heiliger Bücher und zudem gesegnet mit zahlreichen Kindern, strebte sie danach, ihre Last durch eine Übereinkunft mit mir zu mindern. Sie hatte sich – weiß der Himmel, was für ein Klatsch das gewesen sein mochte – über meinen gefügigen und schlichten Charakter von der Gemüsehändlerin unterrichten lassen und mich mit deren Empfehlung aufgesucht. Ich kaufte den schweren Band. Er misst dreißig mal fünfundvierzig Zentimeter und ist aus kaufmännischer Sicht ein echtes Buch. Kein gewöhnliches Regal würde es aufnehmen. Es sollte, denke ich mir, falls kein Pult dafür hergestellt worden ist, auf einem spitzengesäumten Tuch vergangener Tage oben auf einer hohen und stattlichen Kommode ruhen.

Das Buch wird auf der Titelseite als »Praktische und der Andacht dienende Familienbibel« beschrieben und ist schottischer Herkunft. Das Datum – 1858 – wird mit römischen Ziffern angegeben; die Bibel wurde »gedruckt von William Collins Co. und verkauft von William Collins, South Hanover Street, Glasgow«. Sie enthält das Alte und Neue Testament »laut der autorisierten Fassung, mit den Randbemerkungen sowie den ausführlich gedruckten ursprünglichen und ausgewählten Parallelverweisen und den Kommentaren von Henry und Scott, komprimiert von Reverend Dr. jur. John McFarlane, Glasgow«.

Das ist eine Abschweifung, aber ich ging in meinen vorderen Ladenteil und holte das Buch, damit ich mir seine genaue Beschreibung notieren konnte. Die Bibel liegt auf einer

Reihe kleinerer Regale neben meinem westlichen Fenster, und sie fängt die Sonne ein. Diese Tatsache – und die Weichheit ihres Ledereinbands – mag die Katze bewogen haben, sie als Ruheplatz zu erwählen. Ich weiß es nicht, doch an manch einem Sonntag, wenn ich den Laden nachmittags betrete, um mich zu überzeugen, dass alles in Ordnung ist (in Wirklichkeit eher weil ich den verflixten Ort nicht einen ganzen Tag lang unbesucht lassen kann), finde ich meine Katze zusammengerollt auf diesem edlen Buch vor.

Ich behaupte nicht, dass meine Katze fromm sei, obwohl ich vielleicht ein so ernsthafter Verehrer ihrer Spezies bin, wie es den durchschnittlichen Ägyptern nachgesagt wurde. Ich bewundere die Katze ihrer Unabhängigkeit wegen. Ihr ist die sklavische Ergebenheit eines Hundes fremd. Sie liebedienert nicht. Am nächsten kommt sie einem Anzeichen von Zuneigung, wenn sie sich an meinen Beinen reibt, nachdem ich Leber für sie gekauft habe. Dann liebe ich ihre wohlige Anmut – wie die verführerischen, lockenden Künste einer erstaunlich schönen, völlig selbstsüchtigen Frau, die ich mir ausmalen, der ich jedoch nie begegnen kann.

Gern glaube ich, dass Katzen in Ägypten als heilige Tiere galten. Ich habe gelesen, dass sie dem besonderen Schutz der PASCHT, einer großen Göttin, unterstellt gewesen und auch für Dienerinnen Dianas gehalten worden seien. Gewiss benehmen sie sich heutzutage so, als schuldeten sie keinem sterblichen Gebieter, männlich oder weiblich, Treue, sondern als hätten sie ihre Seele bereits verpfändet oder hielten sie sämtlichen irdischen Verstrickungen fern.

Wie ich feststelle, besitze ich kaum Bücher über Katzen. Aus Nachschlagewerken erfahren wir, wie verhasst sie im Mittelalter waren und wie ihre Verbindung mit alten Frauen, die man für Hexen hielt, vielen einen schrecklichen Tod bescherte. So war es Teil mancher mittelalterlicher Prozessionen, etliche Katzen in einen Weidenkäfig zu sperren und den kreischenden Behälter des Elends langsam über einer Kohlenpfanne zu rösten, während der Maskenzug durch die Straßen schritt. Möge meine Katze mit solchen Rassenerinnerungen in unserer Zeit wohlverdienten Frieden finden, indem sie auf der Heiligen Schrift ruht!

Es gibt ein vorzügliches Buch über Katzen, das ich einmal speziell für einen Kunden besorgt habe. Der Autor ist Carl Van Vechten, und es trägt den Titel *The Tiger in the House*. Es ist ein amerikanisches Buch, und ich hatte es lange genug in meinem Besitz, um mich überzeugen zu können, dass es sich um eine sehr ausführliche Zusammenstellung all dessen handelte, was über Katzen bekannt, erfunden und geschrieben worden ist. Die Bilder – jedenfalls einige – waren beeindruckend, aber ich habe keinen Zugriff mehr auf das Buch.

Katzen sind immer Lieblinge bemerkenswerter Männer gewesen (ich verneige mich vor mir selbst): von Richelieu, der stets viele bei sich hatte, bis hin zu Doktor Nikola (für mich eine durchaus reale Gestalt), auf dessen Schulter gewöhnlich eine Katze saß. Ich brachte meiner bei, das Gleiche bei Mahlzeiten zu tun, und es ist unterhaltsam zuzusehen, wie sie eine Pfote ausstreckt und meine Hand, mit der Gabel darin, auf dem Weg zu meinem Mund aufhält. Einer so sanften Mahnung kann ich selten widerstehen.

Mir gefallen alle Aspekte der mystisch verschleierten Persönlichkeit meiner Katze, nun aber – gerade jetzt – ist sie nahezu furchtbar. Sie macht die Agonie der Leidenschaft durch, und es erfordert all meine Bemühungen, sie daran zu hindern, dass sie aus dem Laden zu einer abenteuerlichen Liebschaft entkommt. Ich spiele den gestrengen Betreuer und verweigere ihr das, was sie, wiewohl sie es kaum weiß, begehrt. Ich versuche, ihr Wohlbehagen – genau wie meines – auf den Buchladen zu begrenzen, in dem wir leben, doch sie ist von drängender Gemütsart – entschlossen, kühn, zu allem bereit –, und ich fürchte, dass sie mir entweichen, mich besiegen und sich ihren Herzenswunsch auf den Hausdächern erfüllen wird.

Aus dem Englischen von Bernd Rullkötter

Ditte Birkemose

Knud und der Kater

Knud saß wie immer vor dem Fernseher im Sessel. Der Sessel war schon seit vielen Jahren speckig und zerschlissen, aber von einem neuen wollte er nichts hören, obwohl sie doch die Ledermöbel ihres Vaters geerbt hatten. Die standen in der Abstellkammer. Mit einem gereizten Ausruf ließ sie die Strümpfe in die Waschschüssel sinken, wischte sich die Hände an einem Geschirrtuch ab und griff zum Kessel. Es war kurz vor sieben, gleich würden die Fernsehnachrichten beginnen, und er wollte seinen Kaffee. An diesem Tag war er schlechter Laune. Es hatte Spaghetti gegeben.

Seit er in Rente gegangen war, hatte er das Leben für sie unerträglich gemacht. Er setzte nur selten einen Fuß vors Haus; meistens saß er im Sessel und gab vor, die Zeitung zu lesen, während er sie in Wirklichkeit beobachtete, was ihr derart unangenehm war, dass sie kürzlich beim Staubwischen fast die Vase von der Fensterbank geworfen hätte. Deshalb war es ihr eine Erleichterung, dass er zweimal pro Woche in seinen Dartsverein ging und sie sich in dieser Zeit ganz normal verhalten konnte.

Während sie darauf wartete, dass das Wasser kochte, räumte sie das Geschirr in den Schrank, legte den Wischlappen in Chlorwasser und öffnete das Küchenfenster. Unten auf dem Hofplatz flickte Egon Sørensen das Fahrrad seines

Enkels. Eines schmächtigen kleinen Jungen, nicht besonders hübsch und immer mit zerschrammten Knien, weil er auf seinen dünnen Storchenbeinen über jeden Strohhalm stolperte. Vielleicht stimmte in seinem Kopf etwas nicht, er lachte auch mehr, als er redete, aber was wusste denn sie. Ihr konnte es egal sein, aber die anderen aus der Nachbarschaft wollten nicht mit ihm spielen. Kinder waren eben so, sie schienen Probleme zu wittern, wie die Tiere, die dann ihre Jungen aus dem Nest stießen. Sie hatte keine Kinder. Knud hatte keine gewollt. »Es gibt ohnehin schon Idioten genug auf der Welt«, hatte er immer gesagt. Vor sechsundzwanzig Jahren hatte sie auf seinen Wunsch hin eine Abtreibung vornehmen lassen, sie hatte sich einfach nicht wehren können. Eine verdammte Idiotin, das war sie gewesen. Eine verdammte Idiotin. Wütend kratzte sie sich am Arm. Monatelang hatte die Leere an ihr gezehrt, er aber war wie immer gewesen, hatte gelacht und geredet, als sei nichts passiert. Und jetzt war es zu spät, das war es schon lange. Sie nahm die Kaffeedose aus dem Schrank. Vor acht Jahren hatte sie dann die Katze bekommen. Einen kleinen schwarzen Kater, den sie Sofus genannt hatte. Das sei kein Name für einen Kater, hatte er gesagt, aber sie hatte nicht darauf geachtet, sollte er doch sagen, was er wollte. Schon am ersten Abend legte Sofus sich auf ihren Schoß und war weich und warm und fühlte sich wunderbar an. Und seither schlief er bei ihr. Jede Nacht. Knud mochte das Tier nicht, sagte aber nichts, seine Haltung strahlte es einfach aus. Wenn sie abends mit Sofus auf dem Schoß dasaß, glotzte Knud sie wütend an und schien sie für schwachsinnig oder für noch Schlimmeres zu halten. Aber sie hatte ihn durchschaut. Er war eifersüchtig. Saß da in seinem verdreckten Unterhemd und glotzte und war eifersüchtig. Und als der Kater größer wurde, entdeckte sie, dass Knud sich vor ihm fürchtete. Er hatte echte Angst, wie andere vor Spinnen, nur fürchtete Knud sich eben nicht vor Spinnen, sondern vor dem Kater. Das fand sie lustig. Manchmal freute sie sich fast darüber. Vor allem dann, wenn Sofus vor Knud saß und ihn aus seinen gelben Augen anstarrte und mit seinem glänzenden Fell und seinen großen Pfoten aussah wie ein Raubtier. Trotzdem wollte Knud den großen Tierfreund spielen, wenn auch nur dann, wenn sie Gäste hatten, was nicht oft vorkam. Dann aber war er zu heftig, der Kater fauchte ihn an, und Knud war wütend, weil Sofus ihm nicht gehorchte. Aber so war das eben mit Katzen.

Er glotzte den Fernseher an und grunzte irgendetwas, das sicher »danke« bedeuten sollte, als sie das Tablett mit Kaffee und Plätzchen vor ihn hinstellte.

Sie öffnete ein Fenster, da es nach Zigarrenrauch und alten Socken stank, aber er hasste frische Luft, zumindest in der Wohnung. Sie zupfte ein verwelktes Blatt von einer Topfblume, lugte verstohlen zu ihm hinüber und wartete. Dann kam es.

»Es zieht«, bellte er und schlürfte Kaffee.

»Hier muss aber gelüftet werden.« Sie öffnete auch das Fenster im Erker, verließ das Wohnzimmer und ging zurück in die Küche. Dort blieb sie vor der Tür stehen und horchte. Sie hörte, wie er sich aus dem Sessel erhob und zuerst das eine, dann das andere Fenster unter lautem Fluchen zuknallte. Sie kicherte und brauchte ihn nicht anzusehen, um zu wissen, wie er jetzt aussah. Wütend und unzufrieden wie immer, wenn er nicht seinen Willen bekam. Das lag einfach an ihm, auch wenn er es in jungen Jahren besser getarnt hatte, jedenfalls zu Anfang. Mit der Zeit hatte sie ihn dann besser kennengelernt.

Wenn ihm irgendetwas nicht passte, wenn sie sich weigerte, mit ihm zusammen »Mittagsschlaf« zu halten oder so, wurde er stumm und abweisend, ganz, als ob ihr das nicht schon seit langer Zeit egal wäre. Für wen hielt er sich eigentlich?

Sie wrang die Strümpfe aus und wollte sie schon über dem französischen Balkon zum Trocknen aufhängen, überlegte es sich dann aber anders, ging ins Badezimmer, trat vor das Waschbecken und musterte ihr Spiegelbild. Sie sah jetzt alt und verhärmt aus, das stand fest, egal, wie hübsch und adrett sie sich auch kleiden mochte. Ihr Körper war nun einmal so, wie er eben war. Alt und verhärmt. Aber das konnte ja auch egal sein. Für wen hätte sie sich schön machen sollen? Für ihn vielleicht…?! Dann richtete sie sich auf und strich ihre Schürze glatt. Früher hatte sie einmal recht gut ausgesehen. Natürlich war sie keine Schönheit gewesen, aber ja, sie hatte gut ausgesehen. Und Knud… Als sie ihn kennengelernt hatte, hatte er in einem Lager gearbeitet, als Leiter, wie er sich nannte, und sie hatte sich sofort in ihn verliebt, das ging fast allen ihren Freundinnen so. Vor allem der Roten Lise, doch die war nicht sein Typ, denn sie war zu schlagfertig, auch wenn sie fesch aussah und genug Holz vor der Hütte hatte, wie man damals sagte, und das hatte er sich wohl später zunutze gemacht, als sie innerlich ganz leer geworden war und nichts mehr mit ihm zu tun haben wollte. Damals war Knud ein hoch gewachsener dunkelhaariger Mann mit braunen Augen gewesen, von deren Blick ihr wirklich schwindlig werden konnte, und da war sie nicht die Einzige. Mit den Jahren schien er mehr und mehr in sich zusammenzusinken, es ließ sich nicht leugnen, er sah jetzt dick und vierschrötig aus. Und vor allem langweilig. Aber ihr war das egal, auch wenn sie manchmal staunte: Früher war er doch anders gewesen, von der Sorte, die nicht auf Bäumen wächst. Erst nach ihrer Heirat hatte sie erkannt, dass er Kinder nicht ausstehen konnte. Anfangs hatte sie mit ihren Freundinnen darüber gesprochen, und alle meinten, er werde sich an den Gedanken schon noch gewöhnen, viele Männer reagierten zuerst so. Jetzt sprach sie mit keiner mehr. Weder darüber noch über andere Dinge.

Er rief. Ob im Kühlschrank noch kaltes Bier sei. Heb doch deinen fetten Hintern hoch und sieh selber nach, dachte sie und verließ das Badezimmer.

In der Küche sah sie den leeren Fressnapf des Katers, sie hatte es einfach nicht über sich gebracht, den wegzuwerfen. Und jetzt stand er nutzlos in der Ecke. Sie öffnete den Kühlschrank und nahm ein Bier heraus, Rotes Tuborg, wie immer. Wie hatte er es über sich gebracht?!

Sie erinnerte sich an ihre Hochzeitsreise nach Österreich. Damals hatte er sie jeden Morgen mit einem kleinen Geschenk geweckt, einer Flasche Parfüm, einer Creme, und dann der goldenen Kette, die sie noch immer um den Hals trug. Er hatte sich wirklich um sie bemüht, anders konnte man das nicht ausdrücken. Aber er hatte immer etwas zurückgehalten, sie wusste nicht, was, es hatte sie traurig gemacht, vor allem in den ersten Jahren, wenn sie ihm sagte: »Ich liebe dich«, und er sich dann schlafend stellte oder einfach antwortete: »Ebenfalls«. War so eine Antwort möglich? Liebte er vielleicht sich selbst, denn das musste er doch meinen, wenn er »ebenfalls« sagte, oder was?

Wieder rief er.

»Ich komm ja schon«, murmelte sie.

Er packte die Fernbedienung und schaltete den Fernseher aus. Dann erhob er sich, reckte die Arme und gähnte. Sie stellte das Bier auf den Tisch und gab sich alle Mühe, ihn nicht anzusehen, es würde ja doch nichts ändern, und wozu sollte es auch gut sein! Sie wusste es schon, kannte ihn in- und auswendig, wenn nicht sie, wer denn dann! Bald würde er die Tür zum Balkon öffnen, sein Bier trinken und hinunter auf die Straße blicken. Autos und junge Mädchen anstarren. Das war seine Vorstellung von Freizeitgestaltung.

Ihr fiel auf, dass die Vorhänge gewaschen werden müssten, denn oben am Fensterrahmen hing ein Spinngewebe. Sie ging in die Küche, setzte sich an den Tisch und starrte vor sich hin. Sie hatte einen Entschluss gefasst, als sie bemerkt hatte, dass der Kater verschwunden war. Sie wusste nicht wie, aber sie würde es tun. Es war ein Samstag, sie war in der Stadt gewesen, hatte gelbe Erbsen und sowohl frischen als auch geräucherten Speck gekauft, und einen Schnaps hatte sie auch gekauft. Als sie nach Hause kam, war der Kater nicht da. Knud meinte, er sei sicher aus dem Fenster gekrochen und über die Dachrinne weitergelaufen. Um sich danach in Luft aufzulösen. Sie widersprach energisch. Was war das für ein Unfug, warum hätte Sofus das tun sollen? Er war daran gewöhnt, dass das Fenster offen stand ... Knud hatte sie blöde angeglotzt und mit den Schultern gezuckt. Er hatte doch keine Ahnung von Katzen!

Sie hatte überall gesucht, im Keller und im Hinterhof, aber niemand hatte Sofus gesehen. Am Ende war sie sicher, dass Knud dahintersteckte. Sie wusste nicht, was er gemacht hatte, aber er war schuld, dass der Kater verschwunden war, daran bestand kein Zweifel. Es hätte sie nicht gewundert, wenn er ihn vergiftet und dann irgendwo draußen verscharrt hätte. Trotzdem ließ sie sich nichts anmerken und schwieg. Für den restlichen Tag war er ganz normal, und sie verbarg ihren Ekel, als er ihre Wange streichelte, was er sonst nie tat. Sie ging früh ins Bett und weinte sich in den Schlaf.

Aber sie hätte die Sache nie geklärt, wenn sie nicht am nächsten Morgen entdeckt hätte, dass das Gitter des Balkons auf der einen Seite locker saß. Sofort fiel ihr ein Film ein, den sie irgendwann im Fernsehen gesehen hatte, mit Harvey Keitel oder vielleicht auch mit einem anderen, aber dann wusste sie den Namen nicht mehr. Es passierte ganz zufällig, als sie ihre Bettdecke auslüften wollte, weil die Fenster immer geschlossen waren und sie schwitzte. Knud lag schnarchend im Bett, wie das so seine Art war, so oft sie ihn auch bat, sich auf die Seite zu drehen, weil sie nicht einschlafen konnte. Sie untersuchte das Gitter und konnte den Gedanken nicht unterdrücken, dass es mit irgendeinem Werkzeug und etwas Kraft doch möglich sein müsste. Anfangs war es fast eine Art Spiel gewesen, aber sie merkte, dass es nach und nach ernst wurde, denn das Herz hämmerte in ihrer Brust, fast wie damals, als sie den Film gesehen hatte, und es war auf irgendeine Weise mindestens ebenso spannend.

Am Mittwoch, Knuds Vereinsabend, hatte sie viel zu tun, es machte wirklich gewaltige Mühe, aber sie war fertig, als er nach Hause kam, und sie dachte, das war wirklich um Haaresbreite, und über diesen Ausdruck musste sie lachen – um Haaresbreite.

Er hatte ein wenig gestaunt, als sie ihn mit Tee und Käsebroten erwartete. Wenn er nur anders gewesen wäre. Aber er war ziemlich angetrunken und wollte keine »Teeplörre«, wie er das nannte. Und dann dachte sie, er habe es eben so gewollt. Wenn er den Kater nicht umgebracht hätte, wenn er freundlich mit ihr geredet hätte, dann vielleicht ...

Vom Wohnzimmer her hörte sie ein Gebrüll. Sie atmete erleichtert auf und erhob sich. Jetzt war es überstanden.

Das Gitter hing vor der Mauer nach unten. Vorsichtig trat sie näher und hielt den Atem an. Blut strömte aus seinem Kopf. Er lag mit dem Gesicht nach unten, wie im Film, war das Harvey Keitel gewesen oder dieser andere... sie erstarrte. Nahm eine Bewegung wahr, ein Stück von ihm entfernt. Wie einen kleinen schwarzen Schatten... und dann stürzte sie zum Erkerfenster, riss es auf und beugte sich hinaus. Es war Sofus!!!

Der Kater blieb stehen und setzte sich nur einen Meter von Knud entfernt hin. Sofus schien zu ihr hochzuschauen. »Dummes Tier«, murmelte sie liebevoll. »Dummes, dummes Tier.« Die Tränen liefen ihr über die Wangen, der Knoten in ihrer Brust löste sich, und jetzt weinte sie laut vor Freude. Sie wischte sich mit der Schürze die Augen. Gott sei Dank...

Aus dem Dänischen von Gabriele Haefs

Elke Heidenreich

Vom Lesen

*Ich weiß nicht.
Kommt mir
komisch vor.
Das hab ich doch
schon mal gelesen?*

*Der Vater trinkt.
Die Mutter haut.
Die ganze Ehe
ist versaut ...*

*Ist alles schon
mal da gewesen.
Ich wusst' es.
Hab ich schon
gelesen.*

Elke Heidenreich

Karel Čapek

Ansichten einer Katze

Das ist mein Mensch. Ich habe keine Angst vor ihm. Er ist sehr mächtig, denn er isst viel; er ist ein Allesfresser. Was frisst du denn? Gib mir was ab!

Er ist nicht hübsch, denn er besitzt kein Fell. Weil er nicht ausreichend Spucke hat, muss er sich mit Wasser waschen. Er miaut rau und viel zu viel. Manchmal schnurrt er im Schlaf.

Mach mir die Tür auf.

Ich weiß nicht, warum er ein Herrchen geworden ist, vielleicht hat er etwas Nobles gefressen.

In meinen Zimmern achtet er auf Sauberkeit.

Er nimmt eine schwarze Kralle in die Pfote und kratzt damit auf weiße Blätter. Ansonsten kann er nicht spielen. Er schläft in der Nacht anstatt tagsüber, kann im Dunkeln nicht sehen, kann nicht genießen. Nie denkt er ans Blut, nie träumt er von der Jagd und dem Kampf, nie singt er, wenn er liebt.

Manchmal in der Nacht, wenn ich geheimnisvolle und bezaubernde Stimmen höre, wenn ich sehe, wie in der Dunkelheit alles auflebt, sitzt er am Tisch mit gebeugtem Kopf und immer und immer wieder kratzt er mit seiner schwarzen Feder auf die weißen Blätter. Denk bloß nicht, dass ich auf dich achte. Ich höre nur das leise Rascheln deiner Kralle. Manchmal verstummt das Rascheln, der arme dumme Kopf weiß nicht mehr, wie er spielen soll, und dann tut er mir plötzlich leid. In der mich betörenden und quälenden Stimmung schleiche ich mich heran und miaue leise. Da hebt mich mein Mensch hoch und drückt sein warmes Gesicht in mein Fell. In diesem Moment erwacht in ihm für einen kurzen Augenblick ein Schimmer eines höheren Lebens, er seufzt wohlig und schnurrt etwas, was ich kaum verstehen kann.

Denk aber bloß nicht, dass ich auf dich Acht gebe. Du hast mich gewärmt, und jetzt gehe ich wieder, um den schwarzen Stimmen zu lauschen.

Aus dem Tschechischen von Marcela Euler

Karin Kiwus

Erbe

Gerade erst ist sie fort,
starrer knochiger Körper, Bahre,
Feuerwehrmänner, kurze Sirene,
und schon springt
die Katze wieder auf das
 lange gemiedene Krankenbett
und zerfetzt mit beiden Pfoten
ein Stück rotes Gummilaken.

Das Zimmer rundum wie sonst,
die angegrauten Schleiflackmöbel,
auf den Nachttischen Lesebrille,
Champagnerglas, Lampen mit
zerschlissenen Seidenschirmen,
Brokatpantoffeln schräg unterm Bett,
im Lehnstuhl neben der Fernsehtruhe
eine angebrochene Packung Windeln.

Jeden Morgen kommt jetzt
der Schornsteinfeger, entsorgt
die Katzenstreu, stellt Büchsen
 mit feinstem Futter bereit,
 jeden Abend dann auch

die Studentin von oben, füllt
der gierigen Katze den Napf
und die Schale mit Milch, spaziert
mit ihr durch die dämmernden Räume.

Durch den Salon, den Wintergarten,
die Katze zwischen den Beinen,
zwischen herabgezerrten Gardinen,
umgestürzten Porzellanfiguren,
angeknabberten Pflanzen, die Katze
auf behaarten Velourssesseln, Sofas,
auf dem Teppich in wilder Jagd
mit einem Nerzhut als Spielball.

Später fallen Angehörige ein,
öffnen Schränke, Vitrinen, Safe,
lehnen eine Leiter ans Walmdach,
begutachten die obere Wohnung,
lassen eine Stadtvilla planen,
das Haus abreißen, eine Baugrube
ausheben, die verendete Katze
 in den Grundstein einmauern
und stehen bis heute zerstritten
noch immer vor einer Bauruine.

Cecília Giannetti

Die grüne Katze

Die Katze starb mit drei Monaten. Keine Woche, nachdem Suzana sie auf der Straße aufgelesen und mit nach Hause genommen hatte. Nichts hatte ihr helfen können, weder Vitamine noch Spezialfutter noch der Tierarzt. Sie hatte frühmorgens steif in der Schlafzimmertür des Ehepaares gelegen, dieser abgemagerte leblose Körper, eine Mischung aus Siamkatze und Straßenkatze. Am berührendsten war, dass die Katze noch versucht hatte, zu ihrem Frauchen zu kommen, der sie am meisten vertraute, auch wenn deren Ehemann Ricardo sich genauso um das Tier gekümmert hatte wie sie. Suzana hatte die Katze gefüttert wie eine stillende Mutter, sie hatte sie so dicht an sich gedrückt wie nur möglich, um zu verhindern, dass das »Baby« Milch ablehnte oder ausspuckte. Und das Kätzchen hatte sich auch nicht dagegen gewehrt.

Ricardo hatte Mitleid mit dem Tier gehabt. Er mochte, wie sie miaute. Siamkatzen miauen viel, vor allem, wenn sie sehr klein sind, miauen sie traurig und kläglich; ausgewachsene Katzen klingen ein wenig wie Blues-Sänger, fand Ricardo. Sie würden nie erfahren, wie der Blues der älteren Katze geklungen hätte, die ihre Katzenkindheit nicht überlebt hatte.

Ricardo kam schnell über den Tod hinweg, aber Suzana hatte daraufhin eine »Nervenkrise«, wie er es nannte. Das ging so weit, dass seine Frau sich auf dem Höhepunkt ihrer Verzweiflung wie ein trotziges Kind in die Arme kniff. Es war, als würde sie auf diese Weise die Krallen ihrer verstorben Katze in der Haut spüren wollen. Sie gab sich die Schuld, glaubte, etwas falsch gemacht zu haben, ihr zu viel von dem Wurmmittel verabreicht zu haben oder zu wenig, oder vielleicht eine Milch-Marke, die nichts getaugt hatte. Sie weinte, denn auch ihre Pflanzen gingen auf unerklärliche Weise immer ein; und jetzt die Katze. Zwei oder drei Tage vergingen und sie weinte immerzu, fest überzeugt, sie sei nicht gut darin, sich um »lebendige Dinge« zu kümmern. Ricardo beobachtete sie und wusste, dass sich genau dieser pessimistische Gedanke in ihrem Denken eingenistet hatte. Wusste, dass die Realität ihre Angst in gewisser Weise bestätigte, obwohl darin auch eine verhängnisvolle Übertreibung, gemischt mit Verzweiflung lag. Übertreibung? So ganz nun auch wieder nicht. Denn Ricardo wusste ebenfalls, dass der Gedanke mit einem alten Schmerz verbunden war: Suzana konnte nicht schwanger werden, und den Ärzten zufolge war es wahrscheinlich, dass sie niemals Kinder haben würde. »Wenn Sie sich einer erfolgreichen und teuren Behandlung unterziehen, können wir Ihnen helfen...«, legte ihnen einer der Spezialisten nahe, den das Paar aufgesucht hatte, als Suzana zum zweiten Mal ihre Chance, Mutter zu sein, verloren hatte.

Sollte die absurde Vorstellung – ich bin nicht gut darin, mich um lebendige Dinge zu kümmern – sich noch stärker in ihrem Kopf festsetzen, wo sie doch ohnehin eher einen Hang zum Pessimismus hatte, konnte sie zu einer unumstößlichen Wahrheit werden. Zu einem Teil von Suzanas Persönlichkeit, ohne dass irgendwer sie noch vom Gegenteil hätte überzeugen können. Und ein Sturkopf (oh ja, er kannte sie nur zu gut!), überzeugt vom sicheren Scheitern, ist stärker als jegliche »erfolgreiche und teure Behandlung«, sei sie auch noch so wirksam. Es musste dringend verhindert werden, dass das Gefühl der Niederlage über ihren Verstand siegte, dass die Angst seiner Frau den Mut nahm, denn ihr Selbstvertrauen war schwach – viel schwächer als ein Kätzchen, das man irgendwo in einer Gasse aufsammelte.

Am dritten Abend nach dem Vorfall kam Ricardo von seinem Lauf im Park zurück und fand seine Frau im Wohnzimmer in derselben Position vor wie beim Verlassen der Wohnung eine Stunde zuvor. In derselben Sofaecke, immer noch in ihren Schlafsachen. Als er hereinkam, drehte sie nicht einmal den Kopf in Richtung Tür, um ihm zu signalisieren, dass sie seine Anwesenheit registrierte, sich ihm liebevoll zuwandte. Fernseher und Computer ließ sie weiterhin ausgeschaltet, nur ihr regloses Gesicht schaute ihr in doppelter Ausfertigung von den dunklen Bildschirmen entgegen. Sie hatte weder eine Zeitschrift noch ein Buch auf dem Schoß. Der Stapel Klassenarbeiten, den sie zu Beginn der Ferien zum Korrigieren mit nach Hause gebracht hatte, lag weiter unberührt auf dem kleinen Tisch mitten im Wohnzimmer.

Aus Liebe und Sorge ließ Ricardo seine Frau, die ganz apathisch war, zu Hause, setzte sich ins Auto und fuhr zu einer Straße in der Nähe von Lapa, einer Adresse, die er einer Internetseite mit lauter Fotos herrenloser Tiere entnommen hatte. Laut der Angaben im Internet wohnte dort eine Frau in einem riesigen Haus, das voller Katzen war. Sie las die herumstreunenden Tiere auf, und jeder, der ein Tier haben wollte, bekam eins. Auch ein paar Hunde hatte sie, die sich derart gut mit den Katzen vertrugen, dass die Meute ziemlich verweichlicht wirkte. Waren sie schlecht gelaunt, wedelten sie mit dem Schwanz, auch, wenn sie neugierig waren, so wie Katzen das eben machen; ging es ihnen gut, schnurrten die Hunde sogar! Selbst das Gebell dieser degenerierten Hunde kam als ein Geräusch heraus, das fast wie ein Maunzen klang. Nicht, dass sie gebellt hätten, als Ricardo vor dem Hoftor stand. Das interessierte sie überhaupt nicht. Alle Tiere blieben faul dort liegen, wo sie es sich bequem gemacht hatten, manche auf dem Boden, und andere auf der Mauer, die das Haus umgab.

Auf dem Abtreter vor der Haustür lag ein Cockerspaniel und schlief einfach weiter, an ihn schmiegte sich eine grüne Katze, ganz und gar grün. Ein Pudel schlabberte Wasser, ohne den herumstehenden Ricardo zu beachten. Da sein Besuch nicht durch Gebell angekündigt wurde, klatschte Ricardo in die Hände, um die Alte zu rufen, und da erschien sie in der Haustür, mit Morgenmantel und Stofflatschen, dieser Art von Schuhen, die den Tieren nicht wehtat, falls ihr Schwanz zufällig im Weg war oder es zu einem Zusammenstoß kam.

Auf der vorderen Veranda waren nicht allzu viele, aber im Haus und im Garten dahinter stieß er auf eine phänomenale Katzenansammlung. Überall Katzen, auf dem Sofa, dem Esstisch, im Gras, auf dem Baum, im Kühlschrank, auf dem Teppich – Katzen über Katzen. Er würde eine auswählen müssen, und genau darin bestand die Schwierigkeit, schließlich hatte er keine Ahnung von Katzen. Er fand sie verwirrend: In einem Moment waren sie viel zu ruhig, im nächsten machten sie plötzlich einen Satz. Das war kein lebendiges Ding, das man im Haus halten sollte, dachte Ricardo bei sich. Er stellte sich vor, wie er ruhig die Zeitung las und urplötzlich von einem Fellball mit vier Pfoten angesprungen wurde, der sich an seinem Kopf festkrallte. Katzen machten so was, da war er sich sicher! Etwas Ähnliches hatte er mal in einer Dokumentation auf *Discovery Channel* oder *Animal Planet* gesehen. In der Fernsehshow *Faustão* wurde fast jeden Sonntag ein Video von einer Katze gezeigt, die Kunststücke vollführte. Einer Katze, die vom Boden hoch auf den Kühlschrank sprang, über andere hinweg durch die Luft jagte oder sich aus einem offenen Fenster stürzte. Puh, und von solchen verrückten Katzen gab es hier jede Menge. Ricardo wollte sich keine Bedrohung ins Haus holen. Seine Freiheiten nicht aufgeben müssen. Aber er musste einen Kompromiss finden: seiner Frau eine Freude machen, ohne seine Ruhe aufs Spiel zu setzen.

Also war er fest entschlossen, in diesem Gewusel aus verwaisten Tieren eins zu finden, dass nicht so akrobatisch war. Eine gelassene Katze, falls es so was gab.

Die erfahrene Katzenhalterin verstand Ricardos Bedenken und sagte, für jemanden, der sich eine gelassene Katze wünsche, gäbe es keine geeignetere als die grüne. Die Katze, die den Rücken des Cockerspaniels vorn am Eingang als Kissen benutzt hatte. »Sie ist scheu, das können Sie mir glauben… wahrscheinlich, weil sie wegen ihrer Farbe schon mehr als genug Aufmerksamkeit erregt, darum ist sie eher zurückhaltend und ganz brav.« Ricardo amüsierte sich darüber, wie die Alte über die Katze sprach; sie klang eher wie eine Gouvernante, die sich um die Erziehung von Kindern kümmerte als um die Pflege ausgesetzter Tiere.

Er beschloss, auf ihren Rat zu hören und genau diese Katze mitzunehmen, grün und klein, ein wenig wie ein Neugeborenes.

Dadurch hatte er weniger Angst vor dem Tier, eher hatte das Tier Angst vor Ricardo! Wenn man die Katze von klein auf großzog, bestand noch die Möglichkeit, dass sie lernte, Rücksicht auf ihn zu nehmen und nicht von oben auf ihn hinunterzuspringen. Also nahm er die grüne Katze vorsichtig auf den Arm und ging, sich bei der Alten bedankend, die ihm ebenfalls für seine gute Tat dankte.

Da er keine Transportkiste für das Tier hatte – Suzana hatte es vorgezogen, alle Sachen ihrer toten Katze dem Tierarzt zu vermachen –, setzte Ricardo die Grüne einfach hinten im Wagen auf den Boden und fuhr mit ihr zurück nach Hause. Das Tier verhielt sich die Fahrt über ruhig, ohne großes Tamtam oder Versuche, nach vorn zu ihm auf den Fahrersitz zu klettern. Auch nahm die Katze während der Fahrt nicht das Wageninnere auseinander, wie Ricardo befürchtet hatte. So weit war also alles gut; es blieb allerdings ein Problem: dass seine Frau keinen Trost an der Katze finden könnte, die ja nicht ihre verstorbene war.

Als Ricardo mit dem Neuankömmling in der Tür stand, lösten sich seine Befürchtungen in Luft auf: Zum ersten Mal an diesem schrecklichen Wochenende reagierte Suzana auf ihn, lächelte, nahm die Grüne sofort auf den Arm und kraulte den Neuzugang. »Ricardo, schau doch mal, wie anders sie aussieht! Sie ist ein Juwel, ein Smaragd! Wie hübsch sie ist, Liebling...« Begeistert von dem exotisch aussehenden Fell des Kätzchens gab sie der Grünen aus einem zärtlichen Impuls heraus plötzlich alle möglichen Namen – denn jeder, der eine Katze hat, weiß, dass Katzen immer auf mehr als nur einen Namen hören, wie in dem Gedicht von T. S. Eliot *Wie heißen die Katzen*, das letztlich als Inspiration zu einem der größten Broadway-Musicals aller Zeiten diente: *Cats*. Und Suzana, die an der Universität Englisch unterrichtete, kannte die Verse nur allzu gut.

Der Dichter verrät uns, dass der erste Name der gewöhnliche ist, mit dem die »Familie« der Katze sie ruft: In dem Fall, von dem ich hier erzähle, im Fall des Tierchens von Suzana und Ricardo, war der erste Name Grüne – und in der Tat hätte es nur dieser sein können. Der zweite Name muss Eliots Gedicht zufolge »anders und besonders« sein, ein einmaliger Name nur für diese Katze: Also taufte Suzana das Kätzchen auf den Spitznamen Smaragdos. Der dritte ist eines der vielen Geheimnisse einer Katze, ihn kennt nur sie allein.

Ich habe die Grüne gleich gesehen, als ich einmal abends bei Ricardo und Suzana – die, und an diesem Punkt unseres Plauschs kann ich es Ihnen ja sagen, meine Schwester ist – zum Essen war, zu dem sie uns und einige andere Freunde eingeladen hatten. Genaugenommen habe ich nur die Schwanzspitze von Smaragdos gesehen, die den Abend lieber unter einer Kommode verbrachte, als von den Gästen in Augenschein genommen zu werden. Ihr Schwanz war tatsächlich recht grünlich, wie Suzana es mir angekündigt hatte, vielleicht um mich vorzuwarnen, damit ich keinen Schreck bekäme. »Cecília, die Kleine ist so süß, sie schmiegt sich im Bett an meine Füße!«, erzählte mir meine Schwester. Und ihr Mann flüsterte mir nach zwei Gläsern Rotwein zu: »Ein Schatz, das stimmt... aber eigenartig: Würdest du mir glauben, wenn ich sage, dass sie im Dunkeln funkelt?« Da dachte ich, das sei nun wirklich zu viel des Guten. Ich schob es auf den Wein und beließ es dabei.

Ja, ich sah die Grüne, sagte aber nichts, denn jeder, der sie hätte sehen wollen, hätte sie sehen können – wir wissen ja zu gut, wie Katzen sind: Sie verstecken sich irgendwo, aber der Schwanz schaut immer noch heraus. Ich wollte die Aufmerksamkeit der anderen Gäste nicht gezielt auf sie lenken, da sie auf die Fellfarbe vielleicht nicht mit demselben Respekt und derselben Natürlichkeit reagiert hätten, die sie in mir auslöste. Also unterhielt ich mich ganz normal weiter mit den anderen, die sie nicht zu bemerken schienen, auch dann nicht, als sie aus ihrem schlechten Versteck in die Küche huschte und von dort nicht zurück ins Esszimmer kam.

Monate nach diesem Abendessen rief meine Schwester mich früh am Morgen an. Sie sagte, sie haben mir etwas sehr Ernstes mitzuteilen und falls ich stünde, solle ich mich setzen. »Ich habe eine schreckliche und eine wundervolle Nachricht«, sagte sie ganz ruhig.

Schrecklich war, dass Smaragdos verschwunden war; sie suchten schon seit einigen Wochen nach dem Kätzchen, hatten die Hoffnung aber aufgegeben, dass irgendwer sie gefunden haben könnte und dass man sie, wenn man sie fand, auch zurückbringen würde – denn wer würde ein grünes Kätzchen nicht für sich haben wollen?

Wundervoll war, dass ihre Schwangerschaft bestätigt worden war, die auch sämtliche bewährte Tests schon angezeigt hatten. Jetzt, da ihr die Ärzte versichert hatten – alle verwundert über die Empfängnis, die ganz ohne die teuren Behandlungen geglückt war –, dass sie in der Tat ein Baby erwartete, konnte sie die Neuigkeit endlich mit mir teilen.

Aber sie hörte nicht auf, nach Smaragdos zu suchen, auch als ihr Bauch schon aussah, als würde er jeden Augenblick platzen: Und wenn nicht Suzana nach ihm suchte, so lief ihr Mann sämtliche Straßen in ihrem Viertel ab und fragte jeden, der ihm begegnete: Haben Sie hier eine grüne Katze gesehen? Und jedes Mal wurde er angeschaut, als wäre er verrückt, und dann gefragt: »*Was* für eine Katze? In der

Farbe habe ich noch nie eine gesehen, weder hier noch anderswo.«

Als ich meinen kleinen Neffen noch auf der Geburtsstation zum ersten Mal im Arm hielt, kam ich nicht umhin zu bemerken, wie tief grün seine Augen waren, wie zwei funkelnde Edelsteine. Wieder sagte ich nichts, denn wer wollte, konnte es sehen, ich würde nicht auf die Farbe hinweisen, die er weder vom Vater hatte noch von der Mutter.

Aus dem Portugiesischen von Maria Hummitzsch

Rudy Kousbroek

Die selbstgebaute Katze

In einem anderen Zusammenhang haben wir hier über die Katzen gesprochen, die fix und fertig von der Katzenfabrik geliefert werden. Die große Mehrheit der Katzen, die gegenwärtig im Umlauf sind, gehört zu diesem Typ, bekanntermaßen aber existieren daneben auch Katzen, die im Eigenbau entstanden sind.

Erfunden wurde die Katze vermutlich in China (Cathay) im 15. Jahrhundert vor unserer Zeitrechnung (s. J. Needham et al.: *Science and Civilisation in China*, Bd. VII S. 636–901 und *The Grand Titration*, passim); in Europa sehen wir die ersten Katzen auf Sizilien (Catania) im frühen Mittelalter. Dabei handelte es sich noch um sehr plumpe und primitive Modelle, wie auf einer Abbildung in der Handschrift des Walter de Milemete zu sehen ist; in einem erhalten gebliebenen Fragment des Theaterstücks *La Cazza sbalestrata* (Venedig 1232) wird erzählt, wie eine vornehme Dame sich das Bein bricht, weil eine dieser frühesten europäischen Katzen beim Köpfchengeben zu unachtsam ist.

Während der folgenden 200 Jahre ändert sich an der Katze wenig, doch gegen Ende des Mittelalters kommt es zu den ersten Verbesserungen. Um 1450 erfindet ein süddeutscher Katzmacher die Schnurrhaare; 1467 folgt der Schwanz, eine Erfindung des Schweizer Mönchs Helveticus Caudalignus.

Diese ersten Schwänze waren noch aus Holz und wiesen nur wenig Ähnlichkeit mit den perfektionierten Organen auf, die wir heute kennen.

Viel wurde geschrieben über die Herkunft des ersten Miaus, das nach Ansicht mancher Autoren den Weg aus China über die Seidenstraße gefunden haben soll, während andere den Ursprung im französischen Jura lokalisieren, wo damals bereits in kleinen Handwerksbetrieben Katzen hergestellt wurden. Dann, im Jahr 1489, veröffentlichte der Genter Alchimist und Mathematiker Ronaldus Sperling die Abhandlung *De Felicis Susurrande*, auf deren Basis noch vor Beginn des 16. Jahrhunderts die ersten Schnurrmechanismen entwickelt werden. Damit hat die Katze Gestalt angenommen, die bis heute auf der ganzen Welt produziert wird – nicht nur, wie wir bereits sahen, auf industriellem Wege, sondern auch im Do-it-yourself-Verfahren.

Hobbykatzenbauer sind im Allgemeinen außerordentlich stolz auf ihre hausgemachten Tiere, und es ist nicht zu leugnen, dass eine solche Katze, die von einem nicht allzu ungeschickten Heimwerker in weniger als hundert Stunden zusammengesetzt werden kann, den viel teureren Fabrikmodellen oft in keinerlei Hinsicht nachsteht.

Seit einigen Jahren sind auch Katzen als Selbstbau-Kit erhältlich (KAT-E-KIT), versehen mit einer Bauanleitung, die sogar einen absoluten Laien befähigen soll, eine gut funktionierende Katze herzustellen. Ein passionierter Bastler wird es jedoch bevorzugen, seinen eigenen Entwurf zu verwirklichen und mit improvisiertem Material zu arbeiten: Zufallsfunde aus der Küchenschublade, dem Nähkorb und dem Reste-Shop.

Bestimmte Bauelemente übersteigen natürlich die Möglichkeiten des durchschnittlichen Laien und müssen in einem Fachgeschäft erstanden werden, wie die Peitscheinrichtung für den Schwanz, die Miau-Dose (Marke Mei Lan-fang) und die Schnurrmaschine (Marke Honda oder Kawasaki); weitere Materialien aus dem Laden sind: 1 Paar Katerbällchen (optional), 1 Büschel Schnurrbarthaare, ein Reißverschluss und zwei helle Glasmurmeln, grün oder gelb. Man kann sich außerdem viel Mühe ersparen, wenn man die 22 kleinen Pfötchenpolster fix und fertig kauft – sofern man nicht ein Modell auf Rädern bevorzugt –, und es finden sich auch sehr gute Katzennasen im Handel, bereits mit Filz überzogen und vorperforiert. Des Weiteren benötigt man noch Nadel und Faden, Wollreste, Klebstoff, Gummibänder, eine Rolle dünnen Kupferdraht usw. Eine Liste aller Materialien findet der Leser auf der folgenden Seite.

Als Erstes wird nun mit Hilfe eines Kaffeewärmers oder eines Honigkuchens die Form auf dem Überzug vorgezeichnet; statt echtem Katzenfell sind verschiedene andere Materialien brauchbar, etwa gestreifter Samt, der Bezug eines alten Sessels oder Ähnliches. Manche benutzen Stoffreste aus dem Nähkorb und wieder andere greifen zu einem Stück selbst geknüpftem Teppich. Dann wird der Rumpf ausgeschnitten und zur Seite gelegt.

Als Nächstes sind die Beine an der Reihe. Diese müssen gut knickbar sein, damit das Tier sie ordentlich einklappen kann. Gewarnt werden muss vor dem Gebrauch von Kaninchen-Einzelteilen. Viele Hobby-Katzenbauer denken: Sieht ja keiner. Doch man sieht es unweigerlich, allein schon an den Ohren. Eine solche Hybride unterscheidet sich zudem durch ihr Verhalten (hoppelnder Gang, Vegetarismus).

Liste der benötigten Materialien:
1 Kaffeewärmer oder Honigkuchen
2 knickbare Vorderbeine
2 Hinterbeine mit Radfahrmechanismus
22 Satin-Pfötchenpolster
2 x 3 kg Katzenfüllung (z. B. zerschnipselte Liebesbriefe)
1 Meter Katzenfell (gestreifter Samt, Plüsch etc.)
1 Reißverschluss
1 Scheinwerferwischer oder Fertigschwanz mit Peitscheinrichtung
1 Tennisball, evtl. Pampelmuse
2 Spitztüten, aufgeschnitten
1 Nase, Holz, mit Filz überzogen und vorperforiert
2 helle Glasmurmeln, Farbe nach Wahl
2 *montes mystacum* (evtl. Nadelkissen oder Kumquats)
1 Büschel Schnurrbarthaare
1 Streifen Schmirgelpapier
1 Magen, nicht zu knapp wählen, z. B. Innenball von Fußball oder Strandball
1 Geigensaite
1 Miau-Dose Marke Mei Lang-fang
1 Schnurrmaschine Marke Kawasaki
6 Gummibänder
1 Paar Katerbällchen in Samtsäckchen
1 Rosine

Wenn die Beine fertig sind, fängt man mit dem Kopf an; dazu eignen sich ein alter Tennisball, eine Apfelsine oder sogar eine Pampelmuse, woran dann die beiden Schnurrhaarbällchen befestigt werden. In den Überzug schneidet man zwei

DIE SELBSTGEBAUTE KATZE

Löcher und bringt dahinter die Glasmurmeln an. Die Ohren werden an der Oberseite des Kopfes angenäht, und nachdem die Nase vorsichtig an ihrem Platz angeleimt wurde, kann man die Schnurrhaare einstecken.

Kopf und Beine werden nun mittels Scharnieren mit dem Rumpf verbunden; die Miau-Dose und der Schnurrmechanismus werden an den vorgesehenen Stellen platziert, ebenso der Magen, für den der Innenball eines Fußballs verwendet werden kann. Den Rumpf mit Katzenfüllung stopfen (die beste Katzenfüllung besteht bis heute aus den Schnipseln zerrissener Liebesbriefe), zunähen und mit einem Reißverschluss (über die gesamte Bauchlänge) schließen.

Nun kommt der heikelste Teil der ganzen Sache, und zwar das Ansetzen des Schwanzes. Die damit verbundenen Schwierigkeiten beschrieb einst schon Boccaccio; man achte unbedingt darauf, dass während dieses Arbeitsschrittes kein Wort gesprochen wird.

Wenn das Ansetzen des Schwanzes geglückt ist, bleibt nur noch die Platzierung der Rosine und das Anhängen der Katerbällchen (optional). Das Tier ist nun gebrauchsfertig und man kann mit einer Reihe von Tests beginnen, um festzustellen, ob alles richtig funktioniert. Für einen allgemeinen Eindruck wird die Katze als Erstes auf dem Arbeitstisch auf ihre vier Pfoten gestellt. Wurde das Tier ordnungsgemäß zusammengebaut, dann hält es den Kopf erhoben, der Schwanz zeigt zum Zenit und die Hinterseite ist etwas höher als die Vorderseite. Im umgekehrten Fall wurden wahrscheinlich Kopf und Schwanz an den verkehrten Seiten des Rumpfs angebracht. Dass einem dieser Irrtum tatsächlich unterlaufen ist, kann man als erwiesen annehmen, wenn sich das Tier von einem ihm vor die Nase gehaltenen rohen Beefsteak rückwärts entfernt. Mit diesem Test lassen sich gleichzeitig die Zuschnapp-, Miau- und Schluck-Fähigkeit überprüfen.

War bisher alles zufriedenstellend, können noch weitere Nuancen der Miau-Kapazität kontrolliert werden, indem man die Katze vor ein Fenster setzt, hinter dem Vögel hin und her fliegen. Wenn bei der Montage keine Fehler unterlaufen sind, wird das Tier ein charakteristisches Geräusch von sich geben, das an das Meckern einer Ziege erinnert. Das Gummiband, mit dem das Maul geschlossen gehalten wird, erschlafft ein wenig, und der Unterkiefer gerät in ein eigenartiges Zittern, das sich über die anderen Gummibänder im Körper bis in die Schwanzspitze hinein fortsetzen kann.

Nachdem sich gezeigt hat, dass all diese Abläufe reibungslos vonstattengehen, ist schließlich der Moment gekommen, den der Hobby-Katzenbauer sehnlichst erwartet hat, der Moment, in dem seine kühnsten Träume wahr werden und er die Krönung des großen Werks erlebt: der Streichel- und Schnurrtest.

Dieser Test kann ohne Weiteres auf einem großen Bett stattfinden. Viele Kissen, gedämpftes Licht. Ein bisschen verlegen beginnt der Katzenmacher zu streicheln, zuerst unter der Kehle, von dort zu den Bäckchen und hinter den Ohren, und schon bald erlebt er das Wunder des Anspringens der Schnurrmaschine (sollte es ausbleiben, die Anschlüsse wechseln: die rote Klemme ist Plus, Minus wird an die Masse angeschlossen). Nach einer Weile ist die sich selbst aufrecht erhaltende Kettenreaktion eingetreten: Man hört das dumpfe Dröhnen des Köpfchengebens unter einem donnernden Schnurren, von Zeit zu Zeit nur übertönt vom Seufzen des Konstrukteurs.

Damit ist die Testphase abgeschlossen. Ein kluger Katzenbauer tut eigentlich am besten daran, das Tier in die Arme zu schließen und nie mehr loszulassen, denn an allen Katzen, sowohl an den Fabrikmodellen wie an den selbst gebauten, haftet noch ein Konstruktionsfehler, den bisher niemand beseitigen konnte: Wenn sie die Gelegenheit bekommen, suchen sie manchmal das Weite, verschwinden in die Gärten oder aufs Dach, und man sieht sie nie wieder.

Statt ständig aufs Neue zu versuchen, eine Katze zu konstruieren, die diesen Makel nicht aufweist, ist es vielleicht einfach das Beste, der Katzenbauer lässt sich modifizieren: durch eine Hirnoperation, die alle Erinnerungen an das verschwundene Tier aus dem Gedächtnis löscht.

Siehe Schaltplan nächste Seite:

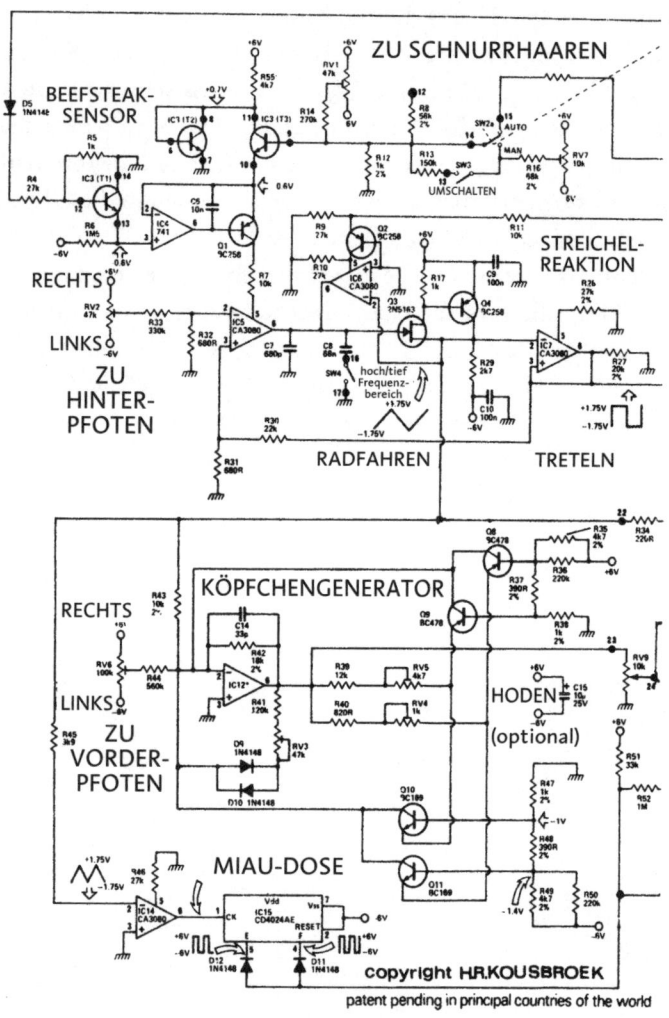

SCHALTPLAN

DIE SELBSTGEBAUTE KATZE

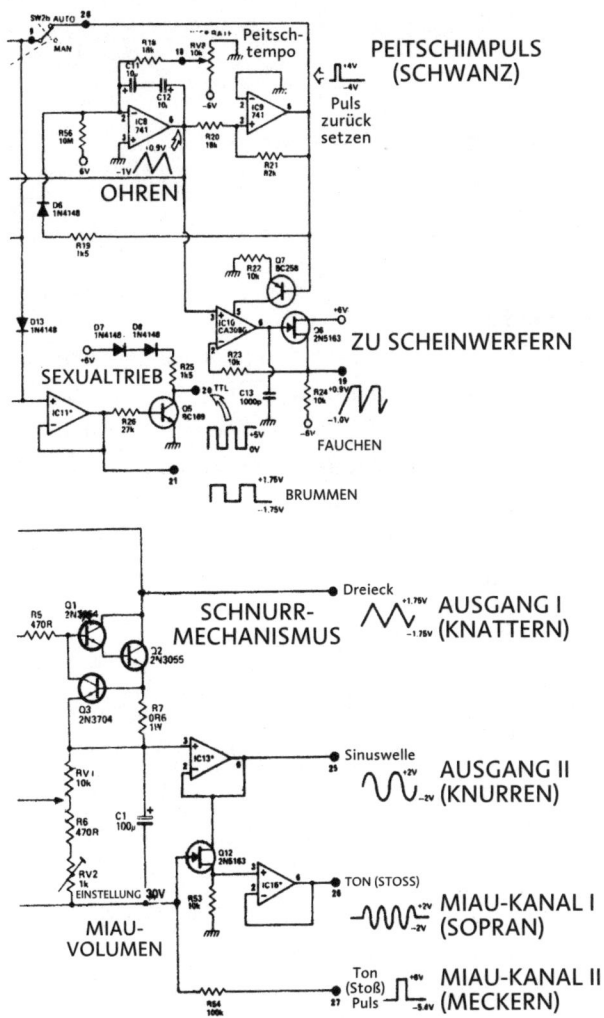

SELBSTBAUKATZE

Aus dem Niederländischen von Waltraud Hüsmert

Liebe Julia Bachstein,
herzlichen Dank für die Einladung zur Katzen-Anthologie. Dazu kann ich sagen: Ich hatte bisher noch nie eine Katze, ich werde aber mal eine haben, da bin ich mir sicher. Vielleicht könnte es also in ungefähr 15 Jahren etwas mit einem Katzen-Text werden, im Ernst.
Im Moment muss ich leider passen, ganz herzlich:
Ihre Julia Schoch.

Nachweise

Ditte Birkemose, 1953 in Dänemark geboren, arbeitete zunächst als Erzieherin bevor sie begann, Kinder- und Jugendbücher zu veröffentlichen. In den neunziger Jahren erschienen ihre Krimis um die Privatdetektivin Kit Sorel, die zum Teil auch auf Deutsch vorliegen. Die Rechte an der Geschichte *Knud und der Kater* (»Knud og Katten«) liegen bei der Autorin. Übersetzt wurde sie von Gabriele Haefs.

Mirko Bonné, 1965 in Tegernsee geboren, lebt in Hamburg. Er veröffentlichte Romane, Gedichtbände, Aufsätze und Reisejournale und übersetzte u. a. Sherwood Anderson, Emily Dickinson, John Keats, Grace Paley und William Butler Yeats. Für sein Werk wurde Mirko Bonné vielfach ausgezeichnet, zuletzt mit dem *Rainer-Malkowski-Preis* (2014). Sein Roman *Nie mehr Nacht* stand 2013 auf der Shortlist zum *Deutschen Buchpreis*. 2017 erschien bei Schöffling & Co. der Roman *Lichter als der Tag*. *Ozelot* ist eine Erstveröffentlichung. Die Rechte liegen beim Autor.

Monica Cantieni, geboren 1965 in Thalwil, Schweiz, lebt in Wettingen. Neben ersten Veröffentlichungen in Zeitschriften und Anthologien arbeitete sie viele Jahre beim SFR Schweizer Radio und Fernsehen. 2011 erschien ihr Roman *Grünschnabel,* mit dem sie für den Schweizer Buchpreis nominiert wurde. Lizenzausgaben erschienen in Frankreich, Ungarn, Indien, Italien, Spanien und Castilien. Die Geschichte *Goliath und die Goliaths* wurde eigens für diese Anthologie geschrieben.

Karel Čapek (1890–1938), tschechischer Schriftsteller, in dessen Schauspiel R. U. R. erstmals das Wort Roboter auftauchte. Gleichermaßen ein Katzen- wie ein Gartenfreund, erschien 1932 sein Buch *Das Jahr des Gärtners*, das seit 2010 in neuer Übersetzung bei Schöffling & Co. vorliegt. Die Geschich-

NACHWEISE

ten dieses Bandes wurden von Marcela Euler übersetzt, im Original erschienen sie 1938 unter dem Titel: *Zahradníkův rok, Měl jsem psa a kočku, Kalendář*. Československý spisovatel, Prag 1983

Thomas Carlyle (1795–1881), schottischer Philosoph, Historiker, Essayist und Übersetzer; er übersetzte Goethe, Tieck, Musäus, Jean Paul, Novalis und Heine ins Englische und schrieb eine dreibändige Geschichte der Französischen Revolution. Er war vierzig Jahre verheiratet mit Jane Welsh, die 1866 verstarb. Es war eine für damalige Zeiten ungewöhnlich gleichberechtigte Beziehung. Die hier zitierten Briefe erschienen in dem Band *The Scottish Cat*, ed. by Hamish Whyte, Aberdeen University Press 1987; sie wurden für dieses Buch übersetzt von Bernd Rullkötter.

William Y. Darling (1885–1962) war ein britischer Autor und Politiker. Anderen Angaben zu Folge besaß er in Edinburgh eine Buchhandlung. Er veröffentlichte mehrere Bücher, darunter auch *The Private Papers of a Bankrupt Bookseller*, 1931, mit der Geschichte »The Bookseller's Cat«, die Bernd Rullkötter in dem Buch *The Scottish Cat*, (s. Carlyle) entdeckte und übersetzte.

Juan García Ponce, mexikanischer Autor, Essaist, Übersetzer und Kunstkritiker. Die Rechte an der Geschichte *Die Katze* liegen bei Fondo de Cultura Económica: Juan García Ponce, »El Gato« Copyright © 2003, Fondo de Cultura Económica. Todos los derechos reservados. México, D. F. Gefunden und übersetzt wurde sie von Susanne Lange.

Cecília Giannetti, 1979 in Rio de Janeiro geboren, ist eine brasilianische Schriftstellerin, die Romane, Theaterstücke und Kurzgeschichten veröffentlichte. *Die grüne Katze* (»Gato verde«), erschien in der Sammlung *Histórias Femininas*, Organização: Adilson Miguele, Bruna Beber. Falleiros; São Paulo (Scipione), 2011; entdeckt hat sie Maria Hummitzsch, die zusammen mit ihrer Tochter Clara den Kater Herr Borowski beherbergt & die Geschichte übersetzt hat.

Jaroslav Hašek (1883–1923), tschechischer Schriftsteller, der vor allem durch sein Hauptwerk, *Die Abenteuer des braven Soldaten Schwejk* berühmt wurde. Marcela Euler hat die Geschichte in dem Band *O dětech a zvířátkách*. Hrsg. v. Zdena Ančík, Milan Jankovič a Břetislav Štorek. Spisy Jaroslava Haška Bd. 7, Prag 1960 entdeckt und für diesen Band übersetzt.

NACHWEISE

Elke Heidenreich, unangefochtene Katzenkönigin Nr. 1, lebt mit Mann und Mops in Köln. Sie arbeitete als Drehbuch- und Hörspielautorin, Talkmasterin, Literaturexpertin, früher auch als Kabarettistin für Funk und Fernsehen. Seit 1992 schreibt sie Erzählungen und Romane für Erwachsene (*Kolonien der Liebe*) und ab und zu ein Kinderbuch. 1995 erschien der Kater-Roman *Nero Corleone*, der in 23 Sprachen übersetzt wurde und zahlreiche Preise erhielt. 2016 erschien der Erzählungsband *Alles kein Zufall*. Die Geschichte *Was hat er denn?* erschien vor Jahren in der Zeitschrift BRIGITTE, sie wurde für diese Anthologie durchgesehen und erweitert. Die Bildgeschichten erschienen im Literarischen Katzenkalender in den Jahren 2004 und 2012. Mit freundlicher Genehmigung der Autorin und der Fotografen Hans-J. Buchhorn und Andrea Winkler-Keller.

Willem Frederik Hermans (1921–1995), niederländischer Schriftsteller, der mit Harry Mulisch und Gerard Reve zu den Großen Drei der niederländischen Nachkriegsliteratur gehört. Nach seinem Studium berief ihn die Reichsuniversität Groningen, wo er als Lektor für physische Geographie arbeitete. Nach diversen Unstimmigkeiten ging er 1973 nach Paris. 1977 wurde er mit dem Prijs der Nederlandse Letteren ausgezeichnet, es folgten 1990 die Ernennungen zum Ehrendoktor der Universitäten Lüttich und Pretoria. Seine ins Deutsche übersetzten Bücher sind im Aufbau Verlag erschienen. »Wenn ich drei Tage nicht schreibe, werde ich neurotisch«, war eines seiner geflügelten Worte.
Die Liebe zwischen Mensch und Katze (»De liefde tussen mens en kat«), © 1985, Willem Frederik Hermans, erschien 1985 im Rahmen des Literarischen Büchermonats bei Bijenkorf b. v. Mit freundlicher Genehmigung der Erben des Autors bringen wir hiermit einen Auszug aus der Veröffentlichung, in der Übersetzung von Waltraud Hüsmert, die ebenfalls Hermans' Erzählung *Die Katze Kilo* (»De Kat Kilo«, aus: W. F. Hermans, *Volledige Werken*, deel 2. Bezige Bij, Amsterdam) für diese Anthologie übersetzte.

Gertrude Jekyll (1843–1932), war eine englische Gartengestalterin und Autorin. Zusammen mit dem Architekten Edwin Lutyens erschufen sie eine Reihe großer Häuser und noch heute berühmter Gärten. *Die Teegesellschaft der Katzen* erschien in ihrem Buch *Home and Garden*. Aus dem Englischen von Julia Bachstein. © der deutschen Übersetzung by Schöffling & Co., Frankfurt am Main 2015

NACHWEISE

Erling Jepsen, 1954 in Gram, Dänemark geboren, begann seine literarische Laufbahn mit dem Schreiben von Theaterstücken. 2002 erschien ein autobiographisch inspirierter Roman, der im selben Jahr über 50 000 Mal verkauft wurde. Auf Deutsch erschien er unter dem Titel *Die Kunst im Chor zu weinen* in der Übersetzung von Ulrich Sonnenberg, der ebenfalls die Geschichte *Kratzspuren* (»Kragssporer«) für diesen Band übersetzte. *Kratzspuren* wurde eigens für diese Anthologie geschrieben.

Karin Kiwus, 1942 in Berlin geboren, studierte Publizistik, Germanistik und Politikwissenschaft. Sie arbeitete an der Berliner Akademie der Künste, als Lektorin in den Verlagen Suhrkamp und Rowohlt, als Gastdozentin an der University of Texas in Austin und als Lehrbeauftragte an der Freien Universität Berlin. Sie lebt in Berlin. Für ihr lyrisches Werk erhielt Karin Kiwus u. a. 1977 den *Bremer Literaturförderpreis*, 1981 den *Förderpreis des Kulturkreises im Bundesverband der Deutschen Industrie*. Das Gedicht *Erbe* erschien 2014 in dem Band *Das Gesicht der Welt,* der Gesammelten Gedichte (1976–2006) bei Schöffling & Co. Das Buch wurde im gleichen Jahr mit dem Wiesbadener Lyrik-Preis »Orphil« ausgezeichnet.

Rudy Kousbroek (1929–2010) war ein niederländischer Schriftsteller, Dichter, Journalist und Essayist. Er veröffentlichte Theaterstücke, kritische Betrachtungen und Essays (P. C. Hooft-Preis für Essayistik 1975). Er lebte als Journalist in Paris, später wieder in Den Haag. Die Liste seiner Veröffentlichungen ist lang und interessant. 1969 erschien erstmals sein Buch *De Aaibaarheidsfactor,* was man salopp mit *Der Streichelbarkeitsfaktor* übersetzen kann. *Der Vertrag* (»Het contract«) und *Die selbstgebaute Katze* (»De zelfgebouwde kat«) wurden diesem Buch entnommen (Uitgeverij Augustus, Amsterdam 1969), übersetzt hat die Geschichten Waltraud Hüsmert.

Carl MacDougall, 1941 geboren in Glasgow, veröffentlichte nach Lehr- und Wanderjahren durch halb Europa erste Erzählungsbände. Er arbeitete in Zeitungen, für den Rundfunk und fürs Fernsehen. Er schrieb Theaterstücke und wurde in all diesen Disziplinen hoch gelobt. »Mussolini« (© Carl MacDougall 1978) erschien am 3. Dezember 1978 im *Sou'wester.* Die Rechte liegen beim Autor. Gefunden und übersetzt hat Bernd Rullkötter die Geschichte in dem Buch *The Scottish Cat.* (s. Carlyle)

NACHWEISE

Cíntia Moscovich, 1958 in Porto Alegre in Brasilien geboren, veröffentlicht Romane und Kurzgeschichten, für die sie mit mehreren anerkannten Preisen geehrt wurde. *Zulu* (»Zula«) wurde dem Band von Cíntia Moscovich: »Anotações durante o Incêndio«. Rio de Janeiro, editora Record 2006 entnommen; ins Deutsche gebracht wurde die Geschichte von Maria Hummitzsch, die sie auch entdeckt hat.

Dorthe Nors, 1970 in Herning, Dänemark, geboren, studierte Literaturwissenschaft und Kunstgeschichte an der Universität Aarhus. 2001 erschien ihr erster Roman. Auf Deutsch erschien 2014 ihr Erzählungsband *Handkantenschlag*. Ihre Geschichte *Potluck* (© Dorthe Nors) wurde eigens für diese Anthologie geschrieben, übersetzt hat sie Ulrich Sonnenberg.

Françoise Sagan (1935–2004), französische Schriftstellerin, die mit ihrem ersten Roman *Bonjour tristesse*, den sie mit 18 Jahren schrieb, einen Bestseller landete, der weltweit in 22 Sprachen vier Millionen Mal verkauft wurde. Auch ihre weiteren Bücher waren große Erfolge, die vielfach verfilmt wurden (*Lieben Sie Brahms?*, 1959). 2009 kam mit Sylvie Testud ein Film in die deutschen Kinos, der ihre Biographie unter dem Titel *Bonjour Sagan* zum Thema hatte; 2014 lief er als Zweiteiler bei arte. *Kater und Casino* wurde für diesen Band von Erika und Karl A. Klewer übersetzt. Le chat et le casino (In: »Un matin pour la vie et autres musiques de scène«) © Editions Stock, 2011; zuerst erschien diese Erzählung 1981 bei Flammarion.

Jana Scheerer, 1978 in Bochum geboren, lebt in Berlin. Nach ihrem Studium der Germanistik, Amerikanistik und Medienwissenschaft arbeitet sie jetzt als akademische Mitarbeiterin am Institut für Germanistik der Universität Potsdam. 2004 wurde sie für ihr erstes Buch *Mein Vater, sein Schwein und ich* mit dem *Literaturpreis Prenzlauer Berg* ausgezeichnet. 2010 erschien ihr zweiter Roman *Mein innerer Elvis*, ebenfalls im Verlag Schöffling & Co.; *Kater Zwei Null* wurde eigens für diese Anthologie geschrieben. www.janascheerer.de

Julia Schoch wurde 1974 in Bad Saarow geboren, lebt in Potsdam. Sie studierte Literatur und übersetzte u. a. Fred Vargas, Georges Hyvernaud, Saint-Exupéry, Daniel Anselme und Eugène Dabit. Sie erhielt zahlreiche Auszeichnungen, darunter den *Preis der Jury* beim *Ingeborg-Bachmann-Wettbewerb* 2005 und den *André-Gide-Preis* 2010. Zuletzt erschien ihr

NACHWEISE

Roman *Schöne Seelen und Komplizen* (2017) im Piper Verlag. Sie wird eines Tages eine Katze haben.

Margit Schreiner wurde 1953 in Linz geboren. Sie lebte als freie Schriftstellerin in Salzburg, Paris, Berlin und Italien – heute wieder in Linz. Für ihre Bücher erhielt sie zahlreiche Auszeichnungen, darunter den Österreichischen Würdigungspreis für Literatur (2010), zuletzt den Anton-Wildgans-Preis (2016). Ihr Werk bei Schöffling & Co.: *Haus, Frauen, Sex.* (2001), *Mein erster Neger* (2002), *Heißt lieben* (2003), *Nackte Väter* (2004), *Die Eskimorolle* (2004), *Buch der Enttäuschungen* (2005), *Haus, Friedens, Bruch.* (2007), *Schreibt Thomas Bernhard Frauenliteratur?* (2008), *Die Tiere von Paris* (2011) *Das menschliche Gleichgewicht* (2015), *Kein Platz mehr* (2018) Ihre Geschichte *Die schottische Katze* wurde eigens für diese Anthologie geschrieben.
www.margitschreiner.com

John Steinbeck (1902–1968), war einer der erfolgreichsten amerikanischen Autoren des 20. Jahrhunderts, der 1962 mit dem Nobelpreis für Literatur ausgezeichnet wurde. Er schrieb eine Reihe von Romanen, die vielfach verfilmt wurden, an die hundert Kurzgeschichten und Novellen, arbeitete als Journalist und war während der Zweiten Weltkriegs Kriegsberichterstatter in Europa. Die Geschichte *Zum liebenswürdigen Floh* (»Fleas«) erschien erstmals in der Serie »One American in Paris« am 31. Juli 1954 in Le Figaro Littéraire, Paris; das Manuskript ist Bestandteil der Marlene Brody Collection at the Center for Steinbeck Studies, San José State University, California. © Waverly Kaffaga, as Executrix of the Estate of Elaine A. Steinbeck.

Joanna Sterling, in den fünfziger Jahren in England geboren, veröffentlichte Short Stories in diversen Zeitschriften, Anthologien, sowie im Funk. Sie wurde mit verschiedenen Preisen ausgezeichnet. Die Rechte an der Geschichte liegen bei der Autorin. Gabriele Haefs hat die Geschichte aufgespürt und für diesen Band übersetzt. Originaltitel: »Blue for a Boy, Pink for a Girl« © Joanna Sterling 2011
www.thecasket.co.uk

Julia Trompeter wurde 1980 in Siegburg geboren. Sie studierte Philosophie und Germanistik in Köln und promovierte in Bochum. Seit 2009 ist sie mit

Xaver Römer mit Sprechduetten aktiv. 2010 war sie Finalistin des *open mike*, 2012 erhielt sie das *Rolf-Dieter-Brinkmann-Stipendium* der Stadt Köln, 2013 für ihren Debütroman eine Förderung der *Kunststiftung NRW* und 2014 den *Förderpreis des Landes NRW für junge Künstlerinnen und Künstler*. 2015 war sie Stipendiatin im *Literarischen Colloquium* Berlin. *Die Schweigsamkeit der Katzen* wurde eigens für dieses Buch geschrieben. Ihr Werk bei Schöffling & Co.: *Die Mittlerin* (2014); *Zum Begreifen nah* (2016)
www.sprechduette.de

Zhang Jie, geboren 1937 in Peking, ist eine der bekanntesten chinesischen Autorinnen. Auf Deutsch erschienen: *Schwere Flügel* (Hanser Verlag 1985), die Erzählungen *Das Recht auf Liebe* (Simon & Magiera 1985) und der Roman *Abschied von der Mutter* (Unionsverlag 2009)
Die Katze, die keine Mäuse fängt: »Yi zhi bu zhua haozi de mao« 一只不抓耗子的猫; in Zhang Jie 张洁, »Wo na fengzi chuoyue de yewan« 我那风姿绰约的夜晚, 2013.
Marc Hermann hat die Geschichte entdeckt und für uns übersetzt. Die Rechte liegen bei der Autorin.